全国农村合作金融机构业务培训教材

应用文写作

主　编　张　军
副主编　杨春晓　季祝平　尚　艳

中国金融出版社

责任编辑：罗邦敏　刘　醒
责任校对：张志文
责任印制：陈晓川

图书在版编目（CIP）数据

应用文写作（Yingyongwen Xiezuo）/张军主编.—北京：中国金融出版社，2011.12
（全国农村合作金融机构业务培训教材）
ISBN 978－7－5049－5990－4

Ⅰ.①应…　Ⅱ.①张…　Ⅲ.①汉语—应用文—写作—职业教育—教材
Ⅳ.①H152.3

中国版本图书馆CIP数据核字（2011）第125657号

出版
发行　中国金融出版社
社址　北京市丰台区益泽路2号
市场开发部　（010）63266347，63805472，63439533（传真）
网上书店　http：//www.chinafph.com
　　　　　（010）63286832，63365686（传真）
读者服务部　（010）66070833，62568380
邮编　100071
经销　新华书店
印刷　利兴印刷有限公司
尺寸　185毫米×260毫米
印张　14
字数　300千
版次　2011年12月第1版
印次　2014年8月第5次印刷
定价　27.00元
ISBN 978－7－5049－5990－4/F.5550

《全国农村合作金融机构业务培训教材》
丛书编委会

总　序

农村信用社自1951年成立以来，历经60年艰辛发展历程，走过了一条不平凡的发展之路。在党中央、国务院正确领导下，农村信用社以服务“三农”为宗旨，自身实力迅速壮大，已成为我国金融系统的重要力量，是名副其实的农村金融主力军。特别是以2003年6月国务院颁布《深化农村信用社改革试点方案》为标志，新一轮农村信用社改革全面展开，农村信用社深化改革和经营发展进入了快车道。几年来，以产权制度为核心的改革成绩斐然，农村信用社、农村合作银行、农村商业银行（以下简称农村合作金融机构）并存，声名鹊起，共襄盛举，共同发展，共同繁荣。

截至2011年6月末，全国农村合作金融机构营业网点近8万家，从业人员78万人，资产12.04万亿元，负债11.37万亿元，存款9.58万亿元，贷款6.43万亿元。存款、贷款规模攀居全国银行业金融机构第4位和第2位，成为我国城乡金融机构网点最多、分布最广、“三农”贷款投放最多、农村普惠金融服务贡献度最大的金融机构。

银行业的竞争和发展，归根结底是人才的问题，才兴业兴，才尽业衰，已昭示了银行发展的永恒真理。伴随农村合作金融机构发展的突飞猛进，面对经营管理、创新的多重压力，员工素质、能力不适应的矛盾日益突出，已成为农村合作金融机构走向现代银行之路的瓶颈，“短板效应”为业界所共识。但是，囿于现有管理体制的现状，员工培训合力不够，层次不高，且缺乏系统性和全面性，培训效果不佳，难以达到规范化、标准化。针对这种现状，我们以服务股东及成员单位为宗旨，充分利用自身优势，组织全国部分高等院校专家、教授，编写《全国农村合作金融机构业务培训教材》丛书（以下简称《丛书》）一套18种。该《丛书》具有以下几个特点：一是覆盖面广。《丛书》内容涉及会计、信贷、财务、管理、审计、营销、法律、科技、新兴业务、人力资源、服务礼仪、应用写作等各专业、各个方面，可谓包罗万象，几近百科。二是实用性强。《丛书》体例新颖，线条清晰，通俗易懂，适合农村合作金融机构员工自学和培训，特别是每种教材附有若干套试题，存放于农信银远程学习系统，供员工自学与培训时自考自检。三是方便自学。《丛书》课件在农信银远程学习系统上将陆续推出，员工登录系统后即可学习，不受时间和场地限制，解决了员工自学培训中的工学矛盾。

汇通城乡，服务股东，普惠“三农”，成就梦想，是农信银资金清算中心永恒不变的价值理念。组织编写《丛书》是我们所尽的菲薄之力，相信它是撬动支点之力，必将推动全国农村合作金融机构的诺亚方舟。让员工培训、人才培养的大戏高潮迭起，演绎辉煌！

《全国农村合作金融机构业务培训教材》丛书编委会
2011 年 11 月 25 日

前　言

我们所处的时代是一个信息高度密集、人际交往频繁的时代，尽管电脑已日渐普及，人们工作、生活越来越离不开电脑，但写作这项高级思维活动，仍需要人去构思、摹拟、修改、完成，即便如行政公文这种格式化的文体，也还是需要人们先确定主题、组织材料，再谋篇布局，最后方可成文。因此，从这个意义上来说，社会越是进步、发展，写作这种古老而又常新的人际交流手段就越发显得必要而且重要。

农村信用社和农村商业银行、农村合作银行（以下简称农村合作金融机构）是农村金融的主力军，是为农业发展、农村建设和农民致富提供信贷服务的金融机构，它们既要接受中央银行、银行业监管部门的监管和指导，又要与同行之间、与储户和信贷客户之间发生各种诸如资产业务、负债业务和中间业务等关系，其间的往来自然离不开文书的沟通和传递信息。因此，学好、写好各种应用文书，不仅是农村合作金融机构工作人员基本业务素养的体现，也是其工作的内容和任务之一，这是本教材编写的最根本的出发点。

基于工作上的关系的原因，行政公文仍是我们所要讲授的重点，而银行事务及专用文书方面则是本教材讲授的核心内容。金融行业既是业务单位，也是窗口行业，其员工的一言一行关乎企业的形象、品牌，考虑到这种现实需要，本教材还列入了礼仪文书的内容。所以，归结起来说，本教材是从农村合作金融机构与其上下平行机构的往来关系、从其存贷双方的业务关系、从其员工个人素养等方面来拟定教材纲目并进行编写的，因而在事例的安排上，全书坚持了如下几个原则：一是现实性原则。我们在教材中力求选择工作实例，贴近行业工作现实，以期学以致用。二是新颖性原则。我们试图最大限度地把近一两年，尤其是近期农村合作金融机构写出的文稿作为实例选用于教材。三是对应原则。所谓对应，即指一文一例相呼应，以便理论和实例能相比照、相参证。在写作任务的分工上，我们根据各位编撰者的教研专长，分章撰文。具体来说：第一、第四章，谭少茹；第二、第五章，尚艳；第三章，季祝平；第六、第七章，杨春晓；张军教授则对全部文稿进行了多次审读、修改，并最终予以确定。

需要说明的是，尽管编者在撰稿前曾深入农村合作金融机构作过不少的调查，且在撰稿过程中收集了大量的相关资料，但由于水平所限，特别是近几年来全国农村合作金融机构发展迅速，而作为高校教育工作者，我们对实际情况又了解不够，因而在教材编写过程中肯定存在不少问题。对此，我们热忱希望一线工作的同志们不吝赐教，以使本教材在后续修改中能更切合工作实际，这也是我们的最大愿望。

张　军

2011 年 10 月

目　　录

全书架构图

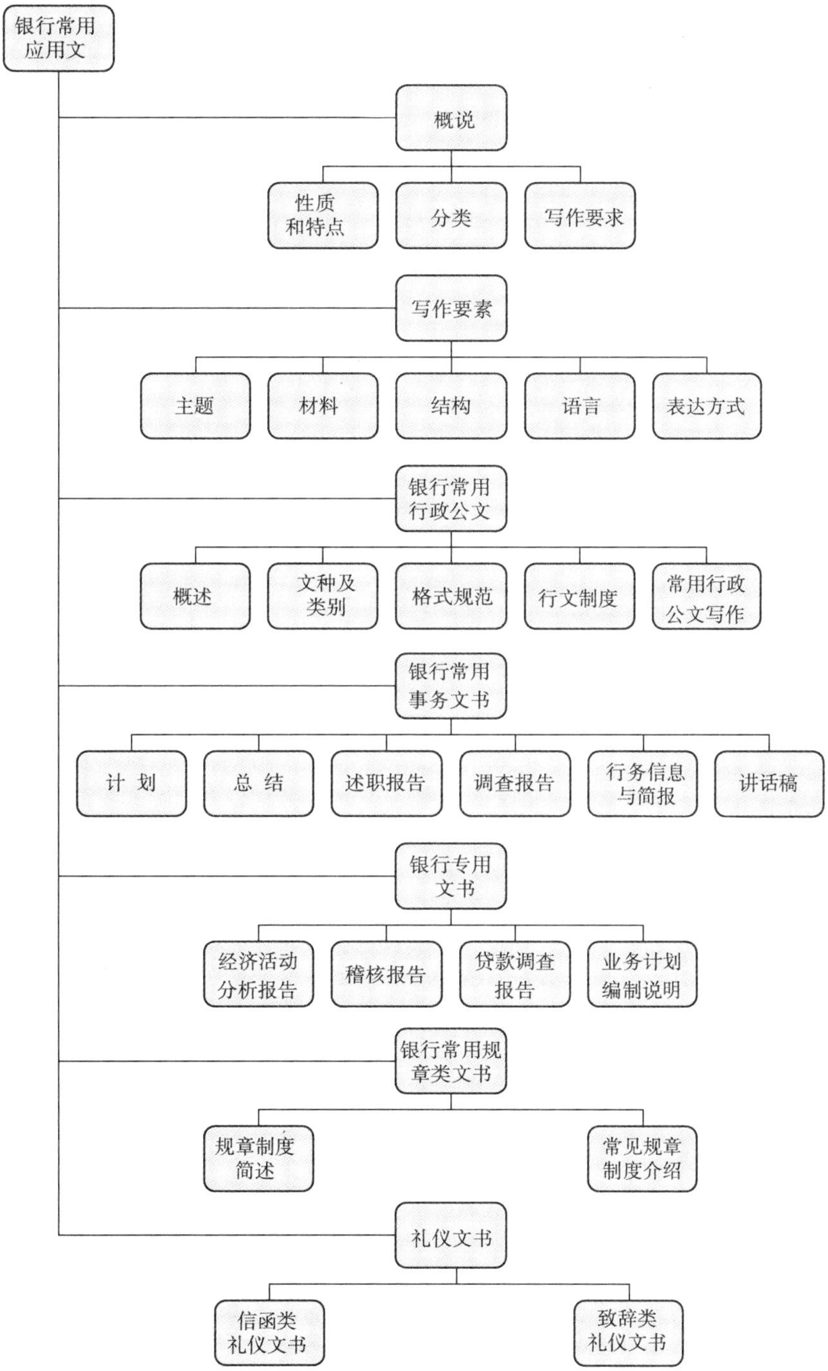
银行常用应用文
概说
性质和特点
分类
写作要求
写作要素
主题
材料
结构
语言
表达方式
银行常用行政公文
概述
文种及类别
格式规范
行文制度
常用行政公文写作
银行常用事务文书
计 划
总 结
述职报告
调查报告
行务信息与简报
讲话稿
银行专用文书
经济活动分析报告
稽核报告
贷款调查报告
业务计划编制说明
银行常用规章类文书
规章制度简述
常见规章制度介绍
礼仪文书
信函类礼仪文书
致辞类礼仪文书

第一章　银行常用应用文概说

银行工作经常要用到各种各样的应用文书，这些文书是为实现规范管理、快速传递信息、着眼解决问题而撰写的各类实用性文章，其写作与文学创作有着明显的区别。

通过本章的学习，你将能够：

- 认识银行应用文书的性质与特点，体会其与文学作品的不同之处；
- 了解银行应用文书的大致类别；
- 明确银行应用文书的写作要求。

〖本章架构图〗

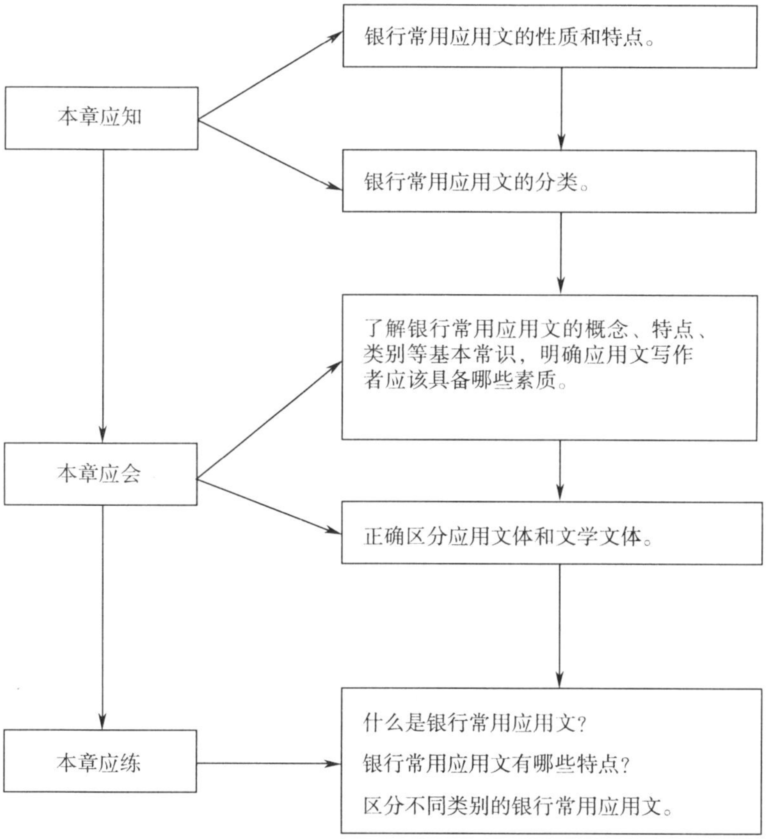

第一节 银行常用应用文的性质和特点

一、银行常用应用文的性质

应用文是国家机关、企事业单位、社会团体或个人，在处理公私事务、沟通相互关系的过程中，所使用的有着直接价值和惯用格式的实用性文章。

银行常用应用文是应用文的一个组成部分，它是银行员工在联系工作、处理业务、交流信息时所使用的具有惯用体式的应用文章。作为银行的工作人员，了解掌握银行常用应用文的写作常识是必要的，也是银行工作人员应该具备的最基本素质。

二、银行常用应用文的特点

（一）实用性

与文学作品往往以作者的空灵思想，开启读者的诗性思维，启发读者的想象力，进而帮助读者认识生活、陶冶性情，提高其审美能力不一样的是，应用文写作则以实用性为其出发点和归宿。它“为用而作”，是人们为实现某种实际效用，达到某种实用目的、解决实际问题而运用的一种必不可少的手段和工具。因此，南北朝时期的著名文论家刘勰在《文心雕龙》中，对应用类文章冠有“虽艺文之末品，而政事之先务”之说。银行常用应用文也是如此，此类应用文的写作就是要解决银行工作中的各种实际问题，因而实用性是其最显著的特点。如上级下达的决定、指示、通告、通知等，一般都具有方针政策的指导意义、法规制度的约束作用、宣传群众的周知功能；而调查报告、总结等下级呈递给上级的书面文字材料，既是上级了解下情、处理问题的重要依据，也是上级制定方针政策的重要参考。因此，具有切合工作实际的实用价值是银行常用应用文区别于文学创作的显著特征之一。

（二）规范性

按照规范格式进行写作，这是应用文书的基本写作要求和重要特点。

首先，不同的文种均有不同的写作格式，每一种应用文体也都有其相对固定的写作格式。这种格式不仅有利于区分不同文种，便于应用文的分类和管理，还可以提高工作效率。其次，这种格式本身就带有一定的权威性和严肃性。比如国家机关法定公文的格式都有非常细致严格的规定，包括公文用纸、版面形式等，其格式从外观上就给人以庄重严整的印象。最后，相对固定的规范格式有利于应用文的作者根据文章的用途迅速理清自己的思路，确定主题，选择材料，写出符合要求的应用文，同时也有利于读者迅速抓住文章的主要精神，理解领会作者的写作意图，以便贯彻执行，落实工作。

银行常用应用文同样有很强的规范性，不仅文体格式要符合一定的规范要求，语言也要遵守一定的专业规范，如“资金”不能写成“钱”、“贷款”不能写成“借钱”等。

（三）真实性

银行常用应用文是为银行系统办事而写的文章，现实效应是此类应用文的直接目的，因此，与文学作品允许虚构、强调艺术加工的创作要求不一样，材料真实、论据确凿、据实行文，这是银行应用文写作者所应具有的最基本的素质，也是应用文最基本的写作要求。否则，弄虚作假、材料不实，不仅不能解决实际问题，反而会误事、坏事，甚至会损害银行机关的形象。

（四）针对性

针对性是指应用文的写作意图清楚，制文和受文对象明确，行文目的指向单纯。

文学体裁的作者并不确定，只要有能力，谁都可以写；其受文对象也是全民性的，各个阶层、各个年龄阶段的人都能看；其写作意图并不十分明确，多系作者有感而发，所以同一部作品，不同的读者就会有不同的理解，所谓“一千个人心中有一千个哈姆雷特”，原因就在于此。而应用文体一般来说都有明确的制文和受文对象，如行政公文的制文者是法定的作者，行政公文的读者是特定的行文对象。请示是写给上级机关的、批复是写给来请示的下级机关和单位的等，因而其受文对象往往是受限的，这也要求应用文要根据不同的文种、不同的受文对象选择写作的内容和格式。此外，由于应用文是缘事而作的文体，撰文之前，其意图和目的就非常明确，这是不以制文和受文对象的意志为转移的。

（五）时效性

应用文是为解决当下的具体问题服务的，因而有很强的时效性，这种时效性表现为制文需及时、发文需迅速，否则会耽误工作。而一旦工作完毕，问题解决，其实用价值便不复存在。文学作品则不同，它往往是“十年磨一剑”的结果，而且经典文学作品经得起岁月的淘洗，如中国的四大名著、英国剧作家莎士比亚的剧作都能够历经时间的考验而流传下来，成为人们代代相传的精神财富。这是两者之间的又一大不同之处。

与此相对应的是，银行应用文除了具备一般应用文的特点之外，它的专业性更强：它所反映、分析、解决的是人们在银行经济活动过程中遇到的各种问题，因而经济数据的引用、银行专业术语的运用是银行应用文有别于其他应用文的重要特征。

第二节　银行常用应用文的分类

银行常用应用文种类繁多，有些文种之间又不免格式雷同、写法近似，很难一一区分类别，我们根据应用文作者、写作目的和适用范围的不同，将银行常用应用文分为如下几类：

1. 银行常用行政公文。银行常用行政公文是指按《国家行政机关公文处理办法》的规定，以红头文件形式发出的文件，如通知、报告、批复、函等。行政公文属于法定文书，根据发文的目的、制发机关的权限及与受文机关之间的行文关系，按照固定的格式制发。

2. 银行常用事务文书。银行常用事务文书是指银行在处理日常事务中普遍使用的应用文书，如简报、计划、总结等。

3. 银行专用文书。银行专用文书是指银行作为一个专门机构，为特定的目的而写作、在一定范围内使用的公务文书，它具有特定的内容、用途和格式要求，如贷款审查报告、经营活动分析报告、业务计划编制说明等。

4. 银行常用规章类文书。银行常用规章类文书是指银行内部为了规范经营和管理，规范各职能部门及员工的工作、活动和行为而制定的条例、规定、制度、办法等文书。

5. 其他银行常用文书。

第三节　银行常用应用文的写作要求

银行常用应用文强调银行系统在处理事务、沟通关系方面的直接实用价值，在许多情况下，银行应用文不仅是处理银行事务的一种辅助手段，而且是开展商业银行业务的一个有机组成部分，是一项完整的商业银行业务活动所必不可少的程序。比如，企业要向银行申请贷款必须填写贷款申请书；达成某种业务协议的双方必须签署写明双方权利和义务的合同书；注册商标必须向工商行政管理部门提交商标注册申请书等，这些都是法定的程序，必须严肃认真地履行。因而在写作银行常用应用文的过程中，除了要遵循应用文的一般写作要求外，还要做到以下几点：

1. 掌握国家政策。银行常用应用文既是贯彻执行国家金融方针政策的重要工具，也是银行系统开展业务活动并向公众宣传、介绍本系统业务、工作的重要工具。要写好银行常用应用文书，首先要加强理论修养，了解并掌握国家的相关方针政策，提高自己的政策理论水平。写作者只有对国家的相关政策掌握得熟练、吃得透，写作时才能高屋建瓴，方向明确，提出鲜明正确的观点。反之，如果对国家政策领会不深、理解不透，写出来的东西就会空洞无物，严重者可能会与国家政策背道而驰，对业务、对政治造成严重的不良后果。

2. 熟悉专业知识。金融实践活动是银行应用文写作的源头活水，要提高银行应用文书的写作质量，就需要掌握金融方面的专业知识，了解银行系统各部门工作的运行规律及特点，注意收集系统内各种业务信息和资料，然后在此基础上写出的应用文，才能正确反映银行经济活动的客观实际。如果不通晓业务，则写出的文稿要么言不及义，偏离题意，要么隔靴搔痒，抓不住重点。

3. 深入实际调查研究。应用文总是和实际工作生活紧密联系的，有价值的应用文应该从实际工作生活中去获取第一手资料。因此，要写好银行应用文，写作者不仅要具备较高的政策理论水平、丰富的专业知识和较强的写作能力，还要具备深入实际调查研究的优良作风。只有深入实际，亲身参加调研活动，才能获得最新的信息，并对这些第一手的信息资料进行科学分析，作出正确的判断，进而写出解决银行经济活动中实际问题的应用文章，这是一个合格的银行应用文写作者所必须具备的基本素养之一。

4. 勤写多练，提高写作水平。要写出各种合格的银行常用应用文书，仅从理论上了解写作常识是远远不够的，还必须要勤写多练，经常将理论知识运用到写作实践中去。因而，在学习银行常用应用文的过程中，既要认真学习写作方面的理论知识，又要注重亲身实践；既要掌握每个文种的基本格式和写法要求，掌握有关的专业知识，还要重视语言文字和表达方式的学习研究。只有多动脑、多观察、多动笔，才能真正提高自己的写作水平，写出有价值的文章。

复习思考题

1. 什么是银行常用应用文？
2. 谈谈你对银行常用应用文的规范性特点的认识。
3. 银行常用应用文有哪几种？

第二章　一般应用文的写作要素

一篇完整的应用文书，由特定的内容和形式构成。文书的内容包括主题和材料；形式包括结构、语言和表达方式等。这几个方面都是应用文写作中不可缺少的要素。内容和形式是辩证统一的关系，没有内容就没有形式，没有形式也就没有内容，两者相辅相成、互相制约。写作学中有一个非常形象的比喻，即把一篇文章比做一个人，主题犹如人的“灵魂”，材料犹如人的“血肉”，语言犹如人的“细胞”，结构犹如人的“骨骼”，表达犹如人的“外貌衣饰”。这个比喻通俗而又形象地道出了主题、材料、语言、结构和表达方式之间的密切关系以及在文中所起的重要作用。从功能上说，内容决定形式，始终处于主导地位；形式服从并服务于内容。应用文写作追求的目标就是内容和形式的统一，也就是鲜明的思想内容和完美的表现形式的统一。

通过本章的学习，你将能够：

- 掌握应用文主题的特点及其常见表现形式；
- 认识应用文材料的特点，学习收集材料的常用方法；
- 掌握应用文结构的基本内容和基本类型；
- 把握应用文的语言特色和了解应用文的常用表达方式。

〖本章架构图〗

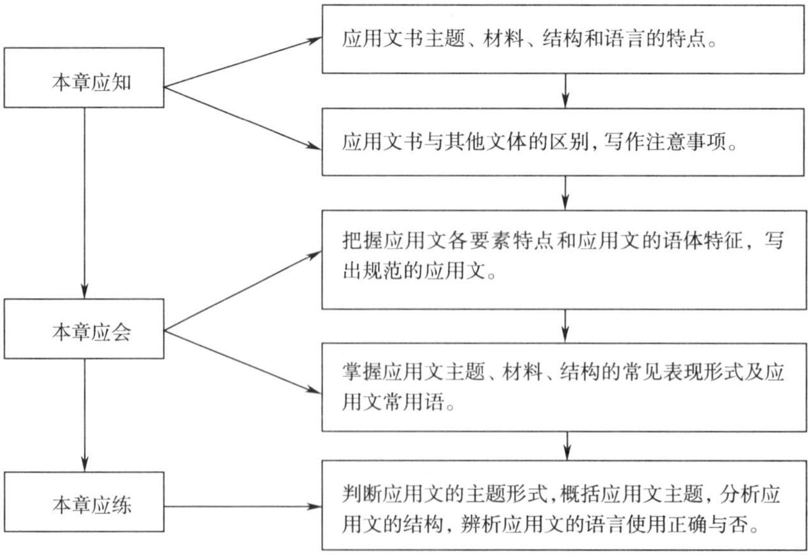

第一节　应用文的主题

一、应用文主题的含义

主题也称做主旨，在传统的写作理论中被称为“意”。应用文的主题是指文中所要表达的基本思想和中心观点。

清·刘熙载在《艺概·文概》中谈道：“凡作一篇文，其用意俱要可以一言以蔽之，扩之则为千万言，约之则为一言，所谓主脑者是也。”刘熙载所说的“用意”、“主脑”，也即是中心思想或基本观点，它是文章的灵魂，是统率文章其他要素的主线。材料的取舍、文章的布局谋篇、语言的遣用、表达方式的选择，都需要根据意旨斟酌。“文以意为主”，是写作理论中公认的基本准则。文章如果没有了“意”，就如同一盘散沙，前言难搭后语，正如清代学者王夫之所说：“意犹帅也。无帅之兵，谓之乌合。”

“意”在不同的文体中有不同的表现形态，在文学写作中，它既可以是包含深刻哲理内容的，也可以是充满感性色彩的，可以明确也可以隐晦。但是，在应用文体中，它主要是某种理性认识，往往以观点的形式直接提出，通常被称为观点、基本思想或者中心观点。

一般来说，以叙述为主的应用文，其主题主要表现为对人或事的基本看法和处理意见，或是办理某项事务的要求与做法。如经济活动分析报告、调查报告中的主要结论，行政公文通报中对所表彰、批评的人或发生的某一情况的定性等。以说明为主的应用文，其主题是它要说明的内容，即通过对说明对象的解说，使人明白其特性、功能或成因等，从而理解它、掌握它，以方便人们使用。如商品说明书，它就是通过对某一商品的构成、特性和功效进行说明，以便人们正确使用。以议论为主的应用文，其主题就是所要表达的基本观点和主张。

二、应用文主题的特点

与其他文体尤其是文学作品的主题相比，应用文的主题具有自身的特点。

（一）“意在笔先”

文学作品的创作带有非常复杂的创作动机，常常具有一定的偶发性甚至意外性，因此，在文学创作过程中，对作品的主题往往事先并没有设定，而是在作品的创作过程中逐步深化、明确，最终得以形成。文学创作如果“主题先行”，往往会遏制直觉、无意识等能力的正常发挥。因此，很多作家是在创作中“意随笔生”，在理性和直觉、有意识和无意识等心理功能的共同作用下，不断丰富深化甚至改变原有的写作意图，有的文学作品的主题甚至会引起多方面的探讨和挖掘，如李商隐的系列无名诗、《红楼梦》、《哈姆雷特》等。

应用文写作则不同，它讲究求实重用，是为用而作，其写作者往往代表着某一机关、团体或单位，受制于集体和领导的意图，写什么不写什么、怎么写，被动性比较突出，一般为“遵命写作”。所以总是先确定主题，随之再去收集、组织材料，即所谓“意在笔先”，最后在行文过程中围绕主题，予以详细展开和说明。

（二）表现显露

应用文的主题和文学作品的主题有很大的不同，前者是显露直接的，后者则是含蓄隐晦的。法国著名作家福楼拜说过：“我觉得美的，亦即我想写的……（是）一本差不多没有主旨的书，如果可能的话，至少看不见主旨。”文学作品的作者在创作过程中往往不直接表明自己的创作意图，而是通过笔下的细节、人物塑造及其环境描写去含蓄地表现。这就需要读者在阅读过程中调动自己的经验体会，去仔细体悟、认识和把握。

应用文主题的表达方式是显露的。应用文的写作具有直接的功利性，或为了规范某一行为，或为了处理某项事务等，从而为解决这一现实问题而提出某个明确的主张看法或认识、提出明确的措施和要求，赞成什么，反对什么，都非常清楚，读者一看便知，一读就懂，行文的目的与意图都很直接。一句话，应用文的主题不允许含糊不清、曲折隐晦，也只有这样，才能避免读者的理解与文书表意上的差异，才能使人容易理解、把握、贯彻、执行，才有利于人们提高按文办事的效率。

（三）意蕴单纯

文学作品的主题意蕴丰富，具有复杂性和多元性的特点，优秀的文学作品往往还需要多角度的解读。如《红楼梦》，鲁迅先生曾评价说：“单是命意，就因读者的眼光而有种种，经学家看见《易》，道学家看见淫，才子看见缠绵，革命家看见排满，流言家看见宫闱秘事……”。这种由于个体的不同而带来的对文本意义反应的差异，在文学阅读中较为普遍。

应用文的主题应单纯、集中。或是表现某种观点，或是传达某种信息。一篇应用文只有一个主题，不能有两个或两个以上的主题。比如请示，一定要遵循“一事一请”的原则，批复也只能是针对下级机关递交的请示“一事一回复”。

（四）求实重用

文学作品一般是以事感人，注重作品的感染力，是作者情动于衷而不得不发之于外的产物，作品的主题往往呈现出一种感性化、情感化的色彩，而这种情感色彩不具有功利性，往往会超越个人的利害得失而具有人类的普遍性。

而应用文书是为了解决现实生活和工作中的某一问题而作，具有明显的直接功利性，因此，应用文书的主题呈现出鲜明的理性形态。如国务院发布的《关于促进节约集约用地的通知》，就传达了国务院对促进节约集约用地的各方面要求。正因为应用文的主题着眼于应用，其给社会生活和人们行为带来的影响和制约也是直接的。

三、应用文主题的要求

（一）正确

这是对应用文主题的最基本要求。

所谓主题正确是指应用文对所反映事物意义的发掘及对所论述问题的结论具有符合实际，符合事物本质规律的特性。主题正确，即必须符合党和国家的各项方针、路线、政策和法规，能反映客观实际，能揭示事物本质和发展规律。正确的主题能对现实生活产生积极的影响，推动社会健康有序地发展；而错误的主题则会造成人们认识上的混乱和错谬，导致行动上的偏差和失误。

（二）明确

文学作品的主题可能丰富复杂，而应用文的主题必须明确、鲜明。主题明确是指文章的观点要明确，作者的态度要明朗，赞成什么，反对什么，都应该清清楚楚，毫不含糊。

主题明确对应用文来说非常重要。应用文的写作目的就是要解决现实生活中的具体问题，从根本上来说就是要把事情办好，哪些事情该办，哪些事情不该办，事情应该如何办都应该说得清楚无误。

（三）集中

所谓集中，就是指应用文只能有一个中心，即围绕一个主题把问题说清楚。曹魏时文论家陈瑞曾说："宾可多，主无二，文之道也"，"立意要纯，一而贯彻"。这里说的就是文章主题集中、单纯的问题。宋代规定，群臣奏议，均要"直述事状，若名件不同，应分送所属，而非一宗者，不得同为一状"。这就把一文一事、一事一旨固化到了法定层面。

为保证写作时主题集中，就要求写作者在写作时理清思路，防止"意多乱文"。反之，企图在一篇应用文中解决多个问题，什么都想说，结果只会是什么都说不清、说不透。因此在应用文的写作中，我们要坚持"三个一"：一文一事、一事一议、一个中心，只有做到这"三个一"，文章才不会出现主题多头、主题跑偏的情况，从而保证主题的集中。

（四）新颖

"文章最忌随人后"，这里所说的"文章"虽指的是诗文作品，同样也适用于应用文。就主题新颖而言，文学作为语言的艺术，追求的是"语不惊人死不休"，而应用文的新颖主要体现在立意上，根本的目的不是为了标新立异、吸引眼球，而是为了满足实际需要，从实际出发，解决不断变化的现实生活与工作中涌现出来的新问题。写简报，要写出新的信息，写请示，要写出亟待上级予以指示或批准的新问题，即便每年例行的工作报告和工作总结之类，也会因每年具体情况的不同而有新的经验与不足，绝不能报陈年旧账。

四、应用文主题的表现方式

（一）标题揭旨

标题揭旨也就是用文章的标题概括点明主题，使读者一目了然。如《实践是检验真理的唯一标准》、《中共中央关于必须严肃处理党员干部中的违法乱纪案件的通报》、《中共中央、国务院关于治理向企业乱收费、乱罚款和各种摊派等问题的决定》等文书，便在标题中直接点明了主题。

（二）开宗托旨

在开篇中标明主旨是应用文写作中普遍使用的一种手法，常见的形式有以下两种：

1. 使用主旨句，开宗托旨。在应用文书中，主旨句常以“为了”或“为”等介词为特征。如《×市工商行政管理局关于对利用电子邮件发送商业信息的行为进行规范的通告》的开头为：“为促进我市网络经济健康发展，保障电子邮件收件人的合法权益，创造公平的市场竞争环境，××市工商行政管理局决定依法对利用电子邮件发送商业信息的行为进行规范。特通告如下……”。

2. 不使用主旨句，开宗托旨。有的应用文并不在开头出现主旨句，而是直接亮明自己的观点或结论，直接阐述其意义。如中国人民银行公布的《2010 年二季度中国宏观经济形势分析报告》的开头写道：“二季度，GDP 同比增长 10.3%，CPI 同比上涨 2.9%，人民币贷款新增 2.03 万亿元，国民经济运行朝着宏观调控预期的方向发展，基本面进一步回升向好。我们对中国经济的发展趋势仍持谨慎乐观看法。今后一段时期，仍将保持宏观经济政策的稳定性与连续性，提高宏观调控的灵活性与针对性，处理好保持经济平稳较快发展、调整经济结构和管理通胀预期的关系。”

这样写的一大好处就在于文章一开头就能吸引读者，引起读者的注意。

（三）篇末显旨

篇末显旨即在应用文的结尾，“卒章显其志”，点明写作主旨，对全文的观点、中心意思做一个总结。如《兴业证券股份有限公司审计报告》，文中在依次就管理层对财务报表的责任、注册会计师的责任进行相关论述之后，最后结尾为：“我们认为，贵公司财务报表已经按照《企业会计准则》的规定编制，在所有重大方面公允反映了贵公司 2010 年 12 月 31 日的财务状况以及 2010 年年度的经营成果和现金流量。”

第二节　应用文的材料

清代学者章学诚在《文史通义·文理》中说：“夫立言之要在于物。”这句话说明了文章所立之言——主题或思想观点——要以“物”，即材料为基础并通过材料来表现。

材料是写作的前提，是构成文章的物质基础，主题与材料同属于应用文书的内容层面，但主题是从材料中形成，材料是引发感受、提炼观点、形成主题的基础，而且还是说明主题的支柱。没有材料的支撑，主题根本无法立足，没有适当的能够说明主题的材料，主题即使树立了也会根基不稳。

俗话说“巧妇难为无米之炊”，材料就是成就写作这一“炊事”的“米”。

一、材料的概念

应用文的材料是作者为了一定的写作目的，从生活、学习、工作或调查研究中摄取整理出来，并借以形成主题和表现主题的一系列事实、数据和观点。

材料是一个较为宽泛的概念，它既指主题借以形成或深化而没有写入文章中的东西，又指为说明和表现主题而写入文章里的东西，前者为素材，后者为题材。素，本意是没有染色的丝织品，这里的素材即形成主题的一切原始材料，而题材则是经过选择加工用来说明和表现主题的材料。

二、材料的分类

根据不同的标准，材料可以分为如下不同类型：

从材料的来源来看，可以把材料分为直接材料和间接材料。前者主要是指作者通过亲身观察、调查、实验等方式所获得的第一手资料；后者主要指作者通过阅读文件、书籍、报刊及听取有关方面的介绍所获得的第二手资料。

从时间角度上划分，可以把材料分为历史材料和现实材料。历史材料是指距写作时间较为久远的材料，而距写作时间较近的材料则为现实材料。

从材料的性质来看，可以把材料分为正面材料和反面材料。前者是指具有先进、积极、经验性的材料，如好人好事、成功经验等材料；而后者则是具有落后、消极、需吸取教训的材料，如不足、存在的问题和失败的教训等。

从材料的形态上来看，可以把材料分为理性材料和事实材料。理性材料是指经过历史和实践检验并造成一定影响的人类的思想成果，即道理和观点，如科学原理、公式定理、法理政策、名人名言等；事实材料又称实证材料，可以划分为经验材料、实验材料、调查材料和统计材料。

从代表性方面来看，材料可分为面上材料和点上材料。面上材料是指比较全面、概括的材料；点上材料是指具体、重点的材料。

三、搜集材料的常见方法

写作从搜集材料开始，材料一是靠日积月累的储备；二是为了特定的写作目的，通过各种渠道有意识地去搜集。如个人简历的写作，单靠调动自身所具备的经验和信息就够了，但是大多数的文章，如工作总结、调查报告等，仅凭调动个人的经验与掌握的信息是远远不够的，这就需要有意识地通过各种渠道去搜集材料。搜集材料的途径主要有以下三条：

（一）观察

有意识地运用自身的感官（包括借助一定的科学仪器）去感知、考察社会和自然现象。当然，观察并不仅仅凭借眼睛的功能，而是要同时借助思维，边观察边思考，这样，就会使我们的观察更加敏锐和深入。

（二）调查

围绕某一目的，考察事物现场，听取相关人员的反映，搜集文字资料，了解有关情况，进行实事求是的分析。

运用恰当的调查方法是调查成功的关键之一。调查的方法包括普遍调查和非普遍调查。前者是对所有涉及对象进行的调查，如 2010 年 11 月 1 日开始进行的全国第六次人口普查采用的就是普遍调查法，这种调查方法的好处在于由于穷尽了所有的调查对象，所以得出的结论非常准确。不足之处在于如果此种方法在较大范围内进行的话，就会耗费大量的人力、物力和精力。非普遍调查法则是对部分被调查对象进行的调查，包括典型调查、重点调查和抽样调查。这种调查方法的优点是效率高，但是不足之处就在于由于没有穷尽所有的调查对象，所以调查的结论可能会有些偏差。

（三）查阅文献

文献资料包括书籍、报刊、文件、档案、手稿、图片、图表、声像、因特网等一切记录和传播人类知识载体中的信息。文献资料有两大类，一种是原始资料，即作者对科学文化知识和现实情况进行初次加工所形成的原始文献，如实验报告、初次发表在报刊上的论文、调查笔记等；一种是经过加工整理的资料，如目录、摘要、索引、文献综述等。

四、选材的原则

储材要广，选材要精。搜集材料要尽可能多一些，这样提笔写作才能游刃有余、左右逢源，材料少了，写作时必会感觉捉襟见肘，文章内容也会显得干瘪不饱满，因此，充分、全面地搜集材料是十分必要的。但仅此是不能写成一篇好文章的，好文章总是用最经济的笔墨解决问题，对应用文写作来说，它也总是力求以最小的篇幅阐明主题，这就涉及如何选材的问题。大体而言，应用文选材应遵循如下的原则：

（一）突出主题

宋代大文豪苏东坡说："天下之事，散在经子史中，不可徒使。必得一物以摄之，然后为己用。所谓一物者，意是也。不得钱不可以取物，不得意不可以用事，此作文之要也。"主题是文章的统帅与灵魂，主题的需要永远是选材的第一准则，全部的材料都是为了说明主题、表现主题。因此，在选材过程中，凡是能突出主题支撑主题的材料就取而留之，反之则应坚决舍弃。

（二）真实

文学作品可以是艺术上的真实，源于生活而高于生活，而应用文所反映的事情必须是实有其事，事情的大小、多少、程度、范围都必须准确无误；所反映的人必须是恰如其人，其姓氏、行动、语言都必须与现实生活分毫不差。因此，为保证材料真实，在搜集材料的过程中，应尽量搜集和引用原始资料，经过加工整理的资料则要经过认真核实考证，不可断章取义、歪曲文意。

（三）典型

典型材料既有鲜明的个性特点，同时也能体现出同类事物的本质特征和所具有的普遍意义，这类材料具有广泛的代表性和强大的说服力。在应用文的写作中，如果选取的材料典型、恰当，则有助于提高文章的表现力，深化主题。

（四）新颖

应用文的时效性很强，要将现实生活中的新情况、新问题和新信息及时反映出来，就必须在应用文的写作中选取那些新颖的材料，使文章具有时代特色。新材料有两层含义：一是指新产生的、新发现的，别人没有用过的材料；二是指旧材新用，所用的材料是人们已经发现，但由于选取的角度不同，能在旧材中发掘出新的意义，这样的材料也被称做新颖的材料。

五、应用文材料的运用

搜集材料是为了使用。从大量搜集来的材料中经过分类、整理和分析，提出相应的观点，是材料使用的第一阶段。而当主题提炼出来之后，如何围绕着主题，选取材料，安排材料的主次、详略，这是材料使用的第二阶段，在此阶段使用材料时要注意：

（一）材料与主题相统一

观点来自于材料，能反映出材料的本质；材料应说明观点，支撑观点。切忌有观点无材料或有材料无观点，或者观点与材料不一致的写作。

（二）材料的取舍与详略安排

在储材选材阶段，不仅要根据主题来删选材料，同时也要根据主题的表现需要，来安排材料的主次、先后及详略，处理好主体材料和背景材料的关系。一般来说，能充分表现主题，有说服力的典型、新颖的材料要详写，而过渡性、交代性的材料略写即可。

（三）各类材料配合使用

将不同的材料适当地配合使用，能有效地深化和表现主题。

如果要最大限度地发挥材料在应用文写作中的作用，就要清楚地认识到所搜集材料的性质和类别，将其合理地归类组合在一起，综合运用各类材料。如事实材料和理论材料的有机结合，直接材料和间接材料的互为补充，历史材料和现实材料的相互印证，正面材料和反面材料的相辅相成等。

六、应用文的观点与材料的组织形式

应用文观点与材料的组织，常见的有如下三种形式。

（一）先亮观点，后举材料

这是先概括观点，然后用一系列的事实和数据来陈述观点的方法，这种方法的优点在于观点鲜明，引人注目。

（二）先举材料，后亮观点

这种方法是先列举一系列的事实、数字或相关的背景，然后再归纳结论。这种方法的优点在于符合人们由感性到理性的认识习惯，说服力强。审计报告、经济活动分析报告常运用此类方法。

（三）边举材料，边亮观点

这是一边列举材料一边进行论说的夹叙夹议的方法，这种方法的优点在于既摆事实，又讲道理，行文层层深入，便于人们理解。

第三节　应用文的结构

结构是指文章的组织方式和内容构造。具体来说，应用文的结构是作者根据主题和表达内容的需要，把有关材料加以合理组织、安排所采用的一定的格式或形式。

主题使文章“言之有理”，材料使文章“言之有物”，而结构则使文章“言之有

序”。曾国藩说：“古文之道，谋篇布局是一段最大功夫”，梁启超讲“教人作文当以结构为主”，托尔斯泰认为“组织材料是最困难的任务”。由此可见，结构在写作过程中的重要性已成为古今中外学者的共识。有了恰当的结构形式，立意才能得到体现，材料也才能有所依附，思想内容也才能被有条有理地组织、表现出来。

一、应用文结构的特点

（一）程式化

应用文的结构不像文学作品那样富于变化，构思奇特、巧妙，而需遵循长期沿用下来的惯用格式。同一类型的应用文往往具有相对定型的结构模块，如行政公文，从形式上来说，具有特定的文面格式，从内容上来说，往往由依据、目的、文种承启语、事项和执行要求构成；如计划，在结构上一般是由目标、拟采取的措施和要求组成；如总结，在结构上一般都沿用概述基本情况、基本做法、主要经验、存在的问题与不足及今后打算几个方面的写法。这种相对定型的结构模式，使得人们掌握起来较为容易。

（二）单一性

应用文的结构不像文学作品讲究多角度、全方位地营造波澜起伏、悬念丛生的叙述效果，更不能采用意识流、解构主义、后现代等表现手法，应用文的结构应平白单一，脉络清晰。这是应用文与文学作品在结构上的重要差异。

（三）条理性

应用文表意注重直接、明了，讲究思路的清晰流畅。为了使内容眉目清晰，在结构上，多采用序数词、小标题来表示层次与段落。标题和序号又可分若干层次，每一层次或段落之前常设有主旨句或主旨段，使得文章的层次之间主从、纵横关系分明。规章制度类应用文书多采用章节条款式格式，而公文的主体多采用分条列项的形式，这些都是为了突出应用文的条理性。

二、应用文结构的基本内容

（一）层次与段落

层次与段落是文章结构中的主要部件，一篇好的应用文应该层次清晰、段落分明。

所谓层次是指作者在表达主题过程中所形成的相对完整与独立的思想单元，它体现着作者思想展开的步骤。层次也称为“意义段”、“部分”或者“结构段”。

段落是指作者在表达文章思想内容时，由于转折、强调、间歇等情况的需要，而造成的文字上的分隔或停顿。段落是构成文章的基本结构单位，人们习惯称为“自然段”，在形式上有明显的换行标志。

层次与段落的侧重不同：层次重在文章的主体，着眼于思想内容的划分；段落相对层次而言是对文章的细化，侧重于文字表达的需要。一般来说，层次大于段落，即几个自然段组合成一个层次；有时候也会出现层次等于段落，即一个层次就是一个自然段；在某些特殊的情况下，有时候会呈现段落大于层次的现象，即在一个比较大的自然段中出现几个层次。

（二）过渡和照应

过渡和照应是使文章前后连贯的重要手段。

过渡是指上下文之间的衔接和转承。应用文书中，过渡的方式主要有以下三种：一是用词语过渡，如“综上所述”、“总而言之”、“由此观之”、“为此”、“对此”、“因为”、“所以”等。在有的应用文中，会以“第一……第二……”这样的序数词起过渡的作用。二是用总结上文、提示下文的过渡句来过渡，比如通知，往往会在交代完通知缘由后，用一个过渡句“为此特作如下通知”或“现将有关问题通知如下”等语转向过渡事项，领起下文。三是在两段或两层文章的意思相对较远，或者在表达方式、结构形式变动比较大时，往往会用一个相对独立的自然段来承上启下，这种具有提示或承前启后作用的段落叫做过渡段。

照应是指文章不相邻的层次和段落之间的关照和呼应。所谓“前有交代，后有着落”说的就是这个意思。常见的照应方式有题文照应、前后照应、首尾照应等。题文照应是指文章的内容和标题相呼应，以起到深化主题、帮助读者理解、加深读者印象的作用；前后照应指文章的前后内容相呼应，以使文章结构更加紧凑、中心线索更加分明；首尾照应是指文章的开头和结尾相互呼应，结尾处对开头部分予以深化、强调或补充，使文章能首尾圆合，结构严谨。

（三）开头和结尾

开头和结尾是文章的重要组成部分，古人对如何写好文章的开头和结尾有着非常精辟的见解。白居易曾力主文章应：“首句标其目，卒章显其志”（《新乐府序》）。乔梦符则提出要精心塑造“凤头”、“豹尾”（陶宗仪《南村辍耕录》）。这些名言形象而又深刻地阐明了文章的开头和结尾的作用及撰写方法。

1. 开头

应用文的开头有别于文学作品的开头，其性质和特点决定了开头必须直截了当、开门见山。应用文的开头应直接点明写作的主题或揭示其内容的写作走向，领起下文。常用的开头方式有：

（1）概述情况式

这种方式要求开头简明扼要，采用概述的手法对有关情况或背景予以简明扼要地介绍。工作总结、报告、意见、会议纪要常采用这种开头方式。如《中国人民银行关于做好农村地区支付结算工作的指导意见》（银发〔2006〕272号）的开头就是如此：“近年来，我国支付体系建设取得了重大进展。在支付体系建设过程中，人民银行始终把改善农村支付结算环境、提高农村支付结算服务水平放在特别突出的位置，通过一系列政策措施，畅通农村支付结算渠道，在各有关方面的共同努力下，农村地区的支付结算环境有所改善。但是，农村地区支付结算基础设施建设相对滞后、支付结算方式单一、支付结算服务手段陈旧、非现金支付工具应用比重低等问题依然突出。这些问题制约了农村地区资金的有效配置，不利于农业和农村经济的发展，影响了我国支付体系的全面建设和发展。”

（2）说明根据式

这种开头方式先交代与说明撰文、发文的动机、原因和依据、意义等，常用介词“为”、“为了”、“根据”、“按照”、“遵照”等词引出行文目的、上级的有关精神或相关法规，明确指出行文的根据，表明应用文书的权威性。通知、批复、决定多采用这种开头方式。如《中国人民银行关于地震灾区银行业金融机构办理支付结算有关事宜的紧急通知》（银发〔2008〕165号）的开头：“为贯彻落实《中国人民银行 中国银行业监督管理委员会关于全力做好地震灾区金融服务工作的紧急通知（第1号）》（银发〔2008〕152号）的精神，按照特事特办、控制风险、简化程序、便民优惠的原则，进一步做好灾区支付结算服务工作，满足灾区居民基本生活和灾后重建需要，现将地震灾区银行业金融机构（以下简称银行）办理支付结算的有关事宜通知如下……”。

（3）引述来文式

在文章的开头引述对方的来文或来电的标题、文号或所叙事项，正文再有针对性地回复对方。批复、复函等公文常用这种开头方式。如《国务院关于同意建立服务业统计部际联席会议制度的批复》（国函〔2007〕110号）的开头：“你局《关于拟请批复服务业统计部际联席会议制度的请示》（国统〔2007〕138号）收悉。现批复如下……”。

（4）提问式

这种开头方式先根据作者的意图、写作的主题或主要内容提出相关问题，然后再围绕着所提问题予以展开，以引起读者的注意和思考。调查报告常采用此种开头方式。

应用文的开头，有时候是多种方式的综合运用。

2. 结尾

与文学作品比起来，应用文的结尾比较规范，常用的结尾方式有：

（1）希望号召式

在结尾处提出希望、请求或号召，以鼓舞斗志，增强感染力。如国务院国有资产监督管理委员会信息中心在2008年发布的《关于表彰2006—2007年度国务院国资委网站内容保障先进集体、先进个人的通报》，在概述了具体的先进事迹之后，文末提出了希望，“希望受到表彰的企业和个人再接再厉，努力拓宽内容保障的深度和广度，提供数量更多、质量更优、时效更强的信息，为中央企业的改革发展服好务”。

（2）强调总结式

正文结束时，对文中的观点或问题作出归纳和总结，或对主要问题进行强调说明，以引起读者的重视。如国务院在2008年发布的《国务院关于促进节约集约用地的通知》（国发〔2008〕3号），阐述了我国目前土地使用的状况、矛盾以及加强节约集约用地的原因，提出五大工作要点，最后文中结尾：“各地区、各部门要充分认识节约集约用地的重要性和紧迫性，增强节约集约用地的责任感，切实转变用地观念，转变经济发展方式，调整优化经济结构，将节约集约用地的要求落实在政府决策中，落实到各项建设中，科学规划用地，着力内涵挖潜，以节约集约用地的实际行动全面落实科学发展观，实现经济社会的可持续发展。”即是这种形式。

（3）说明式

在文末提出需要补充说明的意见，如规章制度的附则部分就相当于一个说明式的结尾，一般写明文件的实施日期、修改权与解释权、具体实施细则的制定权及其他需要说明的事项等。

（4）惯用语格式

有的应用文采用固定的结束用语来收束全文，如“特此通知”、“特此通告”、“妥否，请指示”、“以上意见如无不妥，请批转各地执行”等。

除了以上的几种结尾方式之外，还有祝贺、慰问式的结尾，以及主题部分写完则言尽意止，不再另写结尾。

三、应用文结构的基本类型

（一）从外部形态划分

1. 条款式结构

法规、规章和职能部门的一些行业文书，不少采用的都是这种结构模式。它以序号为标识，分条列项来结构文章，显得文章眉目清楚、排列有序。应用文书的条款式结构一般采用两种方式：一是章段条连式。这种结构以章为序划分有关规章、法规的层次，各章下的“条”不以章断开另外编排，而是连续编号。内容较多、篇幅较长的规章多采用此种结构。二是条文并列式。这种结构在条下可分款、目或项。具体标识：第一层为“一”、第二层为“（一）”、第三层为“1”、第四层为“（1）”、第五层为“①”。

2. 分块式结构

这种结构方式是根据文章的内容将全文分为几个部分。每个部分的前面可由一个小标题来概括这一部分的内容。如总结就由基本情况、具体做法、经验与不足、今后打算等部分组成。再比如学术论文《论软着陆》（《人民日报》1997 年1 月7 日版），文中就从“什么是软着陆”、“为什么要‘软着陆’”、“怎么样‘软着陆’”、“‘软着陆’的宝贵启示”四大块来予以论述。

3. 篇段合一式结构

全篇文章只有一个自然段，因为内容简单不便分开，所以往往采用一段式的写法。这种结构多用于内容比较简单的文种，如通知、批复、决定等。

（二）从内部逻辑关系、时空线索划分

1. 纵式结构

纵式结构也称为递进式结构，文章的层次为环环相扣、层层推进的关系。纵式结构又按两种模式来安排，一种是以时空为序，按照事物发生、发展、变化的过程，时间的先后顺序或空间的变化来写作。一种是按照逻辑顺序来安排，根据事物发展的逻辑顺序或事理的内在逻辑顺序逐层深入地写作。如《农村文化活动设施量少质差的现状亟待改变》的调查报告中，先谈到××县农村文化活动设施量少质差，随后谈到“文化饥饿症”带来农村精神文明滑坡，接着分析文化活动设施量少质差的原因何在，最后提出采取有力措施重视农村文化活动阵地建设的若干建议。

这是很典型的纵式结构，采用这种结构安排全文，一定要事先考虑清楚每个层次之间的关系与顺序，前后不能颠倒调换。

2. 横式结构

横式结构也称为并列式结构，此种结构按照事物的逻辑联系进行分类归纳，按事物的构成部分、特点、性质的不同来安排层次，将材料横向排列。如某县政府在总结一年来的工作时，从水利设施的恢复发展、农业战线的抗灾夺丰收、工交战线转换经营机制的成效、清河大桥的建成通车、财贸战线的承包收效以及科教文卫方面取得的成绩来一一总结，采用的就是横式结构。

采用横式结构来安排文章，尤其要注意分类标准的统一，只有采用统一的标准，才能保证分类的正确性，才能使分出的各类事物具有并列关系，而不会产生交叉关系。如果分类标准不统一，文章就会混乱，缺乏逻辑性。

3. 纵横交错式结构

纵横交错式结构也称为综合式结构，它是将纵式结构和横式结构相结合，以一种结构为主来安排大的层次，而用另一种结构来安排小层次。一些内容比较复杂，时空变换较大的应用文常采用此种模式。比如，上文中所举的某县政府工作总结的例子，在主线上采用的是纵式结构，先写各行业情况，写到科教文卫方面取得的成绩时，又从计划生育、科技、高考升学率、坚持狠抓精神文明建设等几个方面进行介绍，这就是典型的纵横交错式结构。

采用这种结构模式安排文章，一定要注意主线上只能是一种结构模式，要么是纵式为主横式为辅，要么是横式为主纵式为辅，不能平均用力，以免结构混乱。

第四节 应用文的语言

高尔基称语言是文学的“第一要素”，虽然他谈的是文学，但是对于应用文的写作来说，语言同样是第一要素。写文章要“言之得体”，我们不能采用艺术散文或小说的写法去写应用文，当然我们也不能全篇采用枯燥的事务语言去写文学作品，因为二者的用途、使用者和使用方式以及受众是截然不同的。因此，我们必须把握应用文的语体特点，写出规范的应用文来。

一、语体

语体是指根据不同的用途与不同使用者、不同使用方式，对语言材料进行选择和组织所形成的，具有一定特点的语言风格模式。

从语言色彩上，语体可分为口头语体和书面语体。

书面语体如果从表达内容和功能来看，又可分为文艺语体、科技语体、政治语体和事务语体。

一般而言，文学作品中记叙文多运用文艺语体，说明文多运用科技语体，议论文多运用政治语体，应用文则多运用事务语体。

在一篇文章中，也不是绝对只能用一种语体，有时候是多种语体的综合运用，如应用文中的文艺性商品广告、解说词、科普小品等，有时会用到文艺语体。但是在一篇文章中，应以一种语体为基础，适当考虑兼用其他语体，而不是盲目地平均使用。

二、应用文书的语言特点

事务语体也叫做应用语体，适用于应用文，具有准确规范、简洁精练、朴实平易、得体庄重的特点。

（一）准确规范

应用写作是一种实用写作，具有特定的实际目的，这就要求对事件的叙述、数量的表达、说明道理和提出看法时一定要准确明白。比如，在批复中对下级的请示事项，上级就不能含糊地表态“最好不执行”，这样下级无法把握到底是可以执行还是不可以执行，因此，必定导致请示事项的无法执行或者错误执行；比如，一份合同中，对运送沙土就不能以“车”为计量单位，这“车”是一吨大小的还是两吨大小的，或者是其他载重吨位的，不太清楚。由于计量单位没有明确必定会导致标的——沙土总量不同，进而引发经济纠纷；再比如，在一份会议通知中，通知对方“在某年某月 30 日前来报到”，这句话仍然是有歧义，应该明确具体的报到时间。由此可见，应用文对语言准确的要求特别高。

（二）简洁精练

文学作品中讲究炼字，古人甚至有“吟安一个字，捻断数根须”、“两句三年得，一吟双泪流”等佳句，那是为了力图用最少的文字去创造出完美的意境。应用文的语言也讲究简练，其目的是为了提高办事效率。因此，应用文在准确的基础上，要力求做到简洁明快，以使读者迅速获取信息，理解主旨。为使应用文的语言做到简洁精练，我们可以从以下几个方面入手：

1. 精心锤炼词语。明代吴纳说：“篇中不可有冗章，章中不可有冗句，句中不可有冗字。”应用文就应该将重复的、可有可无的字、句、段坚决删去。如“对这件事，人们仍然记忆犹新”，这“犹”就已经具有仍然的意思，因此，与“仍然”重复，应将“仍然”去掉；又如“校领导亲自参加了图书馆的奠基仪式”、“领导亲自到会并做了重要讲话”，两句中的“亲自”一词应该删去。

2. 恰当地运用简缩语、文言词汇。应用文为了简洁明快，经常使用一些专用词语与固定的习惯用语。简缩语是在长期使用过程中约定俗成的语言，如“三农问题”、“人大”、“京沪高速”、“纪委”、“长江三峡”等。文言文则是经过历史的沿革被人们传承下来的精练的词汇，应用文在其长期发展过程中也大量借鉴了文言文的词语，保留了文言文精当的优势，如“顷接”、“妥否”、“来函谨悉”、“兹因”、“欣值”等，强化了应用文特有的语感，使其表意更加精练。

3. 适当使用专业性强的格式语、专业语和人工符号语言。应用文在其长期使用的过程中，逐渐形成了一套比较固定、规范的格式语。这些词汇能使内容模式相对固定的应用文表意更加明晰简练，因此，在写作中应尽量使用这些常用的规定用语。如一份公文中这样写道："厂里收到《关于举办质量检查科长培训班的通知》后，决定派邹园同志4 月 12 日来参加培训。"这里的语言从逻辑上看虽然没有什么问题，但是由于没有使用固定用语，因此，显得应用文过于随意、不庄重、不规范。应将"厂里"改为"我厂"。

常用应用文固定用语

1. 称谓词。

第一人称："本"、"我"，后面加上所代表的单位简称。如部、委、办、厅、局、厂或所等。

第二人称："贵"、"你"，后面加上所代表的单位简称。一般用于平行文或涉外公文。

第三人称："该"，在应用文中使用广泛，可用于指代人、单位或事物。如"该厂"、"该部"、"该同志"、"该产品"等。"该"字在文件中正确使用，可以使应用文意思简明、语气庄重。

2. 领叙词，即用以引出应用文撰写的根据、理由或应用文的具体内容的词。常用的有：

根据　按照　为了　遵照　敬悉　惊悉　收悉　本着（……的原则）　鉴于　为了……特……。

应用文的领叙词多用于文章开端，引出法律、法规以及政策、指示根据或事实根据，也有的用语出现在文章中间，起前后过渡、衔接的作用。

3. 追叙词，即用以引出被追叙事实的词。常用的有：

业经　前经　均经　即经　复经

在使用时，要注意上述词语在表述次数和事态方面的差异，以便有选择地使用。

4. 承转词，又称过渡用语，即承接上文转入下文时使用的关联、过渡词语，常用的有：

为此　据此　故此　鉴此　综上所述　总而言之　总之

5. 祈请词，又称期请词、请示词，用于向受问者表示请求与希望。主要有：

希　即希　敬希　请望　敬请　烦请　恳请　希望　要求

使用祈请词的目的在于造成机关之间互相敬重、和谐与协作的气氛，从而建立正常的工作联系。

6. 商洽词，又称询问词，用于征询对方意见和反映，具有探询语气。常用的有：

是否可行　妥否　当否　是否妥当　是否可以　是否同意　意见如何

这类词语一般在公文的上行文、平行文中使用，在使用时要注意确有实际的针对性，即在确需征询对方的意见时使用。

7. 受事词，受事词即向对方表示感激、感谢时使用的词语。常用的有：

蒙　承蒙

属于客套语，一般用于平行文或涉外的公文。

8. 命令词，即表示命令或告诫语气的词语，以引起受文者的高度注意。常用的有：

表示命令语的语词：着　着令　特命　责成　令其　着即

表示告诫语气的词语：切切　毋违　切实执行　不得有误　严格办理

9. 目的词，即直接交代行文目的的词语，以便受文者正确理解并加速办理。

用于上行文、平行文的目的词，还须加上祈请词，如：

请批复　函复　批示　告知　批转　转发

用于下行文，如：

查照办理　遵照办理　参照办理

用于知照性的文件，如：

周知　知照　备案　审阅

10. 表态词，又称回复用语，即针对对方的请示、问函，表示明确意见时使用的词语，如：

应　应当　同意　不同意　准予备案　特此备案　请即试行　按照执行　可行　不可行　迅即办理

在使用上述词语时应对公文中的下行文和平行文严加区别。

11. 结尾词，即置于正文最后，表示正文结束的词语。

用以结束上文的词语，如：

特此报告　通知　批复　函复　函告　特允公布　此致　谨此　此令　此复

也可再次明确行文的具体目的与要求，如：

……为要　……为盼　……是荷　……为荷

表示敬意、谢意、希望，如：

敬礼　致以谢意　谨致谢忱

使用这些词语，可以使文章表述简练、严谨并富有节奏感，从而赋予庄重、严肃的色彩。

（三）朴实平易

叶圣陶曾说过："公文不一定要好文章，可是必须写得一清二楚，十分明确，句稳词当，通体通顺，让人家不折不扣地了解你说的是什么。"不仅是公文，实际上，其他应用文体同样追求的是表意明确，而不是华美的词章。因此，我们在写作应用文时，要注意追求平易、质朴的文风，不说空话、套话，不滥用溢美之词；直陈其意，不绕弯子、不故作艰深。如一篇《关于联系教师进修的函》的开头："首先让我们以××市公关学校的名义，向贵处表示衷心的感谢，过去对我校办学给予了很大的帮助，目前我校又面临一个很难解决的问题。"这种开头就是绕了弯子，运用了曲笔，没有直陈其事。

（四）得体

应用文有特定的读者对象，由于行文关系的不同，在应用文的表达中还要注意语言得体。在上行文和平行文中就不能采用命令的语气或限定对方的语言，而应用谦恭诚挚的语言。如《关于成立购销合作社的请示》，因为请示事项须经过上级批复才能执行，所以在行文中请示事项就不能表达为"我们要成立购销合作社"，而应该将"要"改为"拟"。同样，对下级不能采用谦虚的语气，而应采用肯定、命令的语气。

应用文要做到语言得体，就需注意以下几点：

1. 要符合作者在社会关系中的地位。即叙事论理、遣词造句时要注意一定的身份，要能正确体现出收发双方之间一定的关系。《文心雕龙·书记》称：“祢衡代书，亲疏得宜。”这“亲疏得宜”就是指正确体现了收发双方间一定的关系。如公文中的传送用语：“上报”、“呈报”用于上行，“印发”、“颁发”用于下行，倘使错用了便不符合作者在社会关系中的特定位置。

2. 要注意特定的场合与氛围，做到和谐协调。如贺喜时不说丧气话，严肃的场合不说俏皮话等。又如写请柬，用于商店开张、会议开幕的可以写“敬请光临指导”，而用于结婚宴请的则不宜写“指导”之类字眼。

3. 要注意让对方乐于接受、易于接受。要分别对象，采用对方乐于接受、易于接受的言语。为了使对方乐于接受，有必要了解对方的个性、习惯、情绪、忌讳等。此外，还要注意适合对方的文化程度、专业水平等，使对方易于理解、易于接受。例如，对文化程度不高的人，就宜多用平易通俗的词语，而不要使用古奥的词语；对不熟悉某一专业的人，就不宜过多地使用该门类的专业术语。

4. 语言色彩要符合特定的行文目的及内容性质的要求。如颁布政令的要庄重严肃；通报错误的要说理严正、义正词严；申请要求的要平和委婉；报喜祝捷的要热烈欢快，等等。

5. 要符合应用文体的语体要求，体现所用语体的个性。事务语体的最大特点是“平实”，即通俗易懂、质朴实在。这就要求我们在应用文的写作中坚持“辞达而已矣”的古训，要坚决反对堆砌辞藻、生造词语、追求含蓄而流于晦涩、肆意夸大其词、说空话废话、炫用半文不白古奥难懂词语等现象。平实，是对应用文语言的总要求。在这个总的要求下，不同的应用文体对语言的运用还有其具体的要求。如公文，其语言除了平实这一点以外，还要求简明、庄重。因此，在写作应用文时，语言的运用要注意符合不同文体的要求，也就是要体现出所用语体的个性。

总而言之，写作应用文时，说什么、不说什么、怎样说、何时说等，都需要认真考虑。语言得体将有利于处理事务、沟通关系，达到文书的预期效果。而是否有利于处理事务、沟通关系，达到文书的预期效果，也是衡量语言运用是否得体的一把尺子。

第五节　应用文的表达方式

表达方式是指文章使用语言表达思想的不同方式。通常，人们使用的文章的表达方式有叙述、议论、说明、描写和抒情。应用文由于具有直接的实用目的，受此制约，其语言的主要表达方式为叙述、说明和议论三种。这几种表达方式在不同的应用文书中，或交替使用或以一种为主。本节主要介绍应用文书的主要表达方式，即叙述、说明和议论。

一、叙述

叙述是一种把人物的经历、事件的发展变化的过程表述出来的写作方式。应用文的叙述与其他文体的写作一样，同样要具备时间、地点、人物、事件、原因、结果这六要素。叙述是一种最基本的表达方式，在应用文体的写作中使用频率较高，如通报、调查报告、工作报告等经常运用此种表达方式，主要介绍事件的基本情况、介绍人物的经历和事迹或介绍问题的来龙去脉，以及为议论部分提供事实依据等。

（一）叙述的人称

人称是指作者叙述的观察点与立足点。应用文的叙述人称主要有第一人称和第三人称。

第一人称是站在“我”或“我们”的角度，或从“我”、“我们”与叙述对象“你”、“你们”的平行角度出发写作，它能给读者带来身临其境、亲切、可信的感受，这是主观性的叙述，缺点在于局限于作者的所见所闻，不能叙述作者经历、见闻之外的事情。

第三人称是站在“他”、“他们”的角度来叙述，客观地叙述事宜，不受时空的限制，因而叙述面较广、较自由，这是客观性的叙述。

在应用文书中，一般都是几种人称单独使用，一般是从本单位的立足点出发来叙述事情，因此，多用第一人称，如总结、计划必须采用第一人称，而消息、会议纪要、调查报告等多用第三人称，客观报道事实。

（二）叙述的方法

应用文中叙述的方法有顺叙、倒叙和插叙。

1. 顺叙。顺叙是按照人物的经历和事物发生、发展的自然顺序来叙述。这是一种最基本的叙述方法，应用文写作中的叙述绝大多数都采用顺叙。此种方法的写作，文章段落层次的展开与人物的经历和事物的发展过程一致，人们读后会感到文章有头有尾，来龙去脉都交代得非常清楚，也符合人们的认识习惯。

2. 倒叙。倒叙是先交代事情的最终结果或事件的某个最精彩最突出的片段，再回过头来以顺叙的方式交代事情的原委。倒叙可以增加悬念，能一下子抓住读者。在应用文体的写作中，倒叙方式用得较少，一般只用在消息、通信和调查报告的写作中。运用此种方式的时候一定要注意倒叙与顺叙之间的过渡语衔接，否则会显得突兀。

3. 插叙。插叙是在叙述主线的过程中，因某种表达上的需要而暂时中断主线叙述，插入另一段与中心事件有关的内容的叙述。插叙可以对人、事、景作说明、补充与解释。插叙可以使文章内容更充实，文章更曲折有致。应用文体中，插叙用得也比较少，一般只在消息、通信等文体中使用。

（三）应用文书叙述的特点

1. 以概括叙述为主。应用文书中的叙述一般是概括式、轮廓式的叙述，一般不作具体的叙述，对人与事不必交代得过于完备细致，只是简单地叙述事实本身。

2. 以顺叙为主。应用文书注重事情发生、发展的过程性的特点，讲求平铺直叙，以使人们尽快了解所述内容。

3. 常与其他表达方式综合运用，如夹叙夹议、叙述说明等。

二、说明

说明是用言简意赅的文字把事物的各种属性，如形状、性质、特征、结构、功效等，进行客观地解释和介绍。

说明是应用文写作中经常运用的一种表达方式，如解说词、说明书、各类规章制度、公文等都会运用此种方式。

（一）说明的方法

1. 定义说明

定义说明是对事物的本质属性作简短说明的方法，也就是下定义，往往采用“……是……”的句式。如“行政公文是具有行政权力的国家机关或其他组织在行政管理过程中形成的具有法定效力和规范体式的文书，是依法行政和进行公务活动的重要工具”，这就是定义说明。

2. 分类说明

分类说明就是将被说明的对象按照统一标准分为不同的类型，一类一类地加以说明，这就是分类说明。如一段介绍经济金融活动分析报告种类的文字，作者在指出其可分为经济与金融形势的分析报告、工商企业的分析报告、银行资金活动分析报告、银行财务状况分析报告四大类之后，再对每一种经济活动分析报告予以具体说明，采用的就是分类说明的方法；再如一段对银行贷款五级分类的说明文字，作者在指出这五级分类分别为正常类贷款、关注类贷款、次级类贷款、可疑类贷款、损失类贷款之后，再分别解释什么叫做正常类贷款、关注类贷款、次级类贷款、可疑类贷款和损失类贷款，运用的也是分类说明的方法。

运用分类说明，要注意分类的标准要统一，类与类之间是并列关系，互不相容，不能产生交叉重叠的现象，所列举对象的种类不能有遗漏。

3. 举例说明

举例说明是以某种事物或现象中最有代表性的实例来说明同类事物或现象的共同点，是通过个别认识一般的方法。如一篇《奇妙的“0.618”》（倪合一，2005 年第 6 期《现代养生》）文章中，在谈到奇妙的黄金分割率的时候就举了以下例子：“气势雄伟的建筑物少不了‘0.618’，艺术上更是如此。舞台上，演员既不是站在正中间，也不会站在台边上，而是站在舞台全长的 0.618 倍处，站在这一点上，观众看上去才惬意。我们所熟悉的米洛斯的‘维纳斯’、‘雅典娜’女神像及‘海姑娘’阿曼达等一些名垂千古的雕像中，都可以找到‘黄金比值’—— 0.618，因而作品达到了美的奇境。达·芬奇的《蒙娜丽莎》、拉斐尔笔下温和俊秀的圣母像，都有意无意地用上了这个比值。”

4. 比较说明

把两种或两种以上的事物通过比较说明事物本质特点的方法就是比较说明。比较说明可分为两种：

一是纵比，就是对同一事物的不同发展阶段的情况进行比较，如《楚天金报》2010 年 8 月 28 日第 9 版的《空缺计划激增，“性价比”逐年减弱——四批（二）越来越成为“鸡肋”?》一文中谈到近几年来大学招录四批（二）计划的变化时，这样写道：“据称，我省高招四批（二）征集志愿计划逐步上升，2007 年为 1 000 余人，2008 年为 2 000 余人，2009 年达到 5 000 余人，今年激增至 8 000 余人。”这就是运用了纵比的方法。又如温家宝总理在2010年所作的政府工作报告中谈道："（2009年）国内生产总值达到33.5万亿元，比上年增长8.7%；财政收入6.85万亿元，增长11.7%；粮食产量53 082万吨，再创历史新高，实现连续6年增产；城镇新增就业1 102万人；城镇居民人均可支配收入17 175元，农村居民人均纯收入5 153元，实际增长9.8%和8.5%。"这用的也是纵比的方法。

二是横比，如在《2009年武汉地区的人均收入》一文中，把用人单位的薪酬报价与居民的人均月收入进行比较，说明就业形势的严峻："据湖北省人才交流中心上半年人才市场供求报告提供的数据：上半年武汉市用人单位薪酬的平均报价1 408元，低于武汉市7月14日公布的2009年上半年城市居民月人均收入1 617.07元的水平，反映了今年就业的严峻形势。"

运用比较说明时，必须找出事物之间的可比之处进行比较，否则就可能比得不伦不类，起不到说明的作用。

5. 数字说明

数字说明是运用精确、具体的数字来说明事物的特征。在2010年温家宝总理所作的政府工作报告中多处用到了数字说明，如"国内生产总值增长8%左右；城镇新增就业900万人以上，城镇登记失业率控制在4.6%以内；居民消费价格涨幅3%左右；国际收支状况改善。"又如2010年7月教育部发布的《国家中长期教育改革和发展规划纲要（2010—2020年）》谈到实现更高水平的普及教育时也运用了一系列数字来说明："基本普及学前教育；巩固提高九年义务教育水平；普及高中阶段教育，毛入学率达到90%；高等教育大众化水平进一步提高，毛入学率达到40%；扫除青壮年文盲。新增劳动力平均受教育年限从12.4年提高到13.5年；主要劳动年龄人口平均受教育年限从9.5年提高到11.2年，其中受过高等教育的比例达到20%，具有高等教育文化程度的人数比2009年翻一番。"

6. 图表说明

图表说明就是用图画和表格来说明事物的特征，运用此种方法能节约文字，一目了然，便于比较。如《国家中长期教育改革和发展规划纲要（2010—2020年）》中就运用了两个表格来说明，如表2－1、表2－2所示。

表2－1　教育事业发展主要目标

指　标	单位	2009年	2015年	2020年
学前教育				
幼儿在园人数	万人	2 658	3 400	4 000
学前一年毛入园率	%	74.0	85.0	95.0
学前两年毛入园率	%	65.0	70.0	80.0
学前三年毛入园率	%	50.9	60.0	70.0
九年义务教育				
在校生	万人	15 772	16 100	16 500
巩固率	%	90.8	93.0	95.0

续表

指　标	单位	2009 年	2015 年	2020 年
高中阶段教育*				
在校生	万人	4 624	4 500	4 700
毛入学率	%	79.2	87.0	90.0
职业教育				
中等职业教育在校生	万人	2 179	2 250	2 350
高等职业教育在校生	万人	1 280	1 390	1 480
高等教育**				
在学总规模	万人	2 979	3 350	3 550
在校生	万人	2 826	3 080	3 300
其中：研究生	万人	140	170	200
毛入学率	%	24.2	36.0	40.0
继续教育				
从业人员继续教育	万人次	16 600	29 000	35 000

注：*表示含中等职业教育学生数；**表示含高等职业教育学生数。

表 2－2　人力资源开发主要目标

指　标	单位	2009 年	2015 年	2020 年
具有高等教育文化程度的人数	万人	9 830	14 500	19 500
主要劳动年龄人口平均受教育年限	年	9.5	10.5	11.2
其中：受过高等教育的比例	%	9.9	15.0	20.0
新增劳动力平均受教育年限	年	12.4	13.3	13.5
其中：受过高中阶段及以上教育的比例	%	67.0	87.0	90.0

这里的百分比数字非常精确也很能说明问题。在运用数字说明时，确定的数字一定要准确无误，这样才能说明问题以达到目的。

（二）说明的特点

1. 应用文行文时往往是说明、议论、叙述综合使用。只用一种“说明”的表达方式的情况较少。

2. 多种说明方式常常同时使用。如将数字说明、比较说明、图表说明等多种形式结合使用等。

三、议论

议论就是作者就某个问题或事件进行分析、评论，表明自己的观点或主张的一种表达方式。一段完整的议论包括论点、论据和论证。论点就是作者的看法、观点和主张，解决的是要证明什么的问题；论据是为证明论点的正确或证明对方论点的错误所选择的事实或理论根据，解决的是用什么证明的问题；论证是作者运用论据证明论点的过程或方法，解决的是如何证明的问题。

在应用文的写作中，议论运用得非常普遍。如简报、总结、调查报告等常在叙述、说明的基础上表明对事情、人物的分析与评价，表明作者的观点与态度。

（一）论证的方法

1. 例证法。例证法是用事实作论据来直接证明论点的方法。

比如，毛泽东的《新民主主义宪政》一文，在讲到“顽固分子”时说：“顽固派，他们总有一套计划，其计划是如何损人利己以及如何装两面派之类。但是从来的顽固派，所得的结果，总是和他们的愿望相反。他们总是以损人开始，以害己告终。”这个结论，毛泽东引用了古今中外一些例子来加以证明：张伯伦过去一心一意想搬起希特勒这块石头，去打苏联人民的脚，但从德国和英法的战争爆发的那天起，张伯伦手上的石头打在他自己的脚上了。而且直到目前，这块石头还在打张伯伦。袁世凯想打老百姓的脚，结果打了他自己，做了几个月皇帝就死了。段祺瑞、徐世昌、曹锟、吴佩孚等，他们都想镇压人民，但结果被人民推翻了。这些例子是历史的事实，雄辩地证明了论点，而且能使人从历史中洞见现实，从经验中引出规律，具有强大的说服力。

运用例证法除了举例之外，还要注意揭示论点、论据之间的内在联系。

2. 引证法。引证法就是引用经典言论、党和政府的文件、科学上的公理和定式、格言、谚语来直接证明论点的方法。

比如：“邓小平同志曾经说过，改革也是一场革命。这一论断显示了马克思主义的理论精髓。正如列宁所说：‘马克思认为他的理论的全部价值在于这个理论，按其本质来说，它是批判的和革命的。’马克思主义的经典作家对人类社会的历史运动从来都是用一种变化和发展眼光加以考察，从批判旧的事物中开辟自己前进的道路，因而，马克思主义者应该是也必须是改革家，和思想僵化、行动保守毫无共同之处。我们所进行的改革是社会主义制度的自我完善。社会主义制度就其本质来讲也是不断发展的，不会停滞。”（人民日报社论《论解放思想》）

引证法在应用文中被广泛运用，在使用中注意不能断章取义，引用的标点符号和语句都要完全正确。

3. 因果法。因果法是通过分析事理，揭示论点和论据之间的因果关系，来证明论点的方法。

比如：“人总是要死的，但死的意义有不同。中国古时候有个文学家叫做司马迁的说过：‘人固有一死，或重于泰山，或轻于鸿毛。’为人民利益而死，就比泰山还重；替法西斯卖力，替剥削人民和压迫人民的人去死，就比鸿毛还轻。张思德同志是为人民利益而死的，他的死是比泰山还要重的。”（ 毛泽东《为人民服务》）

因果分析是说明的重要方法，采用这种方法便于说明原因、阐述道理、指明发展趋势。

4. 对比法。对比法是将性质相反、相对或有区别的事物进行对照、比较来证明论点的方法。

比如《改革开放三十年》一文论述教育成就时有这么一段话：“改革开放的 30 年，

是教育事业稳步发展的30年！1983年，邓小平同志提出，教育要面向现代化，面对世界，面对未来！高考制度恢复之初，全国有570万人参加高考，却仅录取27万名；而到2007年，全国普通高校招生报名人数达到1 010万，录取新生达567万名！伴随着教育规模的发展，要有越来越多的中华儿女在世界高精尖人才中占据着日益重要的位置！”

运用对比论证时一定要注意事物之间是否具有可比性。

（二）论证的特点

1. 常采用不完整论证，简化论证过程，直接表明论证结果。

2. 多采用正面论证为主，鲜明表达作者的态度与观点。

3. 往往与其他表达方式结合使用。

复习思考题

一、简答题

1. 应用文的主题有哪些特点？

2. 应用文的结构有哪些基本形态？

3. 应用文的常用表达方式有哪几种？

二、运用应用文的专用语填空

1. ____不完全统计，这次补交税款总金额达到450万元。

2. 对这个问题，某厂的财务人员不是____的习惯做法来处理，而是____新的会计法规制度来解决。

3. ____局《关于成立购销合作社的请示》（×局〔2010〕23号）收悉，经与××部研究____如下：……

4. ____国务院的指示精神，我们______有关部门，对农村电网改造工作进行了研究。

5. ______省人民政府××的指示精神，____将国务院办公厅《关于公文处理等几个具体问题的通知》______给你们……

6. 以上意见如________，____批转各地执行。

三、阅读与评析

1. 阅读下列短文，并指出它们属于哪种开头方式。

（1）为加强企业国有资产产权登记管理，健全国有资产基础管理制度，防止国有资产流失，特制定本办法。

（2）党中央、国务院对党政机关及其功能工作人员在公务活动中不得接受和赠送礼品问题曾多次作过规定，但是一些地区、部门和单位违反规定的现象仍时有发生。接受和赠送礼金、有价证券，腐蚀性很大，不仅违反国家金融管理制度和财经纪律，而且诱发行贿受贿、搞权钱交易、不给好处不办事等腐败行为。败坏党风、政风，损害党和政府形象，影响改革开放和经济建设的健康发展。为此，特作如下通知：……

（3）你司《关于拨款增设地下消火栓的请示》（××司〔2011〕5号）收悉，经研究现批复如下：……

（4）根据省人民政府侨务办公室、省统计局、省财政厅《关于×省首次侨情普查的通知》精神，为进一步做好我市侨务工作和对台工作，把侨、台工作重点转移到为经济建设服务上来，促进我市对外开放和外向型经济的发展，现确定在全市开展侨、台情况普查工作。

2. 阅读下列短文，指出其结尾方式。

（1）希望各级人民政府加强领导，结合实际情况作出规划，切实落实好“十二五”规划，使这一工作出现新局面。

（2）以上意见如无不妥，请批转各地执行。

（3）为杜绝此类事情的发生，各个单位要联系本单位的实际，进一步加强对职工的职业道德教育，建立良好的商业风尚。同时，要严肃行业纪律，建立健全各项规章制度，堵塞漏洞，对违反纪律、以权谋私的人和事，都应严肃处理。

（4）与会代表一致认为，这次会议是深化高等教育改革新形势下的一次重要会议，也是语言文字工作史上一次重要会议，对于推动高校发挥语言文字规范化示范作用、全面提高大学生素质、促进高校社会主义精神文明建设，必将产生积极深远的影响。会议希望语言文字工作已经走在前面的省市和学校再接再厉，起步迟缓和尚未起步的省市和学校奋起直追，努力开创高校语言文字工作生机勃勃的新局面。

3. 阅读短文，指出其使用的说明方式。

隆冬时节，记者来到农信银资金清算中心（以下简称农信银中心）。总经理王耀辉给记者看了一组数字，采访才开始，该中心一年来发展的大致情况记者已了然于心。

——2007 年 1 月 8 日，农信银中心开通全国农村合作金融机构银行汇票资金清算业务，目前已有 16 省、市 3 920 家农信银机构及所属营业网点先后办理签发银行汇票业务，全国各地农信银机构均可代理收款和解付银行汇票；

——2007 年 2 月 5 日，开通全国农村合作金融机构间个人账户通存通兑业务，截至 12 月底，已有 10 个省、市农村合作金融机构及所属网点开通办理个人账户通存通兑业务；

——截至 2007 年底，农信银支付清算系统内赋予社（行）名、社（行）号机构网点总数达到 7 378 家，与 2006 年 12 月末相比增加 4 035 家，增幅为 121%；

——2007 年，农信银支付清算系统共成功受理各类业务 300 多万笔；清算资金 720 亿元，比上年末增长 214%。

4. 阅读短文，指出其运用的论证方式。

道德教育最有效的方式是真诚。只有真诚而不是做戏，才能使教育者与受教育者之间形成道德情感与道德信念上的共鸣。而现代道德教育最大的误区是受教育者与教育者之间缺乏真诚的交流。一面是振振有词的官话套话，一面是装模作样的“雷厉风行”（缺乏信念投入），双方似乎都是让对方“听”、让对方“看”的。结果使道德教育与道德一样，成为一种外在的功利价值，而不是圆满自足的内在价值。古人说得好：“德者，得也，有得于已是谓有德。”道德之谓道德，就在于它是一种真诚的、自觉的向善，而不是一种虚伪手段。现代道德的说教式，是导致现代道德教育扭曲变形的一个根本因素。

四、思考题

下面是一篇关于我国卷烟业及吸烟人数情况的调查综述，共 9 段。请你按照正确的逻辑顺序排列成文。

1. 我国有很多项经济指标在世界上名列前茅，但位居世界第一者并不多。可是我国在产烟、吸烟领域内却有多项指标（以下的各种全国性的统计数字未包括港澳台地区）在全世界稳坐冠军宝座。

2. 烤烟种植面积世界第一。据 1989 年统计已达 2 300 万亩，1992 年高达 2 521 万亩，超过计划面积的 28%，1993 年更高达 2 600 万亩，超过计划面积的 31%，已经挤掉了粮田 1 150 万亩，相当于挤掉了全国人口一个月的口粮。

3. 卷烟产销量世界第一。据 1993 年统计，年产卷烟 3 336 万箱（每箱 5 万支）。自 1980 年起，产量与销量均稳居世界第一。全世界生产的卷烟有 1/3 是被中国人吸掉的。

4. 吸烟人数世界第一。据国家统计局 1993 年 4 月公布的“中国烟草消费市场专项调查”的最新统计材料，全国 15 岁以上人口中，吸烟人数已达 2. 9885 亿人，总吸烟率为 34. 9%。

5. 卷烟增产速度世界第一。1950 年仅为 160 万箱，1979 年增至 1 302 万箱，以后每年以 10% 的速度持续增长。自 50 年代至今，我国人口增加 2 倍，而卷烟销量猛增 20 倍。

6. 烤烟产量世界第一。据 1993 年统计，烤烟收购量为 250 万吨左右，超过全世界烤烟总量的 2/3。我国烤烟生产已连续 9 年产大于销，压库严重，河南等省已发生大规模毁烟现象。

7. 吸烟人数增加世界第一。上述统计资料表明，我国烟民人数从 1986 年至 1993 年共增加 4 800 万人。据美国的世界观察研究所提出的报告，我国烟民在 20 年中翻了一番。在全世界新增烟民中我国占了一半。

8. 烤烟产销量增加速度世界第一。1982 年收购量仅为 173. 8 万吨，以后以每年 12% 的速度持续增长。

9. 对于以上多项世界冠军的桂冠，是应当自豪呢？还是应当自省呢？

第三章　银行常用行政公文

行政公文是国家行政机关在行政管理过程中形成的具有法定效力和规范体式的文书，是依法行政和进行公务活动的重要工具。与其他实用文体相比，它的地位最重要，是构成其他实用文体的核心，也是金融机构进行公务活动时使用频率较高的一种公务文书。

通过本章的学习，你将能够：

- 了解银行常用行政公文的概念、特点、分类、格式要素和行文规则；
- 掌握银行常用行政公文中相似文种的区别及应注意的写作事项；
- 熟悉银行常用行政公文的具体写法。

〖本章架构图〗

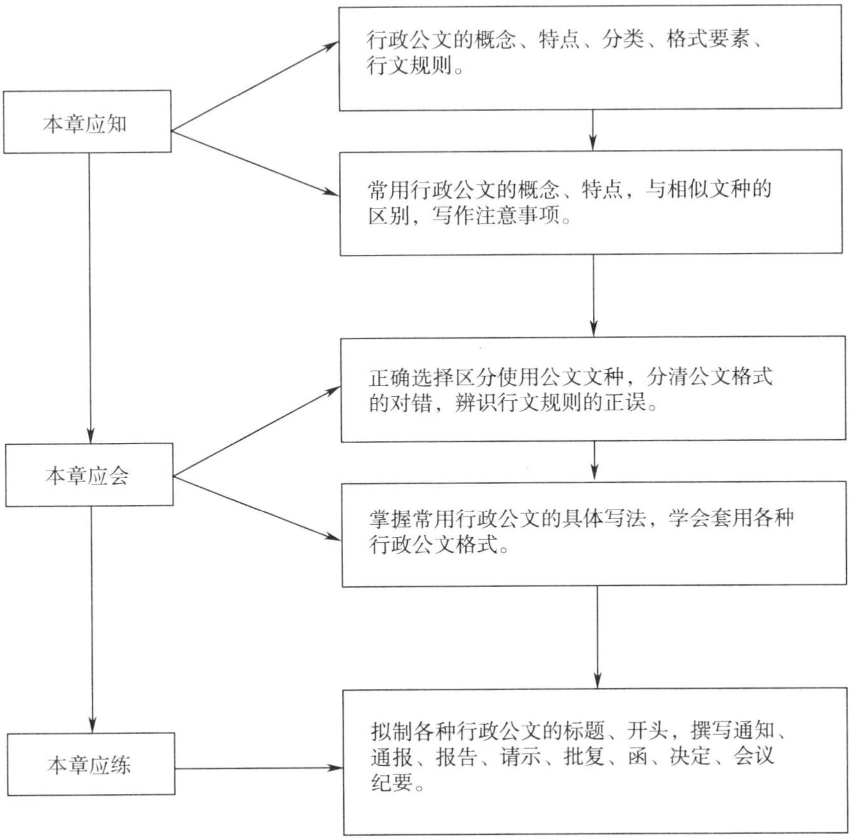

第一节 行政公文概述

行政公文是应用文的重要组成部分，它不仅在国家各级政府机关内通用，而且运用于企事业单位和群众团体之中，应用范围极其广泛。写作时必须遵照2000年8月24日国务院发布的《国家行政机关公文处理办法》的要求。

一、行政公文的性质

《国家行政机关公文处理办法》第二条明确指出："行政机关的公文（包括电报，下同），是行政机关在行政管理过程中形成的具有法定效力和规范体式的文书，是依法行政和进行公务活动的重要工具。"具体地说，行政公文是传达贯彻党和政府的路线、方针、政策，发布行政法规和规章，指导、布置和商洽工作，请示和答复问题，报告和交流情况的重要工具。

行政公文的性质：

（一）管理性

行政公文是行政机关用来管理国家事务、进行公务活动的工具，从中央到地方，从发号施令到安邦治国，从沟通信息到交流情况，都离不开运用行政公文对特定事务进行有效的管理。

（二）职权性

行政公文代表行政机关的职权，实施管理职能。当行政机关在其职权范围之内，依法制作公文时，其所发公文具有法定效力，收文单位必须严格遵照执行。若其超越职权范围，所制发的公文即属无效。

（三）工具性

《国家行政机关公文处理办法》认为行政公文"是依法行政和进行公务活动的重要工具"，意即行政公文只是一种载体，一种表达国家意志和权力的载体。它和使用者之间没有必然的联系，过去封建统治者用它统治人民，今天政府用它服务百姓，因此，对这一工具的掌握越正确、越熟练，就越能发挥它的效用。

二、行政公文的特点

（一）作者的法定性

行政公文的制作者和一般文章的作者身份有所不同，它是法定作者。所谓法定作者，是指写作主体是那些依法成立并具有法人资格的组织，它们必须是以法定的能以自己名义发出公文并能行使相应的权利和承担相应义务的机关和法人代表。非法定的组织或个人均不能制作印发公文，虽然每份公文都有撰稿者，但其写作是授权行使所为，它所体现的是机关单位的意志，而非个人行为，即使有些公文，如命令（令）等是以领导人名义发布的，但它们所代表的依然是所在的机关单位，而非个人意志。

（二）内容的政策性

公文负有传达贯彻党和国家的方针政策、处理机关行政公务的重要职责，其内容与党和国家的政策密切相关。一方面，党和国家制定的每一项方针、政策，主要靠行政公文向下传达；另一方面，作为行政机关工作重要工具的行政公文，对于这些方针政策的贯彻执行，往往又产生强有力的促进作用。此外，党和国家方针政策的落实，还要依靠下级机关所发的上行文反馈上来，无论是汇报工作，还是请示问题，一切要以执行党和国家的方针政策为准绳。

（三）读者的确定性

任何文体都有一定的读者对象。行政公文的读者则十分明确，要用“主送机关”、“抄送机关”、“阅读范围”等项目加以确定，其他人没有必要也没有权利知道，尤其是保密性公文、内部文件，限制更严格，不得偷窥，否则，轻者违反纪律，重者触犯刑律。

（四）体式的规范性

为维护公文的权威性和严肃性，进行行之有效的管理，2000 年 8 月修订的《国家行政机关公文处理办法》列有“公文格式”专章，不仅说明了完整的行政公文格式应当具有的组成部分，而且对每一部分的写法甚至对公文的用纸标准和装订都提出了明确的要求。同年，国务院办公厅秘书局又编发了《国家行政机关公文格式》，颁布了行政机关公文的国家标准。其中，对行政公文的范围、引用标准、定义、公文用纸主要技术指标、公文用纸幅面及版心尺寸作了严格的规定。任何单位、个人在撰写时都必须照此执行，不得各行其是，标新立异，另搞一套。这也是公文与其他文章的不同所在，体式具有严格的规范性。

（五）特定的时限性

由于每件行政公文都是为在特定的时间范围内处理特定公务、解决特定问题而写，因此，它备受时间的制约，也决定它具有很强的时限性，在整个撰写和处理过程中，不能超出公文要求的时间范围，否则将贻误工作，造成损失。另外，任何一份行政公文的效用都具有一定的时限性，达到了公文行文的目的，该公文的使命也就完成了。

从写作学角度来看，行政公文还有以下特点：

（一）写作的被动性

行政公文写作是被动写作，写作者一般较少有主动写作的愿望，大多按照领导的意图或依照决策层和全体成员的意愿，在机关单位负责人的授意下进行“遵命”写作。行政公文写作过程中，表述什么观点、运用什么材料、提出什么建议、发出什么请求，都受制于授意者，必须“代机关立言”。写作时不能自作主张，抒发己见，随意铺排，任意发挥，这些要求都是由写作的被动性所决定的。可以说，行政公文写作是一种典型的遵命写作的被动行为。当然，它需要写作者具有一定的政策水平、理论素养和文字表达能力，以便准确地表述领导机关的意图。

（二）目的的明确性

写作活动总有一定的目的。行政公文写作的目的是明确的，有其特定的指向。撰写行政公文，有的是为了传达机关意图和领导的指示；有的是为了反映情况、汇报工作；有的是请求事项、表达意愿；有的则是为了沟通信息，加强联系；还有的是为了交流经验、明确做法；有的是记载史实，以便查考等。一篇行政公文最终能否在管理国家事务、进行公务活动过程中发挥效用，关键就看写作者是否对写作意图有准确的把握，是否围绕写作目的在行文中能够具体地表述。只有目的明确，写出来的行政公文才能真正发挥各种作用。

（三）过程的集体性

行政公文写作是一个集体参与的过程。从写作情况看，有些重要文稿多由集体讨论，某个人执笔，写出初稿后在一定范围内征求意见，再由领导审阅定稿。有些简单文稿虽然是由个人执笔单独完成，但最终也要经过有关人员审核。不论是哪一种形式，都不是一个人单独完成的。而从行政公文的产生过程看，一份行政公文往往由一人或数人写出初稿，由秘书部门加以审核，有的文稿还要有关部门会稿，然后送有关领导审批，最后由机关主要负责人签发。行政公文写作过程是一个集体智慧共同发挥的过程，是一个不断完善、不断修正而使行政公文更切合实际、更准确地表达机关单位意愿的过程。

（四）建构的模式性

行政公文写作结构具有模式化的特点。行政公文为了更好、更快捷地处理公务，必须有一定的模式。这样作者写起来简便、快捷，读者看起来一目了然。而且模式化的结构也更便于读者作出准确的判断和反应，更好地处理公务。最常见的模式是"凭"—"事"—"断"："凭"可以是法律、法规，上级指示精神，或当前的实际情况，"凭"也可以是行文目的；"事"是指具体的"事项"或"事实"，这种模式中的"事"一般以并列的顺序展开，围绕着中心内容，分成若干问题、若干事项加以叙述；"断"是在述"事"的基础上提出"希望"和"要求"。

第二节　行政公文的文种及类别

一、公文的分类

《国家行政机关公文处理办法》规定国家行政机关公文分为 13 种，即命令（令）、决定、公告、通告、通知、通报、议案、报告、请示、批复、意见、函、会议纪要。

命令（令）：适用于有关法律规定发布行政法规和规章；宣布施行重大强制性行政措施；嘉奖有关单位及人员；撤销下级机关不适当的决定。具体分为：用于公布国家法律和行政法规的为"公布令"，如《中华人民共和国国务院令第 572 号》，"《国务院关于修改〈中华人民共和国知识产权海关保护条例〉的决定》已经 2010 年 3 月 17 日国务院第 103 次常务会议通过，现予发布，自 2010 年 4 月 1 日起施行"；用于发布某些重大的行政措施和活动的为"行政令"，如《中国人民解放军驻澳门部队进驻澳门特别行政区的命令》；用于任免、奖惩、特赦、戒严等事宜的为"任免令"、"嘉奖令"、"特赦令"、"戒严令"，如《中华人民共和国国务院总理令第 558 号》。

决定：适用于对重要事项或重大行动作出安排，奖惩有关单位及人员，变更或者撤销下级机关不适当的决定事项。

公告：适用于向国内外宣布重要事项或者法定事项。

通告：适用于公布各有关方面应当遵守或者周知的事项。

通知：适用于批转下级机关的公文，转发上级机关和不相隶属机关的公文，传达要求下级机关办理和需要有关单位周知或者执行的事项，任免人员。

通报：适用于表彰先进，批评错误，传达重要精神或者情况。

议案：适用于各级人民政府按照法律程序向同级人民代表大会或人民代表大会常务委员会提请审议事项，如《国务院关于提请审议兴建长江三峡工程的议案》。

报告：适用于向上级机关汇报工作，反映情况，答复上级机关的询问。

请示：适用于向上级机关请求指示、批准。

批复：适用于答复下级机关请示事项。

意见：适用于对重要问题提出见解和处理办法。

函：适用于不相隶属机关之间相互商洽工作、询问和答复问题，请求批准和答复审批事项。

会议纪要：适用于记载、传达会议情况和议定事项。

二、行政公文的分类

根据不同的分类标准，行政公文可作如下分类：

1. 根据行文关系和行文方向，分为上行文、平行文和下行文。

上行文：指下级机关向上级机关（包括业务指导关系的上级机关）报送的公文，如报告、请示等。

平行文：指平级单位或不相隶属单位之间往来的公文，如函、议案、部分通知等。

下行文：指上级机关向所属的下级机关发送的公文。

2. 根据公文来源，分为收文和发文。

3. 根据特点和作用，分为指挥性公文、报请性公文、知照性公文和记录性公文。

4. 根据内容处理要求，分为参阅件和承办件。

5. 根据机密程度，分为绝密件、机密件、秘密件和普通件。

6. 根据办理时间要求，分为特急件、急件和平件。

7. 根据发文性质，分为问文和复文。

第三节　行政公文的格式规范

体式的规范性是行政公文的权威性、严肃性在形式上的具体体现，它能在最大程度、最大范围内实现发文单位和收文单位的有效沟通。行政公文写作与其他文体写作的最大区别，也就在于其格式的规范性。这种规范性，既体现在内容上，也体现在格式的相对固定化上。

格式是行政公文的整体格局、外部形式，具体指行政公文各个组成部分的排列顺序、位置和标注等程式。按《国家行政机关公文处理办法》规定："公文一般由秘密等级和保密期限、紧急程度、发文机关标识、发文字号、签发人、标题、主送机关、正文、附件说明、成文日期、印章、附注、附件、主题词、抄送机关、印发机关和印发日期等部分组成。”同时还规定，“绝密”、“机密”级公文应当标明份数序号。有的公文在印发日期下面还标明所印份数。另外，根据国家标准（GB/T 9704－1999）规定：“本标准将组成公文的各要素划分为眉首、主体、版记三部分。”“（附公文版式）置于红色反线（宽度同版心，即156mm）以上的各要素统称眉首；置于红色反线（不含）以下至主题词（不含）之间的各要素统称主体；置于主题词以下的各要素统称版记。”

一、眉首部分

（一）公文份数序号

公文份数序号是将同一文稿印制若干份时每份公文的顺序编号。一般只在内容需要保密的公文中标识份数序号，所列序号至少不能少于两位数，如“01”、“003”等，它与秘密等级同生共存。

（二）秘密等级和保密期限

秘密等级分“绝密”、“机密”、“秘密”三等。确定密级和保密期限，可依据《国家秘密及其密级具体范围的规定》。一般来说，国家密级的保密期限，除有特殊规定外，绝密事项不超过30年，机密事项不超过20年，秘密事项不超过10年。密件的密级和保密期限确定后，应作明显并易于识别的形式，其标引方法为：密级★保密期限，不满1年以月计，超过1年以年计。秘密等级必须用3号黑体字，两字之间要空1格。

（三）紧急程度

这是对公文送达和办理时限的要求，分为“特急”、“急”两种，它的字体也是3号黑体字，两字之间也要空1格。在实际操作中还有“限时送达”、“紧急”等，“紧急”也可置于公文标题中“文种”前，如《中国人民银行关于做好春季农业生产和西南地区抗旱救灾金融服务工作的紧急通知》。若在标题中已经出现了紧急程度，那么文头部分不必重复标引；如果需要同时标识秘密等级和紧急程度，秘密等级顶格标识在版心右上角第1行，紧急程度顶格标识在版心右上角第2行。

（四）发文机关标识

它是公文制发单位的标识，一般由“××××××文件”组成，“××××××”代表发文机关，必须用全称或规范化简称。一份文件具体用什么名义发文，应当根据文件的内容、作者的职权范围和工作需要而定。

一份文件通常只有一个发文单位，但因工作需要也可以几个单位联合发文，联合行文时主办单位必须放在最前面，“文件”二字置于发文机关名称右侧，上下居中排布；如果联合发文机关过多，必须保证公文首页显示正文。行政机关与同级或相应的党机关、军队机关、人民团体联合发文，按党、政、军、群顺序排列。

（五）发文字号

发文字号是发文机关编排的公文代号，简称文号。它由“发文机关代字、年份、序号”三部分组成，其次序不能颠倒，机关代字是发文机关的代称，应是该机关名称中最具特征、最精练、最集中的概括。一个新单位成立，领导机关会对它所属的单位统一规定代字。

在实际应用中发文字号有两个序列，一为文件序列，“机关代字”后加“发”或什么都不用；二为转发件序列，“机关代字”后加“转”。有时还需要准确地标明主办或拟文部门的代字；批复的发文字号与一般行政公文不同，通常用“函”字，不用“发”字。一般在“机关代字”后写上“×字”，这个习惯是不规范的。

发文字号标识的位置在发文机关标识下宽两行，用三号仿宋体字，居中排布；上行文例外。有些公文用的是流水号，即第×号，如命令、议案。联合行文时只拟主办单位发文字号。

注意：发文字号中“年份”要写全；用六角号“〔 〕”，不用圆括号；序号不编虚位（即1不编为001）。发文字号由该机关的办公室或办公厅统一编排。

发文字号之下4毫米处印一条与版心等宽的红色反线。

（六）签发人

签发人是指在核准公文文稿后同意发文的机关单位负责人的签名。上报的公文需标识签发人姓名。平行排列于发文字号右侧。发文字号居左空一字，签发人姓名居右空一字；签发人用三号仿宋字体，签发人后标全角冒号，冒号后用三号楷体字标识签发人姓名。如有多个签发人，主办单位签发人姓名置于第一行，其他依序排列在下面，不过建议只标识主办单位签发人即可。其中“请示”应当在附注处注明联系人的姓名和电话。

以上为文头部分，一般占首页的1/3～2/5。

二、主体部分

（一）公文标题

公文的标题一般由三个要素组成，即发文机关+（关于）事由+文种词。其形式有三种，第一种为完整式，即三要素齐全，如《云南省人民政府关于表彰云南省农村信用社联合社的决定》，下行文要求三要素齐全。第二种为省略式，三要素中省略了“发文机关”或“事由”。如《中华人民共和国外交部公告》，省略事由；而上有文头，下有印章的上行文标题，一般省略发文机关，如《关于××市××区农村信用合作联社××信用社变更营业场所的请示》。第三种为转发式，这类标题要把被转的公文标题作为事由，用“转发”或“批转”领起，并在这两个词前省略“关于”，如是通知还可省略后一个“通知”，如《国务院办公厅转发建设部、公安部关于加强城市道路与交通管理工作的通知》等。

俗话说，“题好文一半”，对公文标题的拟制来说，最关键的是公文标题事由的概括。拟制标题事由，应注意以下几点：

一是准确。准确是公文写作的总要求，也是公文标题事由概括的要求。

要做到准确，必须注意三点：

其一，标题的事由要切实概括出公务文书的核心内容，要题文相符，一目了然。如某分行要对信贷部经理违规放贷情况发一通报，标题拟写为《关于信贷部经理××发放贷款情况的通报》，这个标题对事由概括不准确，因为发放贷款情况与违规发放贷款情况是属于性质完全不同的两件事，该标题没有准确地反映真正的通报内容，应改为《关于信贷部经理××违规发放贷款情况的通报》。又如《××分行关于银行卡的请示》和《××分行关于小汽车的请示》，均属表意不清。因为看了这样的标题，并不知道发文机关请示的真正意图是什么，是想开办银行卡业务还是银行卡业务中存在问题，是想购置还是报废、调换小汽车，是什么小汽车，这一切均不清楚。如果该分行希望开办银行卡业务，规范的做法，可拟为《××分行关于开办××借记卡业务的请示》；如果该分行想购置（或报废、调换）运钞车，可拟为《××分行关于购置（或报废、调换）运钞车的请示》。

其二，准确还应体现在公务文书的标题必须能向受文者准确传达行文意图，让受文者看到标题，就能大致明了公务文书的主旨和内容。如有一份文件的标题是这样的：《关于××省农村信用社联合社建设新一代综合业务网络系统，需购买相关配套设施，拟对2007年度结余行政管理费免税的请示》。这个标题的事由部分有三件事，即“建设新一代综合业务网络系统”、“购买相关配套设施”、“对2007年度结余行政管理费免税”，由于事由太长，不易表述，让人不清楚文件到底要说什么，因此，这一标题的事由部分必须突出关键事项，可改成《关于对××省农村信用社联合社2007年度结余行政管理费免税的请示》。

其三，要注意标题中标点符号使用的准确，这在前面叙述引用的法规中已经作了示范；需加以说明的是，多个单位联合行文，单位之间不加“、”号，如《国家中医药管理局、国家医药管理局、卫生部、国家工商行政管理局关于印发整顿中药材专业市场标准的通知》，这里的“、”号是多余的。

二是简明。公文标题的事由部分在准确的前提下，还必须以简洁、明晰、概括的词语予以表达，文字不宜过长。

公文标题部分事由冗长有这样几种情况：

其一是把想要说的话在标题上全部体现出来。这是对公务文书标题理解的偏差，公务文书的标题只是对公文的主要内容的概括，其目的主要是提醒受文者阅读全文、抓住核心。要杜绝那种不分主次、不作归纳、贪多求全、面面俱到概括标题的做法。

其二是公文标题的事由部分语意重复，存在相互包容的情况。这种情况较常见的有两种：一是事由部分啰唆。如《××市政府关于充分认识节能减排工作重要性和紧迫性进一步加强节能减排工作的通知》，一个标题中就出现了两个“节能减排”，犯了词语重复的毛病，事由中的前半部分完全可以省略。二是事由部分空话太多，存在着语意被兼容的现象。如《××食品公司关于加强食品卫生检查，保障人民身体健康的通知》，这里的“加强食品卫生检查”较“保障人民身体健康”更具体、实在，故必须删除较空泛的“保障人民身体健康”。

其三是醒目。公文的标题应言简意赅、浅显易懂。作者在标题中要说什么，赞成什么、反对什么，希望什么、不希望什么，肯定什么、否定什么，标题应一目了然。如《关于×××同志离休的请示》，不够醒目，应该在“关于”后加上动词“同意”，以表明呈报单位的意见。

其四是得体。这里所指公文标题的得体，主要是指公文标题的表达符合公文内容特定的环境，而公文标题能否得体，关键是看公文标题中动词的使用。动词定性的轻重与否、动词使用的准确与否、动词搭配的合理与否直接关系到公文约束力的强弱。

例如：(1)《××省政府办公厅关于切实做好2010年夏粮收购工作的通知》

(2)《国务院办公厅关于严格执行国家法定节假日有关规定的通知》

(3)《重庆市政府关于加强和改善投资宏观调控和监督管理的意见》

(4)《国家发展和改革委员会关于2010年深化经济体制改革重点工作的意见》

例（1）、例（2）中的“切实做好”、“严格执行”，都是表示程度的词，从而使行文者的意图得到了强化。例（3）用“加强和改善”，而不是用其中的某个词，既表现了行文者在思想上的重视，也表现了行文者在行动上的加强，可以说非常妥帖。例（4）用“深化”与“改革”搭配，从词语的组合上来讲，是非常和谐的。从这里可以看出，公文标题中动词使用得体与否，对行文意图的表达和行文的规范非常重要。

公文标题的不得体主要表现在以下几个方面：

一是动词与其他词组搭配不准确。如《××关于提高网游内容管理工作的通知》，这里的“提高”与“管理工作”搭配不当，可以将“提高”改为“改进和加强”；又如《××区教育局关于认真做好2009年教师节表彰奖励的通知》，这里，动词“做好”后缺少宾语，应补上宾语“工作”。

二是动词语意重复，造成事由啰唆。如中国人民银行九江市中心支行《关于请求批准我行办公大楼维修改造项目初步设计的请示》、《关于要求××××的请示》等，这里的“请求批准”、“要求”等都与“请示”这一文种所含语意重复。

三是动词使用指代不明。如《××局关于进一步搞活集体企业有关政策的试行办法》，动词“搞活”指代不明，搞活的应该是“企业”，而不能是“有关政策”，可改为《××局关于进一步搞活集体企业的试行办法》。

四是不用动词，从而使作者意图指代不明。如《关于热水器生产线的请示》，介词后少了“引进”，公文的内容就显得模糊了。

公文标题标识在红色反线下空两行，用二号小标宋体字，可分一行或多行居中排布；回行时，要做到词意完整，排列对称，间距恰当。

（二）主送机关

主送机关是指公文主要受理机关，也是发文机关要求周知、贯彻执行或研究、答复这份公文的单位。也称文件的“上款”、“抬头”。

主送机关确立的原则有两个：一是文件的内容和工作需要；二是隶属关系和职权范围。

有些普发性公文，主送机关不止一个，一般按系统、级别排列，不同系统、级别间加逗号，同系统、级别间加顿号，并用统称“各”。上行文，尤其是请示，只能有一个主送机关。命令及一些公布性的公文如：公告、通告等，一般不注明主送机关。

主送机关应在标题下空一行，左侧顶格用三号仿宋体字标识，回行仍顶格；最后一个主送机关名称后标全角冒号。如果主送机关机关名称过多而使公文首页不能显示正文，应将部分机关名放在抄送栏。

确定主送机关时常见的错误有：

一是党政不分。即公文的写作人员不了解各自的职责范围、隶属关系，党的机关向上级政府部门请示、报告，政府部门向上级党的部门请示报告，本该政府管的工作送党委部门，本该党委管的工作送政府部门。

二是多头请示。有些机关在向上级请示工作时，为了确保尽快批复，将一份请示送多个部门，其结果是适得其反。

三是越级主送。有些部门认为行文时送的部门级别越高越有利于问题的解决，其结果正好相反。还有的办文人员不论有无需要，一律将文件送人民政府办理，事实上，许多文件必须由政府职能部门办理，送达政府反而无法办理。

四是主送个人。根据《国家行政机关公文处理方法》的规定："除上级机关负责人直接交办的事项外，不得以机关名义向上级机关负责人报送'请示'、'意见'和'报告'。"

在确定主送机关时必须注意以下几个方面：

一是公文的撰制者必须认真研究公文内容，确定的主送单位要确实能解决问题、做好工作。

二是下级机关向上级机关递送报告和请示的公文，一般只写一个主送机关，不能多头主送，以免职责不明，延误问题的处理。党的部门或政府部门因工作需要确实需向政府部门或党的部门请示、报告工作，可由党政联合向上级党的部门或政府部门行文。

三是两个以上机关联合发文，主送机关的排列顺序原则上应与发文机关的排列顺序一致。

四是上级机关对下级机关发出的指示、通知、通报等需要所属各单位都了解和执行的普发公文，可以主送两个以上机关。排列次序有两种形式，有按党、政、军、群、企事业单位的顺序排列，如中共中央的普发公文，发文单位写成："各省、自治区、直辖市党委、人民政府，各大军区、各军兵种，各人民团体"；有按照机关级别、企事业单位地位、领导人职级排列。以上两种形式有时可以结合使用。

五是普发公文若主送机关过多，可使用模糊性的通称，如"各市、县人民政府"、"各高等院校"、"各院、系、部、处、所"、"各有关单位"等。

有时主送单位还要用括号加注，注出同级别而不同名称的委、办、厅、局，如有些市的秘书部门称"办公厅"、有些市的秘书部门称"办公室"，这时可用"办公厅（室）"来表示。又如有些省的人事部门称"人事厅"，有些则称"人事局"，故发文时可用"人事厅（局）"来表示，以显示主送机关涵盖的完整性。

除公告、通告、公报外，公文应标明主送机关，主送机关一般置于标题之下、正文之上、左端顶格。"决定"、"令"等公文，主送机关也可置于文尾抄送栏之上。

（三）正文

这是公文内容的主体，结构上有三大部分。

开头，一般写明发文的原因和目的，发文原因主要体现在两个方面，一是现有政策或上级精神，二是工作实际。忌空话、套话。

主体，应在分析问题、说明理由、阐述事实等方面下工夫，不同文种有不同内容。

结尾，有些公文有，如照应开头或主旨，提出解决问题的办法或希望。也有些公文只有一些习惯性的结语，如“妥否，请批复”、“以上报告如无不妥，请批转有关单位执行”、“特此通知”、“此复”、“即请函复”等作结。

正文的写作要符合国家的法律法规、符合党和政府的方针政策、配合特定时期的中心工作；要有针对性，有的放矢；措施和意见要具体、可行，逻辑严密、层次清楚、轻重分明；语言简洁、规范而准确。

（四）附件说明

一般用于随文所颁发的规章制度，或随文报送的报表、资料等。附件不是每份公文都有。常见的附件主要为补充说明主体某一方面的内容，如有关的图表、统计资料等。

公文如有附件，应当在正文之下、成文日期之上标明附件的顺序和名称，或在正文相关处用括号注明“见附件”等字样。如正文标题中已标明所批转、转发、印发、发布的文件的，则在正文之下不加附件说明，文中也不用标注“见附件”等字样。

（五）印章

印章是公文生效的标志，是公文的法律依据，是公文行文过程中的重要环节。《国家行政机关公文处理办法》规定：“公文除‘会议纪要’和以电报的形式发出的以外，应当加盖印章。联合上报的公文，由主办机关加盖印章；联合下发的公文，发文机关都应当加盖印章。”

公文印章的使用有两种情况，一种是加盖机关单位的公章，另一种是以机关领导人名义发文的，必须由签发文件的领导人亲笔在落款处签字或加盖签名章。一般说来，需要领导人签署的，领导人名字前必须有其职务或单位和职务。领导人一旦签署，相关公文即发生效力。

盖印时要保证印章字迹清晰、端庄、规范，正确的盖印方法是：骑年盖月、上大下小。

一般说来，加盖印章的公文不再另署发文机关名称。

（六）成文时间

成文日期，即指公文形成的年、月、日，位置一般在文末的落款处，会议通过的文件则写在标题下，有时还须写明是什么会议通过的，然后用括号括起来，部分公文的成文时间还可以放在发文字号同行右首。成文日期必须用小写汉字，并用全称。

成文时间关系到文件的贯彻执行，重要文件的成文时间还关系到党的方针政策的正确实施，因此，必须重视成文时间的标注。

公文的生效日期有以下几种情况：一般公文以机关领导人签发的日期为准，会议通过的文件以会议通过日期为准，法规性文件则以文件批准日期为准，联合行文则以最后一个签发机关领导人的签发时间为准。

（七）附注

附注不同于附件，一般用来确定文件的发送范围和对正文的某些内容或有关事项、要求进行注解和说明，如“（发至县、团级）”、“（此件可张贴公布）”等。请示必须在附注栏标示联系人、联系电话。

三、版记部分

（一）主题词

主题词指从公文中抽象出来，能够概括公文基本内容并经过规范化处理的名词或名词性的词组。它是为了适应办公自动化的需要，做好运用计算机管理公文的基础工作。主题词的标引必须遵循有关的主题词表，并能为计算机所识别。主题词的标引也是公文内容不可分割的一部分，国务院规定自 1994 年 6 月起公文应标注主题词。

主题词的标引必须准确而规范。现行《国务院公文主题词表》分三层，第一层是对主题词区域的分类；第二层是类别词，如“贸易”区域内的“商业”、“外贸”等；第三层是类属词，即类别词下所属的各个词汇。

主题词的标引必须注意以下几个问题：

（1）一份文件的主题词最多不超过 5 个。

（2）标引顺序为先标类别词、后标类属词，最后为文种；若一件公文内容涉及两个类别，则应先集中对一个主题内容进行标引，再对第二个主题内容进行标引，可标为“类别词 1 + 类属词 1 + 类别词 2 + 类属词 2 + 文种”。

（3）根据需要，可将不同类别的主题词进行组合标引。

（4）当主题词表中找不出准确反映文件主题内容的类属词时，可只标类别词；如果在整个主题词表中都找不到能准确反映文件主题内容的类属词时，下行文可自定词目代之，但要在自定的类属词标注“＊”符号。

（二）抄送机关

抄送机关是指除主送机关外，那些需要协助承办有关事项、需要知晓公文内容的机关，一般分为“抄报”、“抄送”、“内部发送”，分行或依次排列。“抄报”用于上行，受双重领导的机关向上写请示或报告时，一个是主送，另一个则是抄报，有些虽没有直接领导关系，但从行政级别上讲，相当于上级领导机关者，也用“抄报”。“抄送”用于平行，“内部发送”多为内部行文或会议纪要。

（三）印发机关

印发机关是指具体主办、制发公文的部门，多为机关的办公厅、室或秘书局、处、科等。

（四）印发日期

通常比成文时间晚一日。

一份公文有时还包括印制的份数、翻印机关、翻印时间、翻印份数。

此外，对公文用纸和装订等，国务院办公厅也作出了规定。公文用纸，用耐磨双胶纸，一般用 16 开的，即“260 毫米 × 184 毫米”。书写或排版，均从左到右，上下左右留出适当的空白，其中，天白 45 毫米、地白 30 毫米、左右边白各 20 毫米。现在，随着国际交往越来越多，人们已经逐步在使用国际标准的 A4 型纸，即“297 毫米 × 210 毫米”，并一律在左边装订，用两口钉。

第四节　行政公文的行文制度

行文制度是指应用文书在运行传递中应遵循的有关制度，这些制度主要包括行文关系、行文方向、行文方式和行文规则。正确认识和选择公文的行文关系、行文方向和行文方式，自觉遵守行文规则，是行政公文正常运行的必要条件。

一、行文关系

行政公文的行文关系是指行文时发文单位与受文单位之间的公文往来关系。具体地说，行文关系是根据机关的组织系统、领导关系和职权范围所确定的机关之间的文件授受关系。要掌握行文关系，必须弄清各级党政机关的隶属关系和职权范围。当今社会上的机关单位大致可分为三种类型：一是国家政权机关，包括国家立法机关、行政机关、司法机关、军事机关等；二是政党、团体和各种社会组织的机关，如共产党、共青团、工会、妇联等社会组织所设立的机关；三是企业、事业实体单位所设立的机关，如厂矿、公司和文化教育等单位所设立的机关。这些机关的组织关系，主要表现为以下几种：

1. 领导关系，指的是同一垂直组织系统中有直接职能往来的上下级机关之间的关系。如我国行政管理系统中的国务院、省政府、市政府、县政府、乡（镇）政府之间，都是领导和被领导的关系。

2. 指导关系，是指处于同一专业系统的上级业务主管部门与下级业务主管部门之间具有业务指导关系，如教育部，各省、自治区、直辖市教育厅（局），市教育局及县教育局之间，都是指导与被指导关系。

3. 不相隶属关系，指不是同一垂直组织系统，不发生直接职能往来的机关之间的关系。这些机关既包括行政级别相同的平级机关，也包括行政级别不同的机关。如省政府下属的财政厅与省委下属的宣传部之间；南京军区政治部与江苏省公安厅政治部之间，都属于不相隶属关系。

4. 平级关系，即同等级别的关系。如省政府与省政府之间，市政府与市政府之间，县政府与县政府之间，省政府下属的各个厅之间，厅所属的各个处之间，处所属的各个科之间。

以上四种情况的机关之间，根据工作需要往来公文，就构成了一定的行文关系，前两种情况的机关之间相互行文必须使用上行文或下行文，后两种情况的机关之间相互行文则应当使用平行文。

二、行文方向

行文方向，就是以发文机关为立足点，根据工作需要和行文关系，公文向不同层次的机关单位运行的去向。

公文的行文方向有四个，即上行、下行、平行、通行。上行，即公文向发文机关的上级机关运行；下行，即公文向发文机关的下级机关运行；平行，即公文向发文机关的同级单位或不相隶属的单位运行；通行，即公文既向发文机关的上级单位、下级单位、同级单位运行，也向不相隶属的单位运行，其针对广泛，方向不定。

行文方向不同，所用的公文文种也不同。

三、行文方式

行文方式，是由工作需要和机关单位的组织关系所决定的行文的方法和形式。其种类比较复杂，可从三个方面分类：

（一）按受文机关或行文对象的范围分类

1. 逐级行文。是指发文机关向自己的直属上级上行公文或向直属下级下行公文的一种行文方式。是行文中最基本、最常用的一种方式。

2. 越级行文。为了维护正常的办公秩序和合理分工，一般不得越级行文，应按组织系统逐级上报或下发公文。越级行文是指在非常必要的时候，发文机关越过自己的直属上级或直属下级，向更高一级领导机关或再下一级机关行文的一种行文方式。只有在下列特殊情况下才能越级行文，但要抄送越过的机关：一是情况紧急，如逐级上报下达会贻误时机，造成重大损失；二是多次请示直属上级机关而长期未能解决；三是上级机关交办并指定直属越级上报的事项；四是检举、控告直属上级机关等。因特殊情况确需越级行文时，一般应同时抄送被越过的（上级或下级）机关。

3. 多级行文。是指发文机关向直属上级并向非直属上级或者向直属下级并向非直属下级一次性行文的一种行文方式。

4. 直达基层组织或群众的下行文。是指党政机关直接发到最基层的党政组织或直接传达到人民群众的一种行文方式。

（二）按发文机关的个数分类

1. 单独行文。单独行文是指只有一个机关署名发出的公文。

2. 联合行文。联合行文是指由两个或两个以上平级机关联合署名发出的公文。

（三）按行文对象的主次分类

1. 主送。发文机关直接针对与行文内容关系最密切、需主要负责受理公文的机关单位行文。

2. 抄送。发文机关在主送的同时，向需知晓行文内容的其他机关单位行文。

除普发性公文外，通常一份公文只选择一个主送机关，以防止由于多头主送而贻误处理。选择抄送机关时，应注意不要扩大抄送范围，但向下级机关的重要发文应同时抄报直接上级机关；受双重领导的机关向上级机关请示，应写明主送机关和抄送机关，由主送机关答复；上级机关向受双重领导的下级机关行文，必要时应当抄送其另一个上级机关；公文内容涉及有关机关的职权范围需要征得其配合时应向其抄送。

如属下列情况则不得抄送：一是在请示上报同时不得向下级机关抄送；二是接受抄送的机关不得再向其他机关抄送；三是凡与公文办理无关的机关一律不得抄送。

四、行文规则

行文规则，就是行文中应遵循的规矩、要求和原则。它实际上是机关单位的组织关系原则在公文运行过程中的体现。制定行文规则有利于公文传递方向正确、线路短捷有效，避免“公文旅行”，防止部分公文进入不必要的流通过程，抑制无价值公文的产生。

《国家行政机关公文处理办法》第四章专门就行文规则作了11条规定。在写作实践中，行文的规则远不止这些内容，许多国家机关还根据本系统、本行业的实际情况、业务特点，在履行职责方面制定了一系列行文规则。

（一）行文的基本原则

1. 确有必要，注重实效

《国家行政机关公文处理办法》第十三条明确规定：“行文应当确有必要，注重效用。”这是行文的基本原则，也是行文的出发点。

确定行文一定要首先明确行文的目的和作用，要有的放矢，有针对性，使发出的公文产生预期的效用。坚持这一点，就能有效地控制公文总量，从源头上治理多年来困扰我们的“文山”问题，使领导机关和领导同志有更多的时间深入基层，议大事，抓落实。要注意纠正“发文越多、文件的规格越高，工作就越重视”的误区，应根据实际需要确定是否行文。行文的必要性是上行文、平行文、下行文都必须遵循的原则。上行文中，如果要制发请求解决问题的文件，要研究问题的本身是不是属于上级应当解决的，还要研究解决这个问题的可行性。对于向上级的“报告”也要注意研究所报告的事情有无必要。制发平行文件，要注意明确职权，防止推诿扯皮、搞“公文旅行”。对下行文，一定要符合实际，有针对性。这一方面，容易出现的问题是，照抄照转上级文件，以文件贯彻文件，对此要注意纠正。

2. 明晰关系，把握权限

《国家行政机关公文处理办法》第十四条规定“行文关系根据隶属关系和职权范围确定”，也就是机关之间的隶属关系和职权范围是确定行文关系的重要前提，也是制定行文规则的重要依据。要向某一个机关行文，必须搞清楚和行文机关是领导关系、指导关系、不相隶属关系、平行关系。明确了这一点就便于确定文种。下级机关向具有领导关系（或指导关系）的上级机关行文时，一般用“请示”、“报告”、“意见”等；上级机关向具有领导关系（或指导关系）的下级机关行文时，一般用“命令（令）”、“决定”、“通告”、“通知”、“通报”、“批复”、“意见”等；平行或不相隶属机关之间互相行文，一般用“函”，对需要周知的事项也可以用“通知”。

向下级机关的重要发文，依据隶属关系，应同时抄送发文机关的上级机关。所谓重要行文，是指有关撤换下级机关的主要领导人、增设重要机构、审批大型建设项目、进行重要的涉外活动的公文。规定这一条，对于下级机关来说，便于上级监督，避免在重要决策上出现差错；对于上级机关来说，便于了解和掌握下级机关的工作情况，统管全局，防止下面各自为政。而受双重领导的机关依据隶属关系，向其中一个上级机关行文时，应同时抄送另一个上级机关；上级机关向受双重领导的下级机关行文时，也应同时抄送其另一个上级机关，这样做，既利于增进了解、协调工作，又可避免重复行文，还可避免因不通气而产生的误会、不协调甚至矛盾。

注意：党政要分开行文，党政机关一般不互相行文；行政机关也不能给军事机关发指挥性公文，同样，军事机关也不能给行政机关发指挥性公文；因为隶属关系不同。

而职权范围，是指机关单位的职责和权力范围。完全属于职权范围内的事项，可以向上级请示报告、向下级部署工作、收集情况或答复不相隶属单位的询问。属于职责范围之内，但涉及其他部门职权的事项，在做好本职工作的同时，应积极与涉及的相关部门协商一致，或会签，或联合行文。

超越职权范围的行文是无效的。当今中国政体“条块分割”，政府各部门——“条条”除以函的形式商洽工作、询问和答复问题、审批事项外，一般不得向下一级政府——“块块”正式行文，但“条条”在职权范围内可相互行文和向下一级政府的相关业务部门行文，可根据政府的授权和有关规定，答复各地请示政府的有关业务问题。属于主管部门职权范围内的具体问题，应当直接报送主管部门处理。

（二）行文的具体规则

1. 联合行文规则

在实施行政管理，开展公务活动过程中，有不少事情牵涉两个或两个以上的单位或部门，需要多单位联合行文才能解决或才能更好地解决问题，这就需要采用联合行文方式。《国家行政机关公文处理办法》规定：“同级政府、同级政府各部门、上级政府部门与下一级政府可以联合行文；政府与同级党委和军队机关可以联合行文；政府部门与相应的党组织和军队机关可以联合行文；政府部门与同级人民团体和具有行政职能的事业单位也可以联合行文。”

联合行文的好处是：第一，可以避免分头单独行文可能在内容方面出现的不一致性；第二，可以增强公文的权威性，提高办理公务的效率；第三，可以减少公文的数量，减少收文单位的负担。

注意：第一，联合行文应当明确主办部门，一般情况下，联合行文涉及的主要内容或重要内容属于哪个部门的职责范围，哪个部门即为联合行文的主办单位；或者由首先发现问题、提出问题或急于解决问题的部门作为主办单位；也有这样的情况，联合行文的内容比较重要，经上级机关协调或经会议讨论，行文的主办单位或由上级机关确定，或由会议议定，或由各参与行文单位协商确定。第二，联合行文的机关、单位不仅要经过协商对有关事项取得一致意见，而且必须是平级的。平级是联合行文的必要条件。不同级别的机关单位不能联合行文。第三，联合行文的单位不要太多。第四，联合行文的排序，主办单位应排在前面；不同序列的单位联合行文时，按照党、政、工、群的顺序排序。第五，联合行文传签时，主办单位的领导应先签；联合上报公文的署名，主办单位签发人应排在前面。第六，联合行文应编写主办单位的公文字号，并由主办单位印发、归档。

2. 协商一致原则

现实工作中，许多问题涉及很多单位的利益和处理权限。如果某个单位对某个牵涉有关单位的问题要作出处理，未和有关单位商量，或虽商量但未取得一致意见就向下行文，要求下属单位按自己的意见办理，这实际上就是将自己的意见强加于有关单位，其结果必然是使问题的处理复杂化，增加公务办理的难度。所以《国家行政机关公文处理办法》规定："部门之间对有关问题未经协商一致，不得各自向下行文。如擅自行文，上级机关应当责令纠正或撤销。"

为了避免这种情况的发生，主办单位的主要负责人要主动与有关单位协商，有关单位要按照党和国家的有关政策、法规，从实际和大局出发，耐心诚恳地协商，直到取得一致意见之后再行文。如果多次协商仍无法消除分歧，而问题的解决、事情的办理又不容许再拖延下去，主办单位可以列明各方面理由和根据，提出建设性意见，并与有关单位会签后报请有关上级机关协调定夺，然后再行文处理。

3. 上行文规则

（1）一般不得越级报告、请示。各级行政机关一般要逐级报告、请示，如因特殊情况必须越级报告、请示时，应当抄送被越过的上级机关。

（2）报告、请示一般只写一个主送机关。尤其是请示，一份请示写一个主送机关，可以使请示事项得到有关机关及时有效的批复。如果一份请示写几个主送机关，有可能出现没有一个主送机关批复的情况，也可能出现两个或两个以上的主送机关都批复的情况。如果属于前者，请示实际上是没有成效的；如果属于后者，就很可能出现几个机关批复的意见不一致，甚至互相矛盾，以致难以贯彻执行。如需同时送其他机关，应当用抄送形式。

（3）请示还不得同时抄送下级机关。凡是要请示上级机关的事项，一般都是本机关职权范围内无权、无力、无法办理的事。它们在上级机关未作批复前，只是发文机关单方的"愿望"和"要求"，还不具备执行条件和行政约束力。它可能被上级机关批准，也可能被上级机关否定或提出某种变通处理意见。所以，将请示同时抄送下级机关，让下级机关知道还不具备执行条件和行政约束力的事情，极容易造成工作上的被动和混乱，甚至招致不应有的损失。

（4）请示应当一文一事。这是因为，请示的事项多是机关单位急于开展、处理而又需要上级明确批复的紧要工作。一文一事，内容单一，方便上级判断、批复。如果一文多事，即一份请示写入多种请示事项，从上级机关批复的角度上考虑，就很可能出现这种情况：一些可以批准，一些不能批准；一些可以全部批准，一些只能批准一部分；一些可以马上批复，一些要过一段时间才能批复。这些情况的出现，不仅会增加批复上的困难，甚至会造成请示无法批复。撰写请示的机关本想省事图快，结果反而增加了麻烦，拖延了时间。

（5）报告中不得夹带请示事项。一些报告的撰稿人为减少工作量，常常在汇报工作、反映情况之后，"夹带"请示事项，这类似报告又似请示的公文往往"泥牛入海"，得不到批复。当然，一些负责任的上级机关在阅读报告时发现这种"夹带"，也许会通知上送报告的单位就有关事项另以请示行文。但即使如此，这既给上级带来不必要的麻烦，又会延误办事时间。

4. 不得行文规则

（1）政府各部门除以函的形式商洽工作、询问和答复问题、审批事项外，一般不得向下一级政府正式行文。

（2）部门内设机构除办公厅（室）外不得对外正式行文。

（3）部门之间对有关问题未经协商一致，不得各自向下行文。

（4）不得以机关名义向上级机关负责人报送“请示”、“意见”和“报告”。

（5）凡能通过电话、传真、政府专网解决问题的不印发文件。

（6）凡已及时公开发布的文件，各地区、各部门不得层层发文转发。

第五节　银行常用行政公文之下行文（通知、通报）

一、通知

通知作为法定公文历史悠久，使用频繁，1942 年，国民政府发布的《公文程式条例》已将之列为法定公文；1951 年，中央人民政府政务院颁布《公文处理暂行办法》，通知名列其中；1989 年，中共中央办公厅又将其列入法定公文。有人曾经做过调查统计，在我国党政机关所发的公文中，各类通知约占 70%，通知质量的高低直接影响公文的质量。

（一）通知的适用范围与特点

通知适用于批转下级机关的公文，转发上级机关和不相隶属机关的公文，传达要求下级机关办理和需要有关单位周知或者执行的事项，任免人员。

通知行文方向灵活，既可用于下行文，也可用于平行文；通知应用范围广泛，行文主体上至国家机关下至基层单位，行文客体涉及公务活动各方面；通知功能多样，有的具有执行性，有的具有知照性，有的具有指示性。

（二）通知的种类

1. 指示性通知

主要用于传达要求下级机关办理或者执行的事项。这一类通知既具有强制性、指挥性、决策性的特点，又具有可行性、具体性的特点。

2. 批转性通知

主要用于批转下级机关的公文。即上级机关对所属下级机关的来文（如报告、意见、会议纪要等）加批语后转发，这些批语与被批转的文件共同构成新的公文。

3. 转发性通知

主要用于转发上级机关和不相隶属机关的公文，此类公文中以转发上级机关来文居多，因为我国行政公文是逐级下发的，国务院的公文要到达乡镇一级需经过多层转发。

上述两种通知的写作具有一些共同点，其内容基本包括两部分：一部分是被转（发）文件名，另一部分是执行要求。从作用上讲，批转性通知与转发性通知对被批转和转发的文件已起到了一种公布、认可或推荐的作用。

4. 事务性通知

这是指为要求下级机关办理的事项而发出的通知。发这种通知时，上级机关除交代任务外，还应在通知里写明办事的原则和要求，以便下级机关落实执行。这种通知常用的有三种：会议通知、学习通知、处理具体事务的通知。

5. 周知性通知

这类通知主要用于传达信息、告知情况等。通常机构设置、印章的更换或启用、召开会议等都用这类通知使有关单位周知。这类通知知照性较强，要求交代通知的内容，如若需要办理，应写清楚具体要求。

6. 任免通知

这类通知主要用于上级机关任免下级机关领导人或上级机关有关人事任免的情况需要下级机关知晓。

（三）通知的写法

1. 标题

通知标题一般都由“发文机关+（关于）事由+通知”三要素构成。有的可以根据通知内容的需要，在“通知”前加定语，如两个或两个以上单位发文件时，可在“通知”前加“联合”；如通知事项特别重要时，可在“通知”前加“重要”；如通知事项特别紧急，又不需要通过紧急程度来体现时，可在“通知”前加“紧急”；如发现已下发的公文内容有不周严之处，用通知补救时，可在“通知”前加“补充”。

批转性通知、转发性通知和印发性通知的标题写作有其特殊性。

首先要分辨“批转”、“转发”和“印发”的不同。被批转的公文来自下级，被转发的公文来自上级或不相隶属机关，被印发的公文来自本单位。

其次要注意标题的简洁，避免重复用词。如属于单层转发，被转的是非通知性公文（如意见、报告、会议纪要等），省略转发前的“关于”和原公文的书名号，例如，《国务院办公厅转发人力资源社会保障部等部门关于促进以创业带动就业工作指导意见的通知》，就是由《国务院办公厅关于转发人力资源和社会保障部、国家发展改革委、教育部、工业和信息化部、财政部、国土资源部、住房和城乡建设部、商务部、中国人民银行、国家税务总局、国家工商总局〈关于促进以创业带动就业工作的指导意见〉的通知》调整省略而来。如被转的文种是通知，可省略最外层的“关于”和“通知”，如《中国人民银行上海分行转发中国人民银行关于明确可疑交易报告制度有关执行问题的通知》。如属多层转发的通知，容易出现叠床架屋现象，解决的办法为省略中间环节，直接转发源头文件。如某乡政府要收到国务院通知精神，理论上行文程序是国务院→省政府→市政府→县政府→乡政府，如果将机关名称一一列出，显然不符合简明的要求，省略中间环节后就可写成《××乡人民政府转发国务院关于×××的通知》。

2. 正文

不同种类的通知，正文的内容、写法各不相同。

批转性通知、转发性通知、印发性通知写法基本相同，一般由所批（转、印）文件名+批（转、印）意见组成，如“现将《×××》转发（发）给你们，请（结合当地实际情况）认真贯彻执行。”有的还会在所转文件名称之前加发文机关名称，如《青海省人民政府办公厅转发人民银行西宁中心支行关于促进青海省银行卡产业发展指导意见的通知》，全文如下：“人民银行西宁中心支行《关于促进青海省银行卡产业发展的指导意见》已经省人民政府同意，现转发给你们，请认真贯彻落实。”仅有少数文件需要写具体执行要求。如《中国人民银行青岛市中心支行转发人民银行济南分行关于进一步做好中小企业金融服务的意见的通知》，提出了“认清形势，树立大局意识；突出扶持重点，加强信贷结构调整；密切关注信贷风险，围绕服务实体经济加强产品创新”三方面补充意见。

指示性通知结构多采用三段式。开头部分阐明发文的缘由、目的。缘由有的是根据有关政策、法规；有的是根据上级、领导的指示精神；有的是根据工作中的实际情况等。而目的一般用“为”或“为了”领起。再以“现将有关事项通知如下”或“特作如下通知”过渡。主体部分主要阐明通知事项，如工作任务、原则规定、基本措施、注意事项等，这部分内容比较多，一般采取分条列项的方式写作，并且要“立片言以居要”。结尾部分主要阐明贯彻落实该通知的一些具体要求，如果无具体要求，则可以用“以上通知，希认真贯彻执行”作为结束；有的通知要求写明生效日期，可以写为“本通知自下发之日起施（执、实）行”。

周知性通知：只要写清楚行文的依据、目的和事项即可，有的写目的，不写依据；有的写依据，不写目的。如关于机构设置的通知，要写明为什么设置该机构，该机构的名称、职责；而关于更换、启用印章的通知，往往要用一两句话写明行文依据，“根据×××（文件）精神”，事项文字很短，“从2×××年×月×日起启用……”。

会议通知：此处专指通过文件渠道传递的正式公文。会议通知正文要说明召开会议的缘由、会议名称、会议主要议题、时间、地点、参加人员以及与会人员应作的准备、应注意的事项等。其中会议时间包括报到时间、正式开会时间、会期；地点除写明会议在什么地方开外，还要用括号括注会议地点的路名、门牌号以及路线；参加人员要写明参加人的身份、职位；注意事项一般包括要求报送参会人员的名单、性别、联系方式，以方便安排食宿和遇事及时联系。许多情况下，会议通知发文的缘由可以省略。此外，这类通知时效性很强。

任免通知：内容一是任免依据，即什么机关在什么会议中决定任免，有时还需写明报经××上级机关批准；内容二是具体任免事项，同一通知中，如果有任有免，且是多项，其表述顺序一为先任后免、二为任免职务先高后低。

有的通知在正文结束后，还会加上结束语“特此通知”，一般位置在正文之下，另起一行，空两格。

（四）写作注意事项

1. 讲求实效限数量。通知使用范围广，既不受发文内容轻重限制，也不受发文机关行政级别高低限制，因此，有些机关逢事必发“通知”，根本不注意通知发布的必要性，有损通知的严肃性。应严格控制发文的数量，做到量度适中，解决滥发通知的根本途径是制发通知要讲究实效，切记制发各类通知的目的都是为了解决实际问题。

2. 把握内涵抓特点。写指示性通知，要开门见山，忌拐弯抹角。在叙述事项时，要突出重点，条款不宜太多。写会议通知要求内容周密、语言清楚、表述准确，不致产生歧义。

3. 语言简洁说理明。通知的语言表达主要以说明为主，可以适当作一些分析、说理，只要抓住关键问题，简洁地把道理阐述清楚即可。转发、批转类通知的标题语言求简，减少叠床架屋。

（五）例文评析

1. 指示性通知

【例文 3-1】

中国人民银行关于做好春季农业生产和西南地区抗旱救灾金融服务工作的紧急通知

中国人民银行上海总部，各分行、营业管理部、省会（首府）城市中心支行；国家开发银行，各政策性银行、国有商业银行、股份制商业银行，中国邮政储蓄银行：

为深入贯彻2010年中央1号文件和中央农村工作会议、全国春季农业生产工作会议精神，积极主动做好当前春季农业生产和西南地区抗旱救灾金融服务工作，现就有关事项通知如下：

一、高度重视、充分认识做好2010年春季农业生产和西南地区抗旱救灾金融服务工作的重要性（略）

二、加大政策支持力度，确保金融机构支持春季农业生产和抗旱救灾必需的流动性需求

根据春季农业生产和抗旱救灾的实际需求，2010年安排增加240亿元支农再贷款（再贴现）额度，其中西南五省区安排增加30亿元。同时，各地在支持春季农业生产和抗旱救灾信贷资金不足时，可按规定程序向人民银行总行申请增加再贷款（再贴现）额度。人民银行各分支机构要认真贯彻落实适度宽松货币政策的要求，针对辖区金融机构支持春季农业生产的实际情况，合理运用和落实好再贷款、再贴现等多种货币信贷政策工具，通过优先再贴现、再贷款等措施，引导涉农金融机构优化信贷结构，根据当地农业生产的特点，增加对“三农”的信贷投入，确保辖区金融机构支持春季农业生产必需的流动性需求。要充分发挥差别存款准备金政策的正向激励作用，切实做好当前对农村信用社、农村合作银行等涉农中小金融机构执行相对较低存款准备金率政策在辖区的贯彻落实工作，加大政策的宣传解释工作，引导和鼓励涉农金融机构加大对春季农村生产和春耕备耕的信贷投入。

三、切实加大对春季农业生产和抗旱救灾的有效信贷投入

人民银行各分支机构要积极主动配合当地政府和辖区农业、水利、林业等行政主管部门，加强信贷政策和行业政策的协调配合，及时掌握春季农业生产不同阶段和抗旱救灾的金融需求，引导金融机构切实加大对春季农业生产和抗旱救灾的有效信贷投入。各金融机构要切实改进和完善信贷管理制度，对于因春寒、干旱等恶劣天气影响造成损失

而发生还贷困难的企业和农户，可视情况对其贷款给予一定期限的展期。

农村信用社、农村合作银行等县域法人金融机构和新型农村金融机构要充分发挥支农主力军的作用，积极发放农户小额信用贷款和联保贷款，切实满足农民春季生产和抗旱救灾的小额贷款资金需求。中国农业银行要适当下放分支行的贷款审批权限，采取有效措施，逐年提高县域内分支机构新吸收存款用于当地发放贷款的比例，切实加大对春季农业生产和抗旱救灾的支持力度。中国农业发展银行要在业务许可的范围内，发挥政策性金融机构的优势，加大资金调剂力度，优先保证春季农业生产和春耕备耕的信贷资金需求。中国邮政储蓄银行要积极发挥农村网点多的优势，加快发展小额信贷业务，加大对农户春季生产和抗旱救灾的信贷资金支持。

各金融机构要加大对春季农用生产资料生产、流通领域和抗旱救灾基础设施的金融服务和信贷支持。对种子、化肥、农药、柴油、农用薄膜、农机具、抽水机等农用生产物资的生产流通贷款，要提高审贷效率，保证信贷资金及时落实到位。要切实加大对农田水利、抗旱救灾等农村基础设施建设的信贷支持，积极为农田水利基本建设提供多元化融资便利。鼓励金融机构研究探索开展大型农用机械的融资租赁业务，加大对农业经济合作组织的金融服务力度，支持现代农业发展。

四、加强组织领导，保证春季农业生产和抗旱救灾各项金融服务落到实处

目前，春季农业生产和春耕备耕已进入高潮，西南地区抗旱救灾进入关键时期，金融系统要紧紧结合自身特点，围绕中央“稳粮保生产、增收惠民生、改革促统筹、增基强后劲”的“三农”工作中心，加强组织领导，确定工作重点，做到支持春季农业生产和春耕备耕金融服务工作组织有力、工作有序、措施有效。

人民银行县支行要充分发挥靠近“三农”的优势，组织力量进村入户，深入了解农民春季农业生产和春耕备耕急需的金融需求，积极组织和发动县域内金融机构做好春季农业生产的金融服务工作。人民银行地市中心支行要切实加强货币发行管理，确保辖区支持春季农业生产和抗旱救灾的现金需求，加强支付清算和国库管理，确保国家和地方用于春季农业生产和抗旱救灾资金及时拨付到位。人民银行上海总部，各分行、营业管理部、省会（首府）城市中心支行要加强对春季农业生产金融服务工作的指导和督察，建立春季农业生产金融服务工作专人负责制，督促辖区金融机构将各项金融支农措施落到实处。鼓励有条件的地区建立由人民银行、金融机构、地方政府相关部门组成的春季农业生产金融服务工作协调机制。人民银行总行将择机对2010年春季农业生产和抗旱救灾的金融服务工作进行深入总结和评估检查。

请人民银行上海总部，各分行、营业管理部、省会（首府）城市中心支行迅速将本通知转发至辖区内人民银行各分支机构和相关金融机构，加强组织协调，做好贯彻实施工作。人民银行各分支机构要及时总结辖区内金融机构支持春季农业生产和抗旱救灾的典型经验和做法，对于春季农业生产和抗旱救灾期间辖区内发生的紧急和重要情况，及时报告上级行。

中国人民银行

二〇一〇年三月二十九日

【评析】这是一则典型的指示性通知。通知传达了中国人民银行关于做好春季农业生产和两大地区抗旱救灾金融服务工作的各方面要求，首先阐明了做好这项工作的重要性，继而部署了金融机构支持春季农业生产和抗旱救灾的相关工作，最后对开展此项工作提出了明确指导意见。全文条理清楚，层次分明，用语严谨，体现了指示性通知的特点。

2. 会议通知

【例文 3－2】

××省农村信用社联合社关于召开省联社第二届社员大会第四次会议暨 2011 年全省农村信用社工作会议的通知

××市联社，各县（市、区）联社、农村合作银行、农村商业银行：

经研究，决定在××召开省联社第二届社员大会第四次会议暨 2011 年全省农村信用社工作会议。现将有关事项通知如下：

一、会议主要内容

（一）听取并审议理事会工作报告；

（二）听取并审议省联社 2010 年度财务预算执行情况暨 2011 年度财务预算编制情况报告；

（三）听取并审议在××河西新城区建设全省农村合作金融服务中心营业用房的提案；

（四）听取全省农村信用社视频会议系统、OA 系统建设及其网络改造情况的说明；

（五）研究部署 2011 年全省农村信用社工作。

二、参加会议人员

（一）××市联社、各县（市、区）联社（农村合作银行、农村商业银行）理（董）事长、主任（行长）；

（二）省联社社员代表、省联社副处级以上干部。

三、会议时间与地点

1 月 15 日至 16 日开会，会期两天。1 月 14 日下午到××××酒店（××××××××9 号，总机 0××－52202555）报到。

四、其他事项

（一）各单位限带一辆车；

（二）各地要安排好会议期间本单位的安全保卫工作。

（印章）

二〇一一年一月十一日

【评析】这是一则会议通知，文章首先简单阐述了召开此次会议的缘由，随即用“现将有关事项通知如下”作为过渡语引出会议的具体事项。全文语言准确、简洁，层次清晰、格式规范，各方面都体现了会议通知的要求。

二、通报

通报最早是党的法定公文，早在革命战争年代，就开始用于传达情况，1948 年 3 月 20 日，毛泽东同志就曾亲自起草《关于情况的通报》，1951 年中央人民政府即将其列入国家行政机关公文，1989 年中共中央办公厅又将其列入法定公文。通报因其适用范围与一些文种交叉，极易被错用，要注意区分。

（一）通报的适用范围与种类

通报适用于表彰先进，批评错误，传达重要精神或情况。通报发文的目的在于树立榜样，见贤思齐；纠错惩恶，吸取教训，引以为戒；沟通信息，互通情报。

通报的突出特点是真实性，事实要真，表述要真，才能以事明理。在此基础上强调典型性，通报事项才具有普遍意义，才能发挥广泛的指导作用。

根据适用范围通报可分为三类：

表彰通报，主要用于在一定范围内表扬先进个人或先进集体，目的是宣传先进事迹，总结推广成功的经验，树立典型及学习榜样，推动面上工作。其内容包括介绍先进事迹；进行分析、评议，指出其典型意义，或概括其主要经验，以及值得学习与发扬光大的地方；最后表彰先进个人或先进集体，发出向其学习的号召。

批评通报，主要用于在一定范围内批评不良的人或事。针对人的通报，主要是通报其错误行为；针对事的通报，主要是通报一些典型的事故。即将事故或错误事实的经过、时间、地点、事故后果等交代清楚，还要对事故进行分析评议，重点分析事故发生的原因，指出事故的性质及其危害，并提出处分决定。目的在于举出反面典型，总结教训，以此教育相关单位和干部群众，引以为戒，防止类似事件再度发生。

情况通报，主要是在一定范围内知照重要的情况、动向、信息。这部分内容可以用简报作为载体，如目前许多领导机关定期或不定期编发“情况通报”。这类通报具体可分两种，一是专题性通报，二是综合性通报。专题性通报针对某一件事、某一种情况而发，有的只对有关事实作客观叙述；有的还对有关情况加以分析说明，有时还针对具体问题提出应采取何种对策的指导性意见。关键在于对情况的掌握要确实、全面、充分，如《江苏省教育厅江苏省公安厅关于近期几起学生伤亡事故和案件的情况通报》。综合性通报针对的是某几个方面的情况，目的是为下级开展工作提供指导或提供参考。

（二）通报与通知的区别

1. 内容范围不同。通知可以传达要求下级机关办理和需要有关单位周知或者执行的事项；通报用于表彰先进，批评错误，传达重要精神或者情况。两者虽然都有告知的作用，但通知告知的主要是工作的情况，以及共同遵守执行的事项；通报则是告知正反面典型，或有关重要的精神或情况。

2. 目的要求不同。通知的目的是告知事项、布置工作、部署行动，内容具体，要求受文机关了解要办什么事，该怎样办理，不能怎样办理，有严格的约束力，要求遵照执行；通报的目的主要是为交流、了解情况，或通过正反面典型去教育人们，宣传先进的思想和事迹，提高人们的认识。

3. 表现方法不同。通知的表现方法主要是说明、告知人们做什么，怎样做，叙述具体，语言平实；通报的表现方法则常兼用叙述、说明、分析和议论，有较强的感情色彩。

（三）通报的写法

标题：一般由三个要素构成，即发文机关 +（关于）事由 + 文种。

正文：不同种类的通报，正文的写法各有不同。

表彰性通报的正文一般采用三段式，由主要事实 + 分析评价 +（表彰决定 + 学习要求）三方面组成。有的通报还会对被表彰的先进个人或先进集体提出希望要求。

在转发式的表彰通报中，正文部分先对下级机关所发的材料进行评价，加上批语，即对被表彰者进行评议等，再发出号召或提出要求。

批评性通报的正文一般由四部分组成，即错误事实、分析评议、处理意见和希望要求。错误事实是通报的缘由，例如××大学对近期发生的几起教学事故进行处理，开头就概述了几起事故的情况，接着针对不同事故，具体进行分析评议，并给予定性，然后根据校纪、校规对几起事故的责任人进行处分，最后提出希望要求。

情况通报的正文一般采用总分式，以概述式开头来说明通报缘由，如《河南省农村信用社联合社洛阳市办公室关于前台柜员操作风险检查情况的通报》，开头“2010 年 6 月 11 日至 6 月 13 日，洛阳市办稽核科组织相关人员对洛宁、宜阳、市区三联社 6 家信用社前台柜员操作风险控制情况、综合业务授权管理、内外部账务核对情况、轻微违规积分情况进行了检查，”然后以一句“现将检查情况通报如下”作为过渡。

主体部分主要是叙述情况，如上述河南洛阳的通报首先通报了检查情况，接着分析存在的问题，提出下一步工作要求；部分通报用结语“特此通报”。

（四）写作要求

1. 通报的对象要真实典型。表彰通报或批评通报中所反映的情况一定要真实可靠，不能随意夸大或缩小，以免因失实而产生不良的影响。材料要充分说明问题，具有典型意义，否则起不到应有的教育作用。

2. 分析评价要公正客观。表彰的分析要善于从平凡中总结出不平凡之处；批评的分析要抓住问题的实质，评价时要客观中肯，就事论理，既不能随意拔高，也不能任意上纲上线。

3. 表彰决定或处理意见要严肃、慎重且明确、具体、恰如其分；提出要求须有针对性。

4. 通报语言应使用说明与叙述的表达方式，表述清楚，语言简洁。通报事实部分的表达方法以概述为主，语言应当具体而不失生动形象，分析部分要善于抓住本质，评价则应明确中肯，不得任意夸大，语气庄重并带有感召力。

（五）例文评析

1. 表彰性通报

【例文3-3】

周口市人民政府关于表彰周口市农村信用社的通报

各县（市、区）人民政府，市人民政府有关部门：

2009年，周口市农信社面对严峻的经济和金融形势，紧紧围绕市委、市政府的决策部署，积极响应国家“保增长、保民生、保稳定”的号召，坚持以科学发展观为指导，强化大局意识、服务意识，以决战的信心和姿态，立足“三农”，瞄准市场，加快信用工程创建步伐，降低农户贷款门槛，解决了农民贷款难问题；站在大农业的高度，支持加快周口粮食核心主产区建设步伐和特色农业、高效农业的发展，使我市种植业、养殖业等主导产业形成规模；开展好“企业服务年”活动，大力支持了我市中小企业“上档升级”和龙头骨干企业的壮大。至11月底，全市农信社各项贷款余额达164亿元，较年初净增42亿元，完成市政府下达新增10亿元计划的420%，累计投放信贷资金达87亿元，贷款总量和增量均位居全市各家金融机构之首。

为表彰周口市农村信用社促进我市经济繁荣、农民增收取得的成绩和贡献，市政府决定对周口市农村信用社通报表彰。希望全市农信社的广大干部员工振奋精神，发扬成绩，再接再厉，提升服务质量和水平，为实现周口追赶型跨越式发展再立新功。同时希望各级、各部门要以农信社为榜样，解放思想，求真务实，开拓创新，扎实工作，为促进周口经济腾飞作出新的更大的贡献。

周口市人民政府

二〇一〇年四月十三日

【评析】这则通报的特点是事实清楚、文字简洁。全文共分三个部分，第一部分陈述了周口市农信社在解决农民贷款难、大力扶持中小企业和龙头骨干企业发展壮大方面所作的贡献；第二部分重点写表彰决定；最后向受表彰单位和其他各级、各部门发出号召，各部分层次分明、重点突出，全文紧凑自然。

2. 批评性通报

【例文3-4】

国家安全监管总局　国家煤矿安监局关于近期三起瓦斯事故的通报

安监总煤调〔2008〕119号

各产煤省、自治区、直辖市及新疆生产建设兵团煤矿安全监管和煤炭行业管理部门，各省级煤矿安全监察机构，司法部直属煤矿管理局，有关中央企业：

5月22日16时50分，山西省盂县万隆煤业有限公司发生瓦斯爆炸事故，造成5人死亡、1人受伤。该矿为乡镇煤矿，低瓦斯矿井。处于基建阶段，建设规模15万吨/年。初步调查，事故的原因是井底车场回风绕道积水，导致通风系统堵塞，引起瓦斯积聚，井下人员吸烟引发瓦斯爆炸。事故的详细原因正在调查之中。

5月25日23时24分，湖南省涟源市新岩煤矿发生煤与瓦斯突出事故，造成3人被困。该矿为乡镇煤矿，煤与瓦斯突出矿井。正在进行技术改造，生产能力由3万吨/年扩至6万吨/年。初步调查，该矿在采矿许可证和煤炭生产许可证均过期、安全生产许可证暂扣期间违法生产，没有进行瓦斯抽放，防突措施不落实，在放炮掘进后出煤支护过程中发生突出事故。事故的详细原因正在调查之中。

5月26日4时13分，河南省郑州煤炭工业（集团）公司侯寨振兴煤矿发生煤与瓦斯突出事故，造成6人死亡。该矿原为乡镇煤矿，2005年11月30日由郑州煤炭工业（集团）公司将该矿和原郑州市二七区龙岗煤矿整合重组为郑州煤炭工业（集团）龙岗煤业有限公司，企业性质改为国有，为高瓦斯矿井。事故前正在进行技术改造，技改设计能力30万吨/年。初步调查，该矿307采面回风巷有一斜向构造，在进行巷道扩修时发生了突出事故。事故的详细原因正在调查之中。

以上3起事故均是瓦斯事故，又都发生在基建、技改矿井。暴露了当前一些地区煤矿隐患排查不细致、通风瓦斯管理混乱等突出问题，同时也暴露出有关单位对基建、技改矿井安全监管不扎实，存在薄弱环节和漏洞。为深刻吸取事故教训，切实加强煤矿安全生产工作，坚决遏制重特大事故的发生，确保煤矿安全生产形势稳定好转，特提出以下要求：

一、全面强化“一通三防”管理工作。煤矿企业要落实通风、瓦斯管理的各项规章制度，确保矿井通风系统畅通、稳定可靠，杜绝无风微风作业。合理进行采掘布置，生产水平和采区必须实行分区通风，采掘工作面实行独立通风，严禁风流断路、短路、多次串联等现象。加强对瓦斯监测系统的日常维护检查，瓦斯传感器要定期调试、校正，监控设备要每天进行检查，保障系统正常运行。必须建立并严格执行瓦斯检查制度，严禁超限作业。对存在超通风能力生产、通风系统不完善、安全监测监控系统不起作用等问题的矿井，要立即责令其进行停产整顿，未经验收合格不得恢复生产，对拒不整改的要按照有关规定严肃查处。

二、切实加大防治煤与瓦斯突出工作力度。煤矿企业要进一步健全防突机构，充实防突人员，完善防突制度。强力推进先抽后采，坚持“多措并举、应抽尽抽、抽采平衡”的原则，巩固和扩大瓦斯治理成果。要推进煤矿企业加强区域防突措施，超前防治，源头治理。有条件的突出矿井必须首先开采保护层，不具备开采保护层条件的，要对突出煤层进行大面积预抽，并确保预抽时间和效果。驻地煤矿安全监察机构要加大煤与瓦斯突出事故的查处力度，深入勘查事故现场，严格事故定性，对发生过突出没有按突出矿井管理、有突出征兆仍然违章作业的，要依法严肃追究有关人员的责任。

三、加强对基建和技改矿井的安全管理。基建和技改矿井必须建立健全安全生产责任制，加强施工过程日常安全管理，做好高瓦斯、突出矿井瓦斯抽采与安全监测监控工作，新建、改扩建、资源整合的高瓦斯、突出矿井，必须同时建设瓦斯抽放系统，先抽放、后施工。施工单位在施工期间，发现煤矿建设项目的安全设施设计不合理或者存在重大事故隐患时，应当立即停止施工，并报告煤矿企业。各级煤矿安全监管、煤炭行业管理部门和煤矿安全监管机构要加强对基建、技改矿井的监管监察，严厉查处新建煤矿边建设、边生产或改扩建煤矿在施工区域生产的行为，严肃追究有关人员责任。

四、深化隐患排查治理工作。煤矿企业要落实安全生产隐患排查治理的主体责任，按照“隐患治理年”的总体部署，全面深入排查治理煤矿各生产系统、各环节存在的隐患，尤其是要加大对煤矿“一通三防”、煤与瓦斯突出及汛期水害等方面的隐患排查治理力度，及时发现问题、解决问题、消除隐患，及时查处违章指挥、违章作业和违反劳动纪律的行为，做到排查不留死角、整治不留后患。各级煤矿安全监管、煤炭行业管理部门和煤矿安全监察机构要结合辖区安全生产工作实际，立足于治大隐患、防大事故，深入基层和生产一线加强督促指导，推进安全生产各项措施落实；对重大安全隐患要实施“挂牌”督办，对整改措施不落实、违法违规组织生产的，要依法严肃惩处。

请地方各级煤矿安全监管部门立即将本通报转发到辖区内所有煤矿。

国家安全监管总局　国家煤矿安监局

二〇〇八年五月三十日

【评析】该通报属两单位联合发文，且两单位平级，所以标题很慎重，将两单位名称都写进标题。层次分明，全文分三个部分：第一部分主要对近期发生的三起瓦斯事故的时间、地点、伤亡、损失等情况分别作了介绍；第二部分重在分析造成三起事故的主要原因，并对有关方面提出严厉批评，并为防范类似事故的发生，提出相应措施，自然引出下文；第三部分主要是从四个方面详细部署了今后的工作要求。文章层次清楚，要素齐全，表达流畅，比较好地体现了该类通报的特点。

3. 情况性通报

【例文 3－5】

2011 年 1 月我省道路运输行车事故情况通报

各市、县、自治县交通局：

根据《安徽省道路运输行车事故报告和统计制度》的要求，现将今年 1 月份全省道路运输行车事故情况通报如下：

综合各市上报的数据，2011 年 1 月份，全省共发生造成人员死亡的道路运输行车事故 11 起，与去年同期相比下降 8.33%；事故共造成 21 人死亡和 50 人受伤，其中一次性造成 10 人以上死亡的事故 1 起。各市事故情况见附件。

1 月份以来，各市认真贯彻《安徽省道路运输行车事故报告和统计制度》，安排专人负责事故统计报告工作，辖区内营运车辆发生行车事故后，能及时报送《道路运输行车事故快报》。道路运输行车事故统计表也基本做到及时准确，全省道路运输行业事故统计报告工作得到明显改进。但少数地方由于重视不够，事故统计报告工作仍存在一些问题。为了更好地适应道路运输安全生产监督管理工作的新形势和新要求，各市交通主管部门要进一步提高认识，认真贯彻执行《安徽省道路运输行车事故报告和统计制度》，不断加强事故统计报告工作。

一、要督促辖区内运输企业严格按照规定时限上报《道路运输行车事故快报》，对不按时上报的企业，要给予通报批评，对多次发生迟报的，要依照有关规定给予处理。

二、要加强事故统计报告资料的管理，《道路运输行车事故快报》和道路运输行车事故统计表的有关统计数据必须相吻合。

三、为统一格式，便于汇总，《道路运输行车事故快报》和道路运输行车事故统计表原则上应打印上报，所有项目必须填写数字，零数据则填写“0”，不得为空白或填写其他符号。

四、造成人员死亡的事故，要在接到事故认定书后2日内，将事故认定书上报省厅，抄送省运管局。

五、事故快报要准确、及时。对于错报、漏报要及时更正和补报，任何单位和个人不得隐瞒不报，一经发现将依据有关规定处理。

六、各市、县交通主管部门也应按照《安徽省道路运输行车事故报告和统计制度》的要求，按月度在系统内部通报各运输单位事故情况，并以适当方式向社会公告。对公告后有运输企业被举报漏报和隐瞒事故的，要认真查实，予以纠正，并按规定追究有关人员的责任。

附：2011年1月份全省道路运输行车事故统计表

安徽省公路运输管理局
二〇一一年二月二十八日

【评析】此则通报主要是向各有关部门通报一个月全省的交通事故情况，属典型的情况性通报。文章中不仅详细列出了各项数据，让人印象深刻，还重点提出了今后加强交通事故上报的一系列措施和要求，体现了这类通报的特点。

第六节　银行常用行政公文之下行文（决定、意见）

一、决定

（一）决定的性质与适用范围

决定适用于对重要事项或者重大行动作出安排，奖惩有关单位及个人，变更或者撤销下级机关不适当的决定事项。因此，一般性的问题、事项与活动不宜采用“决定”。

决定的使用范围比较广泛，发布政策、法规，可以用决定；安排某项工作、处理某项事情，可以用决定；设置机构、安排人事等同样可以用决定。它的使用者也很广泛，国家机关、群众团体、企事业单位都可以使用。

“决定”中的“决”字，反映了它产生的特点，即产生于决策之中，直接为决策服务，属决策性文件。它虽然与“决议”同属决策性，但与决议相比，决定的产生程序不像决议那样，它可以是会议集体讨论通过的，也可以是领导机关在自己职权范围内作出的。

（二）决定的分类

按其内容和使用情况，决定可分为四类：

1. 知照性决定。它是针对一个具体问题或事项而作出的决策，这类决策不需要下级机关执行。如《中共中央关于接收宋庆龄同志为中国共产党正式党员的决定》、《中共中央关于恢复沈雁冰同志党籍的决定》。

2. 指挥性决定。这类决定针对某一方面的工作或某一类问题，一般偏重于统一认识或确定某一方面的方针。这些决定带有纲领性、法规性和指导性，不仅要求下级机关了解决定内容，而且要求下级机关认真遵照执行。这类决定一般篇幅较长，说理透彻，具有指挥的性质。这类决定中有偏重于方针政策的，如《中共中央关于经济体制改革的决定》，也有侧重于部署安排的，如《中共中央、国务院关于打击经济领域中严重犯罪活动的决定》。

3. 奖惩性决定。它是指某一级的党、政组织，按照有关政策、章程、规定给予有功人员或有过人员所做的表彰或处分的正式书面决定。主要用于树立榜样，表彰先进人物和事迹，或吸取教训，批评、惩戒错误现象等，如《云南省人民政府关于表彰云南省农村信用社联合社的决定》。

4. 事项性决定。这类决定多用于处理具体的政务、党务，设置、撤销或变更组织机构，安排人事，如《国家食品药品监督管理局关于成立第九届药典委员会的决定》。

（三）决定的结构与写法

决定的格式一般由标题、正文、发文机关、成文日期等几部分组成。

1. 标题。一般由发文机关、事由和文种组成，如《国务院关于成立西藏自治区筹备委员会的决定》。如果是正式会议讨论的决定，在标题的下面要写明在什么日期、经过什么会议通过或批准。

普发和知照性决定可省去受文对象。

2. 正文。一般由决定依据、决定事项、结语三个部分构成。

决定依据应简要说明为什么要作出决定，即作出该决定的目的和意义，或原因和根据，内容上一般包括理论依据和事实依据两部分，它既可以是有关的政策、法规，又可以是来自实际工作方面的情况。这一部分要求文字精当，开门见山，语言概括。内容较少，涉及大家比较熟悉的工作的决定，这部分可略写。此项写完后，一般以“特作如下决定”、“现决定如下”等用语过渡到决定事项。如《国务院关于进一步加强安全生产工作的决定》开头：“安全生产关系人民群众的生命财产安全，关系改革发展和社会稳定大局。党中央、国务院高度重视安全生产工作，建国以来特别是改革开放以来，采取了一系列重大举措加强安全生产工作。颁布实施了《中华人民共和国安全生产法》（以下简称《安全生产法》）等法律法规，明确了安全生产责任；初步建立了安全生产监管体系，安全生产监督管理得到加强；对重点行业和领域集中开展了安全生产专项整治，生产经营秩序和安全生产条件有所改善，安全生产状况总体上趋于稳定好转。但是，目前全国的安全生产形势依然严峻，煤矿、道路交通运输、建筑等领域伤亡事故多发的状况尚未根本扭转；安全生产基础比较薄弱，保障体系和机制不健全；部分地方和生产经营单位安全意识不强，责任不落实，投入不足；安全生产监督管理机构、队伍建设以及监管工作亟待加强。为了进一步加强安全生产工作，尽快实现我国安全生产局面的根本好转，特作如下决定。”

决定事项，是决定的核心与重点部分。这部分要根据具体内容，并结合实际撰写清楚。如对某项工作确定的原则、提出的要求、作出的规定、提出的措施和办法，或对某事某人表明态度、作出安排和处置，或对某一文件表示批准意见等。这一层根据不同情况，可多可少，可长可短，可采用一段到底、分条列述式，或分段式，用段旨撮要形式，突出每段主要决定事项，也可采用分列小标题等表述方式。要注意，决定事项必须根据事物的性质归属关系界定清楚，不能随意分项。

决定结语，可写明落实决定的具体要求和措施，也可提出希望和号召。这部分视情况而定，可以单独成段，也可以不写，或与决定事项合在一起。

奖惩性决定的写法与前两种写法差别较大。这种决定一般采用两段式：一是表彰或处分的依据，提出予以表彰或给予××处分；二是希望号召。

（四）决定写作注意事项

写作决定，要有政策或法律的依据，观点要明确；要了解问题或事项的具体内容，以便对决定的内容作出切合实际的判断、概括；要结合所属单位的具体情况，保证在实践中能行得通、做得好。决定写作的语言也要准确、贴切，不致引起歧义，应以叙述为主，必要的议论可有一些，但不可过多。

（五）例文评析

【例文 3-6】

云南省人民政府关于表彰云南省农村信用社联合社的决定

各州市人民政府，省级有关部门，有关金融单位：

云南省农村信用社联合社在省委、省政府领导下，在各有关部门支持帮助下，认真落实科学发展观，牢固树立服务“三农”意识，团结带领全省农村信用社广大员工，全面深化改革，强化内部管理，积极开拓市场，各项业务快速健康发展，服务“三农”工作取得显著成效。2009 年 3 月末，全省农村信用社各项存款余额突破 1 000 亿元大关、达 1 037.69 亿元，各项贷款余额达到 699.89 亿元，均比 2007 年末翻了一番多；不良贷款率降至 8.17%；2008 年全省农村信用社实现盈利 4.3 亿元。全省农村信用社经营规模和整体实力迈上了新台阶，提前两年完成了省政府提出的农村信用社改革发展目标任务，有力地促进了我省新农村建设和经济发展。为此，省政府决定予以表彰。

希望云南省农村信用社联合社以全省农村信用社存款突破 1 000 亿元大关为新的起点，团结带领全省农村信用社进一步加快改革发展步伐，充分发挥农村金融主力军的作用，为我省新农村建设和经济社会发展作出更大的贡献。

云南省人民政府
二〇〇九年四月九日

【评析】这份决定中心突出，观点鲜明，在正文首段叙述云南省农村信用社联合社的工作业绩后，随即写出表彰决定，进而发出希望号召，全文结构紧凑，是一篇写作十分规范的政府文件。

二、意见

意见作为一种非法定行政公文早已在机关公务活动中被广泛使用。最初它是被当做一种指导性下行文来使用的。《国家行政机关公文处理办法》规定，意见“适用于对重要问题提出见解和处理办法”。这一规定，框定了意见的适用范围，同时也明确了它的功用。

（一）意见的适用范围与种类

意见适用于对重要问题提出见解和处理办法。其所强调的“重要问题”，即指那些事关全局的大问题和与时俱来的新问题、涉及政策法规的关键问题、具有普遍意义的突出问题、能产生消极影响的倾向性问题等。

2001 年 1 月 1 日国务院办公厅发布的《国务院办公厅关于实施〈国家行政机关公文处理办法〉涉及的几个具体问题的处理意见》（以下简称《实施公文处理办法意见》）为意见的分类提供了依据。《实施公文处理办法意见》指出，意见“可以用于上行文、下行文和平行文。作为上行文，应按请示性公文的程序和要求办理。……上级机关应当对下级机关报送的‘意见’作出处理或给予答复。作为下行文，文中对贯彻执行有明确要求的，下级机关应遵照执行；无明确要求的，下级机关可参照执行。作为平行文，提出的意见供对方参考。”

据国务院办公厅的《实施公文处理办法意见》的表述，意见的使用灵活广泛，首先行文方向不限；其次使用权限不限，上至国务院，下至基层政府及其职能部门均可使用；处理方式不限，因行文关系复杂，对意见的处理也因文而异，有的作为执行件，有的作为转发件，有的作为参阅件，执行要求呈现出多样化特点。

由此可见，意见按行文方向可分为上行意见、下行意见、平行意见三种。

上行意见多属于呈转性意见，主要用于对某些超越本机关职权范围的全局性工作或普遍性问题提出意见或建议，请求上级机关批转。

下行意见中有用于向下级机关布置工作并对工作的原则、方法、要求等作出具体安排部署的部署性意见；也有用于针对某一文件或既定的政策、法规作出指导性阐释说明，提出具体实施办法的指导性意见；还有用于针对某种新情况、新问题或新形势提出某些新的方针政策与对应措施的决策性意见等。

平行意见主要用于不相隶属机关之间，针对某种矛盾或争议提出见解或解决方案，或者对于某一重大问题的运筹提出协商见解与措施。此类意见极少。

（二）意见与请示、报告、通知的区别

1. 上行意见与请示的区别

这里主要阐述上行意见与请求指示性请示的区别。

其一，发文的目的不同。请示是因为本机关在工作中遇到了自身难以解决的困难和问题而请求上级机关协助解决，从这个意义上讲，请示纯粹是为了发文机关自己；而意见则是下级机关就某个重要问题提出见解和处理办法，这些问题不仅下级机关工作中存在，在上级甚至全局的范围内也可能存在，解决好这些问题既对下级有利也对上级乃至全局的工作有利。

其二，涉及的事项不同。请示涉及的问题往往比较具体，有时甚至比较琐碎，只有点上的应用价值；而意见涉及的问题往往比较重大，许多都超越了下级机关的职责权限，解决得好的话则具有面上的推广价值。

其三，处理的方式不同。请示具有回复的强制性，上级机关必须予以答复，答复的方式可以是批复，也可授权办公厅（室）以函的形式答复；而对上行意见，有答复必要和要求的，上级才予以答复，处理方式多用通知批转或转发。

其四，写作的要求不同。就写作的重点而言，请示重在阐明理由，以说服上级作出有利于下级的表态或批示；意见则重在就某一重要问题提出见解和处理办法，提请上级机关同意、采纳或批准。就写作的方式而言，请示大都采取开门见山、直奔主题的方式，把要请示的事项说清楚、理由讲充分就行；意见则采取分条列项、条分缕析的方式，就涉及事项中的具体问题，解决该问题的动机和目的，处理好这些问题的重要性、必要性和紧迫性，解决问题的指导思想、目标、工作重点、实施步骤及应采取的措施等作出详尽说明。就文章的篇幅而言，请示大都篇幅短小；而意见一般篇幅都比较长。

2. 上行意见与报告的区别

其一，适用范围不同。报告主要用于汇报工作、反映情况，呈报的是职权范围的事；而意见用于对重要问题提出见解和处理办法，这些往往与撰写意见的下级机关工作有关，且超出其职权范围，需上级机关帮助。

其二，行文时间不同。报告的内容反映的是已经发生的事情或做过的工作，属事后行为；意见的内容则是需要做或打算做的事情，属事前行为。

其三，处理要求不同。对上级机关来说，报告是了解下级机关情况的重要渠道，无须回复；上行意见多需要批转或转发。

3. 下行意见与通知的区别

这里主要阐述下行意见与指示性通知的区别。

其一，内容侧重点不同。指示性通知的写作，重在讲清理由、目的或意义的前提下写清通知事项，对下级机关提出具体要求；下行意见的写作重在就某些全局性、方向性的重要问题比较集中地阐明见解、讲清道理，从宏观上提出一些原则性要求。

其二，功能效用不同。指示性通知指挥性相对突出，要照章执行，给下级机关在执行中自由发挥的空间相对较小。下行意见指导性相对突出，有明确执行要求的，下级机关应遵照执行；无明确要求的，下级机关可参照执行，这给下级机关结合实际创造性执行提供了很大的空间。

（三）意见的写法

1. 标题

意见的标题有两种形式，其一是完整式，要求三要素齐全，如《中共中央　国务院关于推进社会主义新农村建设的若干意见》；其二因发文机关较多，且在标题下明确标注了，省略发文机关后采用“事由＋文种”的形式，如人力资源和社会保障部、国家发展和改革委员会、教育部、工业和信息化部、财政部、国土资源部、住房和城乡建设部、商务部、中国人民银行、国家税务总局、国家工商总局联合上报的《关于促进以创业带动就业工作的指导意见》，用这一类标题的多是上行呈转性意见。

2. 主送机关

意见的主送机关情况复杂，因其行文方向的不限导致主送机关的多样性。作为下行文的意见，有的用统称“各”，如《中国人民银行　中国银行业监督管理委员会关于进一步加强信贷结构调整促进国民经济平稳较快发展的指导意见》，主送机关是“中国人民银行上海总部，各分行、营业管理部、省会（首府）城市中心支行、副省级城市中心支行；各省、自治区、直辖市银监局；各政策性银行，国有商业银行，股份制商业银行，中国邮政储蓄银行”；有的省略主送机关，国务院下发的意见绝大多数都省略主送机关。作为上行文意见，其确定主送机关的要求与报告、请示同，只能是有直接行政隶属关系的上级机关，并且只有一个主送机关。作为平行文意见，主送机关一般也只有一个。

3. 正文

意见的开头一般是交代提出意见的背景、依据、目的、意义等，陈述“为何提意见”或“为什么发布实施意见”等，方法有如下几种：

其一，目的式。用简括的语言介绍发文目的，使下级机关积极主动地贯彻执行意见的精神，体现意见的可行性，如“为深入贯彻落实党中央、国务院关于进一步扩大内需、促进经济增长的十项措施和《国务院办公厅关于当前金融促进经济发展的若干意见》（国办发〔2008〕126号）精神，认真执行适度宽松的货币政策，在保持货币信贷总量合理增长的基础上，进一步加强信贷结构调整，促进国民经济平稳较快发展……”。

其二，根据式。以“根据……”领起说明制发意见的依据，如中央机构编制委员会办公室《关于国务院有关部门实施招标活动行政监督的职责分工的意见》的开头：“根据《中华人民共和国招标投标法》和国务院有关部门‘三定’规定，现就国务院有关部门实施招标、投标活动行政监督的职责分工，提出如下意见……”。这个意见开头将有关法规作为根据，体现了意见的严肃性。

其三，说明式。对制发意见的相关情况进行说明，如《国务院办公厅关于进一步加强政府采购管理工作的意见》的开头："近年来，各地区、各部门认真贯彻落实《中华人民共和国政府采购法》（以下简称《政府采购法》），不断加强制度建设、规范采购行为，政府采购在提高资金使用效益，维护国家和社会公益，以及防范腐败、支持节能环保和促进自主创新等方面取得了显著成效。但是，个别单位规避政府采购，操作执行环节不规范，运行机制不完善，监督处罚不到位，部分政府采购效率低价格高等问题仍然比较突出，一些违反法纪、贪污腐败的现象时有发生，造成财政资金损失浪费。为切实解决这些问题，全面深化政府采购制度改革，经国务院同意，现就进一步加强政府采购管理工作提出以下意见……"。说明开展该项工作的基础情况和存在的问题，以此作为发文依据，体现了下发意见的紧迫性和针对性。发文缘由与见解办法之间常用"提出如下意见"、"特制定本处理办法"、"现提出如下实施意见，请认真贯彻执行"等为过渡语，起到承上启下的作用。

不同类型的意见，其主体内容不尽相同。

下行部署性意见内容侧重于阐明工作的指导思想、总体目标，原则性要求，政策性措施等，一般采用分条列项式写法，如【例文 3－7】所示。

指导性意见主体内容相对简单，侧重在具体的实施方法的指导上，因此这种"意见"又被称为"实施意见"，如《国务院办公厅关于实施〈国家行政机关公文处理办法〉涉及的几个具体问题的处理意见》。

决策性意见主体内容侧重于"新"，新形势下的新政策。如《国务院办公厅关于当前金融促进经济发展的若干意见》，意见出台的背景是为应对国际金融危机的冲击，我国所应采取的执行适度宽松的货币政策。

上行意见的主体主要是对有关问题提出相关的见解、建议。如 2003 年 7 月 9 日江苏省审计厅就加强农村五件实事专项资金审计监督给江苏省人民政府所提的建议。

意见结尾的结构有两种形态。

其一是有固定的结尾段，在这一段中，应提出进一步加强该项工作的要求和希望。

写法有两种：一是强调式，如《教育部关于加强和规范建设工程项目全过程审计的意见》，第六条为结尾段："六、各部门、各单位的领导应充分认识建设工程项目全过程审计工作在规范建设工程管理、提高投资效益、促进廉政建设中的重要作用，认真组织实施。同时，根据本意见，结合本部门本单位的实际，制定或修订关于建设工程项目全过程审计的制度或实施办法。"进一步强调了加强和规范建设工程项目全过程审计工作的重要作用，要求各部门、各单位落实好本工作。二是补充式，如《文化部关于加强引进外国艺术表演和艺术展览管理的意见》的结尾段："国内有关部门对某一项目或其中某些节目、展品能否引进有不同意见，应由相应文化管理部门、具体承办单位和有关艺术门类专家三方面的代表共同讨论，必要时，还应听取外事部门或宣传部门的意见，最后由文化管理部门作出决定。"补充说明在引进外国艺术表演和艺术展览过程中出现争议如何解决。

其二是没有专门写的结尾段，如《江苏省审计厅关于加强农村五件实事专项资金审计监督的意见》，以模式化的结束语"以上意见，如无不妥，请批转各地执行"作结尾。

当然，意见结尾的形式远远不止这几种，写作时可根据实际情况灵活运用。

4. 落款

落款即发文机关和发文时间。由于意见带有较强的规范性，大多数意见已将发文机关和发文时间置于标题之下，因此结尾落款可省略。

（四）写作要求

1. “见解”深刻、中肯，“办法”具体、可行

下行意见是领导机关制定的方针政策，是对工作中存在的问题的总体分析、判断和主张，其“见解”的深刻、中肯决定政府能否取得群众的支持与信任；上行意见“见解”是否深刻、中肯决定能否得到上级机关的支持与批转。

下行意见“办法”要明确具体，才便于下级机关贯彻执行；一些工作进行的程序，要求的标准也必须十分细化。上行意见要注意政策法规尺度与具体环境条件，建议符合客观实际，有可靠依据，“办法”要具体可操作。

2. 层次清晰，语言得体

一般说来，意见的篇幅较长，这就要求我们在篇章结构的组织安排上多下工夫。动笔之前，首先要理清思路，然后认真梳理写作材料，对照大小层次掂量主次轻重，以序号的形式一一标注，以求得层次清晰。

意见因其行文关系复杂，语言要求得体。上行文的意见口气多是建议性的，如果还希望上级机关批转下发，则结尾要体现出祈请的态度；平行文的意见，语气宜谦逊平和、平等委婉，结尾要体现出供其选用、参考的态度；下行文的意见，应坚决果断、斩钉截铁、毫不含糊，要体现意见的权威性。

3. 行文要注意不同方向

不同行文方向的意见性质、作用不同，内容、写法也各不相同，要注意辨别使用。

（五）例文评析

【例文 3－7】

中国人民银行关于改善农村地区支付服务环境的指导意见

中国人民银行上海总部，各分行、营业管理部，省会（首府）城市中心支行、副省级城市中心支行，各政策性银行、国有商业银行、股份制商业银行，中国邮政储蓄银行，中国银联股份有限公司、城市商业银行资金清算中心、农信银资金清算中心有限责任公司：

为贯彻落实党的十七届四中全会精神，提升农村地区金融服务水平，有效助推农村经济发展，现就大力改善农村地区支付服务环境提出以下指导意见。

一、指导思想和总体目标

指导思想：深入贯彻落实科学发展观，按照社会主义新农村建设确立的战略目标，以服务“三农”为宗旨，大力推广非现金支付工具和支付清算系统，全面提升农村地区支付服务效率和质量，促进城乡支付服务一体化发展。

总体目标：建立有利于实施各项惠农政策的银行账户服务体系，发展适用于农村地区的支付工具体系，建设覆盖所有涉农金融机构的安全、高效的支付清算系统，促进农村地区支付服务组织多元化发展。力争到2012年，农村地区非现金支付量比2009年增长20%，农村地区银行机构建成内部清算网络，能够以电子方式办理跨行支付业务；农村地区人均持卡量1张，持卡消费额占社会零售商品总额达到10%；受理银行卡的商户增长10%；ATM、POS机具在农村地区的布放数量分别达到6万台和24万台，在较贫困的县实现ATM、POS机具布放零突破。国家各项补贴全部通过银行账户和银行卡发放。

二、促进农村地区银行结算账户的开立与使用

（一）提高农村地区银行结算账户的普及率。（略）

（二）加强农村地区银行结算账户管理，防范资金风险。（略）

三、因地制宜，积极推动非现金支付工具的推广普及

（三）大力推广银行卡。（略）

（四）扩大非现金支付工具使用。（略）

（五）加快电子支付创新和普及应用工作。（略）

（六）发展票据业务。（略）

四、夯实基础、畅通渠道，拓展支付清算网络覆盖面

（七）发挥跨行支付清算系统的核心作用。（略）

（八）有效推进银行卡的联网通用。（略）

（九）完善内部清算网络建设。（略）

五、顺应需求、多措并举，不断完善支付服务市场

（十）建立多层次、多元化的支付服务渠道。（略）

（十一）强化农村地区银行卡受理市场建设。（略）

六、注重风险防范，增强支付服务环境的安全性

（十二）认真落实制度，健全防控措施。（略）

（十三）完善报告制度，打击犯罪活动。（略）

七、加强宣传、重视培训

（十四）深入开展形式多样的宣传工作。（略）

（十五）突出重点和难点，做好培训工作。（略）

八、加强领导，统筹安排，有序推进，讲求实效

（十六）建立和强化组织领导工作机制。（略）

（十七）因地制宜，明确工作目标和方案，统筹安排实施进程。（略）

（十八）正向激励、按绩评优，务求实效。（略）

中国人民银行
二〇〇九年七月十六日

【评析】这篇例文运用分条列项式写作方法，很好地传达了中国人民银行对改善农

村地区支付服务环境的指导意见。全文逻辑严密，先总述指导思想和总体目标，接着阐述意见的具体内容，最后提出希望和要求，环环相扣，层次清晰，写作规范。

第七节　银行常用行政公文之下行文（批复、会议纪要）

一、批复

作为以上答下被动的下行文，历代有名目繁多的各种回复形式，如“批”、“批答”、“批文”、“指令”等，至于“批复”这一文种，最早见于1948年11月18日华北人民政府政务会议通过的《办事规则》，1951年中央人民政府将其列入法定公文，1989年党的机关将其列入法定公文。

（一）批复的适用范围与特点

批复适用于答复下级机关请示事项，是兼具回复与批示性质的下行文，也是行政机关日常工作经常使用的一个重要文种。

批复的行文主体是上级机关，行文的方向是下行，先有请示，后有批复，使批复具有绝对的被动性；行文客体涉及的范围必须与下级机关的请示事项密切相关，仅就请示的问题表明态度，提出意见、办法，具有鲜明的针对性；就法定效力而言，批复中提出的处理意见，实际是对下级机关的具体指示，是下级机关办事的依据，下级机关必须认真贯彻执行，对下级机关具有明显的行政约束力。批复除给下级指示和批准外，还往往概括地讲明若干政策规定和注意事项，使批复更具可行性。

（二）批复的种类

批复与请示相对应，我们把请示分为请求指示性请示和请求批准性请示，与之相对应地，批复也可分为指示性批复和批准性批复两类。

指示性批复是主要针对下级机关的请求指示性请示进行的批复，这类批复不仅对下级机关不清楚的问题作出解答，而且就请示事项的落实、执行或就该事项的重要性、意义及落实措施给予几点指示性意见，主要是给政策、给办法，是下级机关处理有关问题的依据和凭证，对下级机关开展工作有指示作用。

批准性批复是针对下级机关的请求批准性请示进行的批复，这类批复必须表明态度，是否同意请示事项，同意的有时还会追加执行要求；不同意的必须写明否定的理由，作出合理解释，尽可能使下级口服心服。

近年来，为贯彻落实国务院领导同志关于“带头精简会议和文件，勤俭节约，降低行政成本”的批示精神，现行批复发生了显著变化。

其一是为了减少文件数量。能通过电话解决问题的不印发文件，一般同意请示事项的才需要批复作为执行依据，不同意请示事项的，根据请示附注中的联系人、联系电话告知上级的处理结果即可。当下级机关就相同问题请示上级时，如果其中有同意，也有不同意的，要分别行文；如果全部同意，可以合并同类项，形成普发性批复。

其二是为了控制文件规格。能以国务院办公厅名义印发的，不以国务院名义印发；

能以函的形式（指公文格式中区别于“文件格式”的“信函格式”）印发的，不以文件形式印发；能以“白头文件”（指没有《国家行政机关公文格式》规定的眉首即没有“红头”部分的文件）印发的，不印发“红头文件”；属于部门职责范围的，原则上均由部门发文。所以现在各级政府的网站上有许多政府内设机构，如办公厅（室）经政府同意或授权代替政府审批下达本应由政府审批下达的请示事项，因为与请示机关属于平级，因此只能用“函”行文。

（三）批复的写法

标题。批复的标题因上级对请示事项的不同态度被分为两种，一种是表态性标题，另一种是非表态性标题。一般完全同意请示事项的请求批准性批复标题中多带有表态语“同意”，如国务院明确表态同意将安徽省绩溪县列为国家历史文化名城。而请求指示性批复一般不用表态语，如《国务院关于黑河流域近期治理规划的批复》。对下级机关请示事项部分同意或原则同意的，倘若使用表态性标题，一定要表达准确，如《上海市人民政府关于原则同意崇明县县城综合发展规划的批复》。

主送机关。批复的主送机关近年来发生了一些变化，过去批复只把呈送请示的机关列为主送机关，如答复的问题涉及其他单位，采用抄送形式，传统意义上称其为“单发性批复”。随着社会的发展，联合上报的请示越来越多，如2002年民航总局和国家经贸委就组建中国南方航空集团公司联合向国务院上报请示，国务院的批复主送机关就是民航总局和国家经贸委。现在为了降低行政成本，越来越多的行政机关对批复进行同类合并。另一种变化是批复的内容涉及什么范围，主送机关就扩大到什么范围，如2002年《国务院关于黄河近期重点治理开发规划的批复》，呈报请示的是水利部，主送机关却涉及16个政府和部门。

正文。批复的正文包括批复依据、批复内容、批复要求三部分。

批复依据，根据《国家行政机关公文处理办法》关于“引用公文应当先引标题，后引发文字号”的明确规定，现在规范的批复开头，一般都先引述请示的标题，然后引述请示的发文字号，再以“经研究，（现）批复（答复、复）如下”等字样过渡。

批复内容要针对请示事项给予明确具体的答复，答复一般有三种情况：一是完全同意，有的还提出具体落实措施；二是部分或原则同意，要对某些具体做法有所补充或提出异议；三是不同意，要说明理由，不过此类批复现在已不多见。

批复要求根据需要而定，既有具体要求，也有笼统的要求，如要求拨款类请示的批复一般都会写上“希专款专用”。

有些批复有结语，如“特此批复”、“此复”。

（四）写作要求

一要及时。对下级机关的请示，上级机关应及时批复，不能拖延，以免影响工作。这不仅是一种工作态度和工作作风，更是一种工作职责和工作责任。

二要有原则性。要以党和国家的方针政策、法律法规为依据，秉公办事，不能凭借权力徇情枉法，为己谋利，损害国家利益。

三要态度明朗庄重。同意就是同意，不同意就是不同意，不能模棱两可、含糊不清。

四要措辞简洁准确，语气要肯定。不能用“研究研究”、“考虑解决”等不确切语言。

（五）例文评析

【例文3－8】

江苏省人民政府关于省农村信用社联合社换届工作的批复

省农村信用社联合社：

你社《关于江苏省农村信用社联合社换届工作有关问题的请示》（苏信联发〔2008〕121号）收悉。经研究，同意你社进行换届。请根据《国务院关于印发深化农村信用社改革试点方案的通知》（国发〔2003〕15号）、《国务院办公厅转发银监会人民银行关于明确对农村信用社监督管理职责分工指导意见的通知》（国办发〔2004〕48号）精神和银监会规定，认真做好《江苏省农村信用社联合社章程》修订工作，加强对全省农村合作金融机构制度建设的指导，促进各法人机构强化内部控制。省农村信用社联合社社员大会、理事会换届改选和高级管理人员选聘工作按有关规定执行。

二〇〇八年十一月十二日

【评析】此则例文语言概括简练，格式庄重规范。标题使用的是完全式标题，正文很简短但层次清楚，包括引述来文、批复意见和工作要求三个部分。在后两个部分，批复意见干脆明确，工作要求针对性强，全文体现了很强的指示作用。

二、会议纪要

1987年，会议纪要被正式列入国家行政公文，但行文关系复杂，格式特殊。

（一）会议纪要的适用范围与作用

会议纪要适用于记载、传达会议情况和议定事项。会议纪要系根据会议的记录、会议文件材料、会议的活动情况等进行综合加工整理后形成的文书，它比原始记录材料更加精练、集中，更具有条理性，更突出会议的指导思想和主要精神。

会议纪要是贯彻落实会议精神、指导工作、解决问题、交流经验的重要工具，是传达会议信息的主要媒介之一。它通过记载会议基本情况、会议成果、会议议定事项等，综合概括地反映会议精神。

会议纪要一般有两方面作用。一方面可以向上级机关汇报会议情况，以便及时得到指导；另一方面可以向下级机关传达会议精神，以便统一认识，及时贯彻执行。有些具有普遍意义的、重要的会议纪要，上级机关往往加上按语或通知批转有关的单位和地区，要求它们结合自身的实际情况贯彻执行。通常情况下，会议纪要只印发到与会单位，视情况抄送有关单位。

（二）会议纪要的种类

会议纪要按会议形式不同，可以分为例行工作会议纪要、专项工作会议纪要和研讨性会议纪要等。

例行工作会议纪要就是通常所说的办公会议纪要，一般是指党政机关、人民团体、企事业单位的领导班子成员在固定的日期召开的会议，主要内容是研究工作安排、工作进度等事项。记载这种会议情况和反映这种会议精神的公文即为办公会议纪要。这种会议纪要一般由会议秘书整理成文，经会议主持人签发后正式生效，是反映机关、单位集体领导活动、主要决策和处理日常工作情况的一种内部文件。这种会议纪要直接发给或摘发给机关、单位的职能部门，以使其遵照办理相关事务；也可以印发给隶属机关和单位，用以指导有关工作；如果研究决定的事项需要向上级汇报，也可用“关于呈送××会议纪要的报告”的方式行文上报。

专项工作会议纪要。专项工作会议在这里主要是指为解决或协调工作中的某些实际问题而召集和召开的专门性工作会议。这种会议纪要主要记载和反映会议作出的重要决策事项或达成的协议，作为传达会议精神和部署工作的重要依据，这种会议纪要需经会议领导小组或会议主办机关批准方能生效。工作会议纪要具有决议的性质，要求与会单位共同遵守、执行，对今后工作具有直接的指导作用。

研讨性会议纪要。研讨性会议在这里是指各种学术研讨会、理论讨论会、座谈会等，凡是在这些会议之后所形成的纪要均为讨论会纪要。这种会议纪要主要记载和反映会议的研讨情况，忠实地记载不同的意见，对与会单位和与会人员没有行政约束力，只为交流情况、报道消息和提供参考之用。

（三）会议纪要的格式与写法

1. 会议纪要的格式

《国家行政机关公文处理办法》规定：“公文除‘会议纪要’和以电报形式发出的以外，应当加盖印章。”另外，《国家行政机关公文格式》还规定：会议纪要标识由“×××××会议纪要”组成，发文机关标识上边缘至版心上边缘为25毫米，采用红色小标宋体字，字号由发文机关酌定，下空两行，用三号仿宋体字居中标识文号，文号采用流水号——“第×号”，下空一行，用三号仿宋体字标识发文机关和成文日期，发文机关和成文日期之下4毫米处印一条与版心等宽的红色反线。发文机关放在横线之上左侧，成文日期放在横线之上右侧，红色反线下空两行，用二号小标宋体字居中标识会议纪要标题。标题下空一行为会议纪要正文，会议纪要不加盖印章，受文机关放在公文末尾。

2. 会议纪要的写法

（1）标题。主要有两种形式，一是单行题，二是双行题。

单行题主要采用公文式的写法，有三要素齐全的完整式，即发文机关名称＋事由（议题）＋文种，如《国务院关于加强土地市场管理工作会议纪要》；更多的是省略式，常见的是会议名称＋文种、会议地点＋文种，如《庐山会议纪要》，这类以会议地点代替会议名称的纪要内容多带有保密性。

双行标题由正标题+副标题构成，一般正题揭示主旨或提出问题，副题常为会议名称+文种。如《大学德育如何走向首要位置——山东省首届大学校长德育研讨会纪要》。这类标题常用于报刊发表的纪要写作。

（2）正文。一般由开头、主体、结尾三部分组成。

开头：主要用于概述会议的基本情况，一般包括：会议召开的根据，即上级指示精神或工作中的实际情况；会议召开的目的，即会议要解决的问题；会议召开的起止时间、地点；参加单位和人员、主要领导人；会议范围、基本议程和主要活动；主要领导人讲话内容；会议结果和评价。使阅读者对会议有个总体印象，对会议概貌有个总体了解。写法有两种：

写法一：平列式，一般例行工作会议纪要多用此类写法。如：

××农村商业银行第一季度信贷工作会议纪要

时　　间：2011 年 1 月 3 日上午 8:30

地　　点：六楼会议室

出席人员：×××董事长、××行长、×××副行长、×××副行长，信贷部经理、副经理。

主　　持：×××董事长

记录人：×××

写法二：综述式，开门见山地交代会议召开的时间，主持会议的领导，会议的名称，参加会议的单位和参加会议的人员，概括会议主要议程，然后以“现将会议主要精神纪要如下”或“现将这次会议研讨的几个问题纪要如下”等过渡句转入下文。一般写作时以会议通知作参考。

主体：对议定事项作出较详尽的陈述，一般包括：会议所讨论的工作的意义；会议研究的问题，讨论的意见，决定的事项，摘要写出与会者的主要发言内容，突出主要的观点和意见；今后工作的指导思想，即按什么原则、什么精神开展工作；工作要求和具体措施，即今后怎么做。它是会议纪要的核心，是各有关单位贯彻执行会议精神的基本依据，这部分内容表述得是否得当到位，是决定会议纪要写作成败、质量高低的关键。写法有以下三种：

写法一：条款式。即将会议议定的事项分点用条款方式加以简要说明，分别冠以数字标号，一条写一个事项。这样表述简明扼要，适用于部署工作的会议或办公会议，也适用于工作协调会等。如《农村合作金融工作委员会办公室 2010 年度第一次工作会议纪要》采用的就是这种写法。

写法二：综述式。将会议所讨论、研究的问题综合起来概括叙述，常用“会议指出”、“会议同意”、“会议要求”、“会议决定”等领叙词引出讨论与决定的事项。也可将众多的意见和问题分门别类，列出序码和小标题，按主次或标题逐条写出。【例文 3-9】采用的就是这种结构形式，一般大型的工作会议纪要多采用这种写法。

写法三：摘要式。就是按与会者的发言顺序记录每个人的发言要点。一般在发言人首次发言时，在其姓名后用括号注明发言人所在单位与职务。为了便于把握发言内容，有时根据各人提出问题的不同角度整理成几个问题，或根据议程在发言人前面冠以小标题。座谈会、学术讨论会、高层领导会议的会议纪要可采用这种写法。

结尾：会议纪要的结尾写法多样，有的向有关单位和人员提出为实现会议目标和任务而奋斗的号召或希望；有的就会议议定的有关问题，向上级有关部门提出意见建议；有的向有关单位和人员提出贯彻落实的具体要求；有的则对会议意义和收获进行评价等。但多数会议纪要在写完主体部分后就自然结尾了。

3. 写作注意事项

（1）内容要真实准确。既不能根据需要随意增减、断章取义，也不能擅自篡改。

（2）表述要精练概括。忌有闻必录，要懂得取其质、摘其要。要善用概括语言，准确又简练，可用一些习惯用语放在段首作为领叙词引领各个段落层次，使条理清晰。

（3）成文要迅速及时。为了尽快地传达贯彻会议精神，往往在会议结束后立即整理成文。

（四）例文评析

【例文 3-9】

全市信用社城区网点优质服务工作动员大会会议纪要

2011 年 2 月 4 日晚 19 时，市联社召开了全市信用社城区网点（联社营业部、城郊信用社、应山信用社、金融超市及不良贷款清收部，以下简称城区网点）优质服务工作动员大会，对全市城区网点当前优质服务工作进行了安排部署。市联社党委书记甘军同志作了重要讲话，市联社副主任付严冬同志就分管工作讲了意见。市联社主任梁志刚同志主持会议，并组织全体参会人员学习了《人品重于商品》一文。

会议指出，全市信用社优质服务工作开展了多年，但成效甚微，尤其是在金融机构竞争激烈的城区网点。主要表现在：单位形象差、卫生环境差、个人形象差、服务观念差。由于城区网点优质服务水平没有跟上，截至 2011 年 2 月 3 日，全市信用社存款余额较年初上升 8 889 万元，占全年任务的 30%，其中农村社上升 9 166 万元，城区网点下降 277 万元。而广水城区商业银行上升迅猛，城区网点存款增幅明显高于信用社，随州直管社存款上升 4.6 亿元，其中城区网点上升 1.7 亿元。由此可见，全市信用社必须正视问题，更新观念，狠抓优质服务工作，特别是城区网点。

会议认为，城区网点差距较大，组织存款工作任重道远。只有在优质服务上下工夫，净化服务环境，规范服务流程，美化服务语言，提高服务效率，才能实现第一季度存款工作“开门红”，为完成全年存款任务打下良好基础。

会议要求，城区网点要进一步改进服务。一是城区网点要全部实行综合柜员制。营业时间内，大社保证有 3 名柜员，分社保证有 2 名柜员。二是加强员工培训力度。联社将指定一名专职辅导员，对城区网点常年进行会计辅导。对城区网点所有人员，要求在 2 月 28 日以前，能够进行熟练打字，凡届时抽查不会的，下岗学习 3 个月，每月仅发基本生活保障；3 个月后仍不会的，作待岗处理。三是城区网点近期将配备大堂经理。大堂经理的条件为：爱岗敬业、精通业务、亲和力强、热情周到。四是实行统一着装，挂牌上岗。自元宵节后，所有信用社均实行统一着装，挂牌上岗。并在营业室显要位置公布联社举报电话，设立带页码式意见簿。五是所有信用社要制定可更换式值日表。六是坚持晨晚会制度，信用社主任每周主持晨会不得少于4次。七是坚持留宿制度，信用社主任每月在信用社留宿不得低于22个晚上。八是改善便民设施，各网点均要增设便民椅、饮水机及宣传资料。九是及时配全城区网点所有营业网点验钞机及对讲机。十是加大城区网点的改造力度。大邦分社、三里河分社及联社营业部在3月底以前必须改造完毕，并安装ATM。通过改进服务，城区网点要千方百计抓好存款工作，集中人员、集中时间、集中精力组织资金。确保2月底完成全年存款计划的50%，3月底完成全年存款任务。

会议强调，要搞好优质服务，一方面要进一步转换机制。机制活，则全盘活。第一，城区网点要开展组织资金对手赛活动。具体分组为：城郊门市与应山信用社门市一组，联社营业部与金融超市一组，三里河分社、大邦分社、育才路分社为一组。联社将每旬进行评比，每月每组有2次以上获第1名者，给予1 000元奖励。第二，城区网点要开展优质服务活动。联社将每周进行检查，每周评比一名服务明星，对连续2次获此殊荣者，奖励500元；对连续6次获此殊荣者，工资级别上提一档，享受1.5的系数。第三，城区网点要加大绩效考核力度。绩效考核要与存款净增积数、月末余额、业务量、出勤率、优质服务情况及福卡发行量等挂钩考核。第四，加大奖励力度。凡在2月底前完成年度存款任务的信用社，按净增额的万分之三十给予奖励，3月份超任务部分按万分之四十奖励；在3月底前完成或超额完成全年存款任务的信用社，联社将按存款净增额的万分之三十给予奖励。另一方面要严肃纪律，切实转变作风。联社存款管理部要及时对优质服务工作及城区组织资金对手赛活动进行督导检查；切实做到10个不准，即不准随意更改营业时间，不准柜台上堆放杂物，不准在办理业务时相互推诿，不准迟到早退，不准与顾客争吵，不准擅自离岗，不准工作时间办私事，不准办理业务时打哈欠、化妆、照镜子、拉家常、接打手机，不准对客户说“不”，不准在营业室内吃零食；联社党委将对城区网点实行定期或不定期检查，发现问题，及时处理。对违反《湖北省农村信用社优质服务管理暂行办法》的员工，第1次罚款100元，第2次下基层锻炼一年以内。

会议号召，全市信用社要以此次动员会为契机，狠抓优质服务活动，用优质服务树形象，用优质服务强素质，用优质服务争客户，用优质服务促发展。信用社主任要带头完成存款任务，带头践行文明优质服务活动，亲力亲为，做好表率。驻点科长要加强对信用社的指导、检查、督导力度，发现问题，及时整改。

参加会议的有：市联社领导，机关各部（中心）、金融超市、清收部负责人，城区网点包点科长，城区网点所有干部员工。

【评析】本例文运用综述式写法，对该市信用社城区网点优质服务工作动员大会的会议情况和会议的主要精神进行了报道和反映。全文层次分明，概括全面，叙述有致，是一篇写作规范的会议纪要。

第八节 银行常用行政公文之通行文（通告）

1951 年通告被正式列入国家行政公文，1993 年国务院取消行政公文中的布告，通告应用范围随之扩大，使用频率不断增高。

一、通告的适用范围与特点

通告适用于公布社会各有关方面应当遵守或周知的事项。

通告最突出的特点是内容的周知性，要求在一定范围内的人们或特定的人群普遍知晓，以使他们了解有关政策法令，遵守某些规定事项，共同维护社会公务管理秩序；通告使用非常广泛，大到国家机关，小到基层单位都可使用；有些通告所公布的事项，要求在一定范围内遵照执行，这使得通告又具有法规性特征。

二、通告的种类

（一）政策性通告

这类通告适用于针对某一方面问题公布国家或地方的政策法规性或规范性意见，并提出相应要求，使行政机关、单位和个人广为周知并强制遵守。

（二）周知性通告

这类通告适用于局部范围内公布一般具体事务时使用，仅要求有关行政机关、单位和个人广为周知和遵照执行，其权威性和约束力不强。

这两种通告是以政策性的强弱不同为标准来区分的，两者之间没有绝对的界限。政策性通告不可能没有知照性，知照性通告完全没有政策性内容的也不多见。但两者在性质上毕竟有所区分，如《山西省人民政府关于收缴非法爆炸物品的通告》，强制性措施较多，属于政策性通告；关于因施工停水、停电的通告，主要起通知事项的作用，没有强制性措施，属于知照性通告。

三、通告的写法

通告因其发布方式多样，使得通告文面格式的样式与其他公文不同，当它刊登在新闻媒体上，或公开张贴时，采用“白头文件”的形式，格式要素一般只有标题、发文字号、正文、落款。

标题。主要有两种写法。一是完整式，由发文机关 + 事由 + 文种三要素共同构成，如【例文 3 - 10】。二是省略式，有的省略事由，如《中华人民共和国外交部通告》；有的只写文种，如《通告》。

正文。内容复杂的通告结构多采用二段式，前言 + 条款，如【例文 3 - 10】；内容简单的通告多采用篇段合一式，如《岳阳县农村信用合作社联合社关于解除岳阳县农村信用社村级农户联络员的通告》。

前言要讲清通告的缘由，阐明目的，一般用“为”、“为了”领起。可以根据有关的政策、法律、法规；也可以根据上级指示精神；还可以根据客观具体情况。

写法有的采取目的 + 根据式；也有的采取根据 + 目的式。如《惠民县人民政府关于集中开展农村信用社不良贷款清收活动的通告》的开头就采用了后者，首先介绍客观具体情况作为发文的根据：“近年来，农村信用社作为地方金融机构，在城乡经济发展中发挥着重要作用，其发展壮大关系到全县农业发展、农民增收和经济发展大局。但由于农村信用社不良贷款率比较高、资本充足率较低等因素，影响了农村信用社的改革与发展。”接着阐明发文的目的：“为促进农村信用社健康、持续发展，充分发挥其支持地方经济发展主力军作用。”也有省略其中的目的或根据的。江苏省教育厅的一篇通告就省略了根据，只写了目的：“为规范学校收费行为，切实维护学生和学校的合法权益”。以“现通告如下”或“特此通告如下”过渡到通告事项。

通告的主体必须写明通告范围、对象，通告事项，具体规定。最后一条有的写执行通告要求，带有强调性质；有的写执行时间、范围、有效期；有的干脆用“特此通告”、“此告”、“本通告自发布之日起实施”等模式化结语，以示强调，提起注意。有些通告不用结语，干净利落。总的要求就是要便于有关单位或个人了解和遵守。

落款。标题已有发文机关，并在标题下署了日期的，可不用再次注明。如果标题没有发文机关，也没有日期，则落款处必须署上发文机关名称和日期。

四、写作要求

1. 目的明确。一份通告需要告知什么事，为何要告知，有何依据，都应写得清楚明白，以便人们理解执行，这是写好通告的基础。

2. 精通政策。通告的事项必须符合党和国家的方针政策、法律法规，要能切实维护国家和人民的利益，这是写好政策性通告的关键。

3. 发布及时。对一些危害国家安全、有损人民群众利益的事或行为，应及时发布通告禁止或制止，以免造成较大的损失。对一些影响人们工作、生活的事情，如停电、道路维修、交通管制等，以及一些需要办理的事项，如年检、征收税收或其他费用，也应尽早告知，以便提前做好准备。

五、例文评析

【例文 3－10】

河池市人民政府关于清收农村信用社不良贷款的通告

为确保按时完成全市清收农村信用社不良贷款“攻坚战”任务，根据全区、全市清收农村信用社不良贷款电视电话会议精神和陆兵主席、郭声琨常务副主席在全区清收农村信用社不良贷款工作会议上的重要讲话精神，现将有关事项通告如下：

一、各拖欠贷款户务必于 2007 年 4 月底前到原贷款机构清偿所欠贷款本息。个人

（单位）贷款必须由其本人（单位）偿还；个人（单位）为他人担保贷款的，由担保人负责催还并承担连带责任，借款人无能力偿还的，由担保人负责偿还。

二、凡2007年4月底前未清偿所拖欠贷款本息的国家公职人员，将果断采取停职、停薪、停岗和不提拔、不调动、不评优、不加薪、不晋级的“三停五不”措施。“三停”期间，只按规定标准发放生活费，其余工资用于偿还贷款。同时由组织、纪检、监察等部门依照相关规定进行严肃处理。

三、凡2007年4月底前未清偿所拖欠贷款本息的财政拨款行政、事业单位及其二级机构，将由各级财政部门在保证其正常运转的前提下，从同级财政安排给该单位的预算资金或专项资金中扣还。

四、凡2007年4月底前未清偿所拖欠贷款本息的恶意赖、逃、废农村信用社债务的赖债户、钉子户，将由各级政府组织公、检、法等部门联合进行打击，该拘留的拘留，该查封的查封，该拍卖的拍卖。人民银行、银监部门要督促全市各金融机构，将钉子户、赖债户列入“金融黑名单”，采取统一行动，在其开立账户、支付、汇兑、结算、贷款等方面给予严格制裁；工商部门不予其办理工商登记手续，税务部门不予其办理税务登记手续，车管部门不予其办理车辆登记、年检手续，房产部门不予其办理房屋买卖登记过户手续等。

五、本通告自下发之日起施行。

河池市人民政府
二〇〇七年三月十三日

【评析】本则例文是一份政策性很强的通告，标题用完全式，体现了发文的严肃性和规范性，正文部分先讲缘由，次述通告的具体事项和要求，分项叙述，措辞坚定。全文语气凝重，约束力强。

第九节 银行常用行政公文之上行文（报告、请示）

一、报告

我国古代，下级对上级的陈述性公文有“书”、“表”、“奏”、“状”等；民国时期，下级对上级的陈述性公文有“呈”。中国共产党成立后，“报告”基本上代替了“呈”。1948年1月7日，毛泽东同志写的《关于建立报告制度》更严格地规定，地方和部队必须定期向中央报告工作情况。1951年中央人民政府政务院颁布《公文处理暂行办法》，不仅将报告列入法定公文，而且名列榜首，不过当时的报告含有请示的用途，直到1981年请示才从报告中剥离出来，请示和报告常被混用是有渊源的。

（一）报告的适用范围与特点

报告适用于向上级机关汇报工作，反映情况，答复上级机关的询问。报告可以为上级机关的决策提供信息，也可以为上级机关指导行文机关的工作提供依据。

报告的行文具有单向性，不需要上级机关给予批复；内容具有汇报性，下级机关向上级机关报告工作情况，旨在得到上级的指导；表达具有陈述性，报告在汇报工作、反映情况时，所表达的内容和使用的语言都是陈述性的。

（二）报告的分类

报告的分类方法很多：

按内容范围分，有综合报告、专题报告。

按性质分，有呈报性报告、呈转性报告。

按时间分，有年度报告、季度报告、月份报告、工作进程报告等。

按功能分，有工作报告、情况报告、答复报告、报送报告等。

下面介绍四种常用的报告：

1. 工作报告

工作报告用于向上级机关汇报工作，又可分为综合工作报告和专题工作报告。综合工作报告多用于向上级全面汇报某一阶段各方面工作情况，内容包括工作情况概述、主要成绩经验或问题（教训或体会）、意见（即存在的问题、矛盾和今后努力的方向）；专题工作报告多用于反映某一项专门工作，如反映某项工作进展情况；对政策、法令、指示的贯彻执行情况；对上级交办事项的完成情况。

2. 情况报告

此类报告主要反映工作中的突发、重大事件，以及在一定范围内带倾向性的情况，如严重自然灾害、重大安全事故、重大案情、敌情、重要的社情、民情、重大活动及会议等。

3. 答复报告

答复报告是下级机关针对上级机关要查询了解某项工作、某些情况、某些问题时所写的报告。答复报告只存在于具有行政隶属关系的上下级之间，如果没有行政隶属关系，就应该用询问答复函。

4. 报送报告

报送报告是下级机关向上级机关报送文件或物件时随文、随物所写的报告。

（三）报告的内容和写法

1. 报告的内容

不同的报告，其写作内容各不相同。

综合性的工作报告一般包括工作情况概述、成绩经验、问题教训、意见措施几个方面，其内容涉及的方面与总结相类似。

专题性工作报告一般包括工作过程、具体做法、主要成效与认识几个方面；也有专门以总结经验为主，这类报告必须写清楚“情况、经验、意见”三方面内容；还有的从“做法、问题、建议”三方面入手；此外，反映工作中出现的重大失误也可以归入专题工作报告，这类报告需要向上级汇报对工作失误的认识，将基本事实、造成失误的直接或间接原因、失误后采取的补救措施和今后的打算等向上级汇报。

情况报告一般包括基本情况介绍、问题原因分析，吸取的教训，采取的措施等几个方面。

答复报告一般包括答复依据和答复事项两个方面。

报送报告一般写清报送依据，报送文件、物件的名称即可，一般以“请审阅”、“请查收”结束。

2. 报告的写法

作为上行文，因眉首部分有发文机关标识，主体部分有印章，因此标题可省略发文机关，只写（关于）事由 + 文种。

正文，各类报告的正文写法各不相同。

一是综合性工作报告。它的结构方式有两种：其一采用单项分类的写法，即将所要汇报的各方面工作逐项具体汇报，每项单独成段，并可根据需要加上序号或小标题。其二采用综合分类的写法，即将全部工作综合成情况、成绩经验、问题教训、意见措施。

开头一般采用概述式，即概述总的工作情况，如《宜宾市劳动和社会保障局关于2007年度上半年劳动和社会保障工作情况的报告》开头用的就是概述式：“今年是劳动保障事业发展‘十一五’规划实施的重要一年，全市劳动保障系统按照省、市劳动保障工作会议制定的目标，紧紧围绕建设‘经济兴盛、政治清明、文化繁荣、社会和谐、人民幸福’美好新宜宾要求，进一步完善体制、强化基础、提高能力、狠抓落实，以实施惠民行动为主线，统筹安排、协调推进各项劳动保障工作，为全面实现既定目标打下了坚实的基础。”然后以“现将上半年工作情况报告如下”作为过渡转入具体的报告内容。

主体结构分两种，其一是采用并列式，在汇报各项工作时，根据工作的重要性先后排列；其二是采用层进式，按照总结出来的几条规律性认识来组织材料、安排层次。如上文《宜宾市劳动和社会保障局关于2007年度上半年劳动和社会保障工作情况的报告》的主体部分即采用后一种结构形式，首先报告各项劳动保障工作取得的新进展，侧重于做法和经验；接着报告存在的主要问题，涉及的问题需政府多部门协调才可能解决；最后报告下一年工作安排。

结语多采用“特此报告”、“以上报告，请审阅”。

二是专题性工作报告。开头既可以采用背景式，也可以采用目的、根据式，如【例文3－11】的开头就采用了背景式，然后以“现将有关情况报告如下”过渡到具体的报告内容。

主体。一般采用三段式，如【例文3－11】所示。

结尾。许多专题工作报告省略结尾。

结语一般用“特此报告”。

三是情况报告。开头多用叙事式，即在开头对基本情况进行简要的概述。

主体采用四步写法，即“情况——原因——问题——措施”，先将情况叙述清楚（包括时间、地点、经过、结果等），然后分析情况产生的主客观原因，如果是自然灾害，原因中一定要排除人为因素，接着阐明问题之所在，以及问题的性质、危害，最后提出下一步的行动措施。

结语一般也用“特此报告”。

四是答复报告。结构一般采用篇段合一式，先引述来文（电），然后写答复事项，最后是结语（专此报告）。

五是报送报告。结构也是采用篇段合一式，“现将××××××报送给你们，请查收（审阅）”。这类报告一定有附件。

3. 写作注意事项

（1）报告中不得夹带请示事项，需要上级答复批准的，应用“请示”行文。

（2）报告要突出重点，详略得当。有些报告内容较多，写作时不能一应俱全、面面俱到，什么都写。要有针对性地选择主要的事实材料，然后进行合理安排和组织，做到突出重点、主次分明、有详有略、条理清晰。

（3）工作报告、情况报告的内容要真实，不能弄虚作假，有成绩，不夸大其词；有问题，不缩小隐瞒，须如实反映，这样才利于上级把握准确、真实的情况，作出正确的指导和决策。对于答复性报告，切勿答非所问，或含糊其辞、回避事实，必须有问必答、有答则明。

（4）报告表达方式要以概括叙述为主，语言要得体、谦恭，语气不含糊，用事实、数据说话。

（四）例文评析

【例文 3-11】

焦作市银监分局关于焦作市农村信用社经营改革及发展问题的情况报告

市政府：

2004 年，在市委、市政府的正确领导和大力支持下，我市农村信用社改革工作进展顺利，各项业务迅猛发展，经营效益明显提高，呈现出了良好的发展势头。但我市农村信用社在发展过程中还存在的一些问题，各级政府应高度关注并及时帮助研究解决，推动农村信用社的稳定健康发展。现将有关情况报告如下：

一、我市农村信用社经营现状及改革成果

目前全市共有农村信用社联合社 10 家，基层信用社 96 个，分社 184 个，储蓄所 20 个，现有员工 2 919 人。

（一）经营情况。(略)

（二）深化农村信用社改革情况。(略)

1. 清产核资工作圆满结束。(略)

2. 增资扩股计划超额完成。(略)

3. 清收不良贷款成效显著。(略)

二、我市农村信用社经营发展中存在的主要问题

（一）历史包袱沉重，不良贷款占比偏高。(略)

（二）农村信用社贷款损失严重，盘活任务艰巨。(略)

（三）员工素质整体偏低，经营管理能力需进一步提高。（略）

三、各级政府应高度重视农村信用社经营发展中存在的问题，继续支持农村信用社做好业务发展工作

（一）高度关注农村信用社的股金变化，督促其持续做好增资扩股工作，逐步形成资本金补充的长效机制。（略）

（二）加大对信用社组织资金的支持力度。（略）

（三）对农村信用社的资金投向给予合理引导。（略）

（四）努力为农村信用社创造一个良好的信用环境。（略）

（五）在省政府办公厅《关于农村信用社改革有关问题的通知》（豫政办〔2004〕118 号）文件精神的指导下，妥善解决农村信用社改革中遇到的有关问题。（略）

（六）切实加强农村信用社的风险防范。做好农村信用社风险防范，是确保改革工作顺利进行、维护农村金融和社会稳定的重要保证。（略）

（七）重视和加强对农村信用社党组织的领导和监督管理。（略）

（八）督促农村信用社加强队伍建设，进一步完善内控制度，提高管理水平。（略）

焦作市银监分局

二〇〇五年××月××日

【评析】这是一份就工作中存在的问题而向上级所写的情况报告。报告正文先谈信用社的经营现状及所取得的改革成果，继而分析了经营发展中存在的主要问题，最后希望各级政府支持信用社做好业务发展工作，报告事项清楚，原因分析到位，全文结构完整，说服力强。

二、请示

我国古代的“奏”、“章”、“表”、“疏”以及民国时期的“呈”，除了汇报工作以外，常常还有请求上级指示的内容。1938 年，晋察冀边区行政委员会发布的第 4 号指示信《改革公文程式的理论与实践》，首次把“请示”列为公文文种。1981 年国家首次将其列入法定公文。

（一）请示的适用范围与种类

请示适用于向上级机关请求指示、批准。

当下级机关对现行方针、政策、法令、规章、制度不甚了解，需上级给予明确答复时用请示；当下级机关在工作中遇到新情况、新问题，又无章可循，需要上级明确指示时用请示；因下级机关所遇情况特殊，难以执行现行规定，需要上级重新指示时也用请示；因下级机关领导之间意见分歧而无法统一，难以开展工作，需要上级裁决时也用请示；事关重大，为防止工作失误，需上级审核时用请示；按组织规定，必须得到上级机关认可与批准才能办理时用请示；要办一件事却因缺少一定的财力、物力、人力而申请上级支援时用请示，这类请示多涉及资金问题，目前比较常见。

根据请示事项的性质和行文目的，可以把请示分为请求指示性请示和请求批准性请示。

（二）请示与报告、申请书的区别

1. 请示与报告的区别

一是行文目的不同。报告只是为了让上级了解掌握有关情况，沟通上下联系；请示则是为了解决问题，请求上级指示或审核批准。二是内容含量不同。报告可围绕一个主题一文数事（综合性的工作报告）；请示坚持一文一事。三是性质要求不同。报告属于陈述性公文，不需上级批复回答；请示属于请求性公文，须上级审批答复后方可办理。四是行文时间不同。报告事前、事后、事中皆可；请示必须在事前。五是本单位不能解决的问题用请示，本单位可以解决的问题用报告。

2. 请示与申请书的区别

一是性质不同。请示是法定公文，申请书是事务文书。二是适用范围不同。请示用于有行政隶属关系的上下级之间，申请书主要用于个人与组织之间。三是结构形式不同。请示必须按照法定公文的格式撰写，而申请书只需按一般书信的格式写作即可。

（三）请示的内容和写法

1. 请示的内容

请示的内容一般由请示缘由、请示事项、祈请语三部分组成。请求指示性请示中，如果行文原因是对政策、法规等理解上存在问题，写作缘由时就要把政策、法规出自上级的来文、标题、文号、原文等，一一引述清楚，再写产生的问题；如果行文原因是工作中遇到了新情况、新问题，写作缘由时就要把新情况、新问题是什么，是怎样出现和产生的，都要写清楚；如果行文原因是因下级机关所遇情况特殊，难以执行现行规定的，写作缘由时就必须写明所遇情况的特殊性，致使不能执行现行的规定；如果行文原因是因下级机关领导之间意见分歧而无法统一，难以开展工作，写作缘由时就必须写明是因为什么事引起分歧，分歧的关键在何处。请求批准性请示中，请示缘由多写当前遇到的问题和困难。

2. 请示的写法

标题。要尽可能把请示的问题在标题中反映出来，使受文者一目了然。如陕西省银监局《关于陕西省农村信用社联合社迁址的请示》。文种使用要正确，不能用报告代替请示，更不能生造文种，如“请示报告”、“申请报告”。请示标题有时还会出现无文种现象，如“关于×××的请求”。另外语意不要出现重复，如“关于请求批准×××××的请示”，请示本身已经含有请求意思了，没有必要在标题出现“请求”，但许多初学者似乎不用“请求”就不知道该用什么动词来表述。

正文。一般包括请示缘由、请示事项、结语三部分。

请示缘由：主要回答“为什么写请示”，涉及原因、背景、依据（政策依据和事实原因）、出发点和思想基础等。请示的目的之一是要得到上级的批准，所以缘由部分依据一定要充足，理由一定要充分，要有说服力，符合实际情况。以引起上级的重视，尽快批复，使问题早日得到解决。

请示事项：必须明确、具体、可行，同时必须向上级提出解决问题的态度或意见，有时甚至提出几种意见供上级筛选，并表明自己的主导意见。请求批准性请示在写清请示原因的基础上，再明确提出请示要求。即请求批准什么，如增设机构，就应涉及机构名称、职权范围、隶属关系、行政级别、人员配置、编制如何解决、办公经费出处等，如果这些问题不落实，增设机构只能是纸上谈兵。

结语一般用“以上意见当否，请批示”，“以上请示如无不妥，请批准”，“特此请示，请批复”等。这些请求语都是肯定性要求，多数可通用。

3. 写作要求

内容表述要得当。事情要真实，不要任意夸大请示事实原因；依据要充分，不要笼统含糊，一笔带过，要用事实说话，以数字证明；事项要清楚，要有明确具体的要求。

行文格式要规范。请示的格式具有一定的特殊性，必须在眉首部分标注本机关签发人的姓名；在附注栏标注联系人和联系电话。

行文规则要严格遵守。首先，请示内容应单一，一般应一文一事，否则不利于文件的办理。其次，一份请示只能写一个主送机关，不能多头请示。如需要同时送其他机关的，应用抄送形式，但不得同时抄送下级。受双重领导的机关向上级请示，应写明主送机关和抄送机关，由主送机关负责答复。再次，一般情况下，不得越级请示，如遇特殊情况必须越级时，应抄送被越过的上级。最后，除领导直接交办的事项外，请示一般不得直接送领导者个人。

（四）例文评析

【例文3－12】

陕西省人民政府关于申请延长农村信用社减免税等优惠政策的请示

国务院：

陕西省是全国首批深化农村信用社改革试点的八个省（市）之一。五年来，按照《国务院关于印发深化农村信用社改革试点方案的通知》（国发〔2003〕15号）精神，全省农村信用社认真实施管理体制和产权制度改革，完善法人治理结构，转换经营机制，全面落实国家资金支持和税收优惠等项扶持政策，加强经营管理，改进金融服务，深化改革和业务发展工作取得了显著成效。

一、改革与发展情况

2004年8月18日陕西省农村信用社联合社成立以来，具体承担对辖内信用社的管理、指导、协调和服务职能，目前深化改革工作取得了阶段性成果。截至2007年末，全省107家县（市、区）联社已组建统一法人社91家、合作银行3家，正在筹建的统一法人社6家、合作银行3家、商业银行1家，产权制度改革基本完成。全面实施了劳动用工、薪酬分配、干部人事等三项制度改革，建立了信贷管理责任追究、县联社领导干部任期目标责任、案件问责等管理制度，初步形成了激励与约束相结合的管理机制。全省农村信用社享受央行扶持资金34.03亿元，其中专项票据30.46亿元，专项借款3.57

亿元，已兑付专项票据25.71亿元，享受财政部保值贴补资金5.18亿元。2003年到2007年，共享受国家减免税17.85亿元，其中减免营业税3.99亿元，免缴所得税13.86亿元。资金扶持和税收减免政策对全省农村信用社消化历史包袱，提高抗风险能力起到了重要作用。全省综合业务网络系统建成并投入运行，3 200多个营业网点全部实现了业务处理电子化和省内通存通兑，解决了长期制约农村信用社发展的结算问题。开通了24小时银行客服电话系统，推出了我省农村信用社第一张银行卡——富秦卡，发卡总量突破115万张。

2007年末，全省农村信用社各项存款1 117.61亿元，各项贷款788.41亿元，分别较改革前的2002年末增加了664.1亿元和477.13亿元。农业贷款481.45亿元，占各项贷款总额的61.07%，全省农户贷款覆盖面达到了51.3%。按照农村信用社口径计算，全省资本充足率由2004年末的-3.1%，提高到7.34%，提高了10.44个百分点，农村信用社迈入稳步健康发展的新阶段。

二、目前面临的主要困难和问题

信用社与国有商业银行相比，不仅规模较小、效益差，而且从业人员多、网点分散、经营成本高，特别是陕西地处自然条件较差、经济不发达的西部地区，农村信用社作为农村金融的主要力量，在支持农民脱贫和农村产业发展中承担的自然风险和市场风险也比较大，加之其他多种原因，使得部分农村信用社长期亏损。尽管国家在这轮改革中帮助消化了50多亿元的历史包袱，但全省农村信用社依然有290多亿元的沉重包袱，如果仅靠农村信用社自我消化，大概要用15到20年时间。与此同时，农村信用社在金融服务方面也存在一些困难和问题。一是由于实力还不够强，一些部门和单位不愿把结算资金放在信用社，制约了信用社的进一步发展壮大。二是我省农村信用社享受税收减免政策到今年底结束，没有了国家的扶持，将使刚有好转的经营出现反复。三是由于历史包袱沉重，盈利能力普遍较低，增资扩股提高资本充足率的难度很大。

三、请求国务院继续给予政策支持

为了支持和帮助农村信用社进一步改善经营状况，尽快达到现代金融企业的要求，恳请国务院继续给予我省农村信用社以下政策扶持：

一是对农村信用社进行二次资金扶持，扶持额度为2006年底实行贷款五级分类后农村信用社资不抵债额的一定比例。

二是对农村信用社因建立风险补偿金而增加的成本支出允许在税前全额扣除，同时，由中央及地方政府多方筹集资金建立农村金融机构风险补偿基金，对承担政策性支农贷款任务的金融机构给予财政贴息或风险补偿，提高农村信用社抵御风险能力。

三是对以“三农”为服务对象的农村信用社和农村合作银行继续执行现行的营业税和所得税减免政策。

四是免征农村信用社农业贷款利息收入营业税。

专此请示，恳望批复。

陕西省人民政府

二〇〇八年七月二十二日

【评析】这份请求批准性请示层次清晰，说理充分。全文先讲陕西省农村信用社的改革发展情况，继而陈述面临的困难和问题，内容繁而不杂，多而不乱，最后部分请求事项条分缕析，清楚明白，体现了很好的写作规范。

第十节 银行常用行政公文之平行文（函）

在古代，书信有种种不同的名称，如“移”、“关”、“咨”、“牒”、“简”、“笺”、“书”、“函”等。民国时期，取消了封建社会繁杂的书信名称，取而代之的是“函”或“公函”。行政机关1951年将“公函”和“便函”列入法定公文；1957年取消“公函”，1981年取消“便函”。中国共产党成立后，各机关使用过“信函”、“函”、“公函”、“便函”等名称。党的机关在1989年将函列入法定公文。

一、函的适用范围与种类

函适用于不相隶属机关之间相互商洽工作、询问和答复问题、请求批准和答复审批事项。这里强调函是不相隶属机关之间的行文，不相隶属机关既包括平级机关，如教育厅、财政厅、公安厅，又包括不同行政级别的机关，如××省财政厅与××市统计局等。只有严格遵守国务院的规定，才能很好地杜绝目前实际工作中“函代请示”、“函代批复”、“函代通知”等不规范现象。

根据不同的分类标准，函可分为不同类型。从函的制作格式看，可分为公函和便函两种。作为行政公文之一，指的是公函。从函的行文方向看，可以分为去函和复函。前者是主动行文，后者是被动行文。从函涉及的内容看，商洽函主要用于不相隶属机关之间商谈办理某事项或问题，如联系参观、学习，商调干部，请求帮助支持等；询问答复函是向有关单位询问和答复有关问题；请批函用于向有关业务主管部门请求帮助解决有关问题；告知函是就某些情况或要事需告知有关单位时所用。

除告知函外，函存在双向行文的特点，有去商洽、询问、请批的事项，就有对应的回复。

二、函与通知、请示的区别

（一）函与通知的区别

这里主要指告知函与告知性通知的区别。一是适用范围不同。告知函适用于不相隶属机关；告知性通知一般应用于有行政隶属关系的机关之间。二是行文关系不同。告知函主要作平行文；告知性通知主要作下行文。三是效力、作用不同。告知函一般没有行政约束力，且法律效力弱于告知性通知。

（二）函与请示的区别

这里主要指请批函与请示的区别。一是行文关系不同，请示用于有行政隶属关系的机关之间；请批函用于不相隶属机关之间。二是行文方向不同，请示是上行文；请批函是平行文。三是行文语气不同，请示敬重、恳切，函谦逊、委婉、不卑不亢、彬彬有礼。

三、函的内容和写法

（一）函的内容

根据类型的不同，函的写作内容也各不相同。商洽函、请批函都需要讲清去函的原因、根据、理由或情况，有时还需要说明去函的目的，相对来说缘由部分是重点，所以内容较多；而询问函缘由部分往往只有一两句话。接着写明商洽、询问、请求或告知的事项，结尾提出希望、请求或要求，内容可多可少。商洽函、请批函在提出要求时，还应给对方留有余地，不要强人所难，有时可写出自己的看法、打算，以供对方抉择参考。最后是结语，无论是哪一种内容，也不论是对哪一级，都要求语气谦和。复函内容包括复函依据，答复的事项和结语。

（二）函的格式

函的格式有两类，其一是前面所讲的“红头文件”中的平行文格式，另一类是信函式格式。根据《国家行政机关公文格式》规定信函式格式：发文机关名称上边缘距上页边的距离为30毫米，推荐用小标宋体字，字号由发文机关酌定；发文机关全称下4毫米处为武文线（上粗下细），距下页边20毫米处为一条文武线（上细下粗），两条线长均为170毫米。每行居中排28字。首页不显示页码。

（三）函的写法

标题。事由必须是正文主要内容准确而简练的概括。

正文。一般包括缘由、事项、结尾三部分。去函与复函的写法不同，分别说明如下：

去函的正文，不同类型的函，写法是不同的。告知函缘由部分多采用“目的根据”式。而请批函、商洽函多采用“情况原因”式，或“情况原因+目的”式，如《中国人民银行关于对农村信用社实施税收扶持政策问题的函》的开头就采用情况原因式写作：“长期以来，农村信用社为支持农业发展、农民增收和农村稳定作出了重要贡献。农村信用社按照党中央和国务院的要求，进一步加大支农力度，不断调整贷款结构，农业贷款比例逐年增加。到2000年底，农村信用社农业贷款余额3 588亿元，占全部金融机构农业贷款余额的73.4%。在其他金融机构农业贷款下降的情况下，农村信用社当年新增农业贷款561亿元，占全部金融机构农业贷款增加额的104%。但由于政策和客观环境的制约，农村信用社也背上了沉重的包袱，经营比较困难，不良资产比例较高，亏损严重。”

主体事项部分，如果事项部分内容简单，而且没有过多要求就和事项写在一起，一气呵成；如果事项部分内容复杂或要求较多，可以单列一段写作，甚至分条列项写作。

结语，不同类型的去函，结语各不相同，如需要回复，一般用“盼复”，“敬（即）请函复”，“请研究函复”，“可否，请函复”；如不需要对方回复则用“特此函告（达）”。除此，表示希望还可以用“为要”、“为盼”等，表示感激可用“为荷”、“是荷”。

复函正文，缘由部分主要引述来文、来电作为复函的依据。写法类似批复，但没有批复严格，不一定非得先引述来文的标题，然后再引述来文的发文字号，且发文字号要用括号括起来。可以只引述标题，如“贵公司关于×××的函收悉”；也可以只引述来文日期，如“贵校××××年××月××日来函收悉”；还可以直接引述发文字号，如“贵局××函〔2011〕××号函收悉”。然后采用过渡语：“经研究，答（现）复如下”、“现将有关事项说明如下”、“现就有关问题函复如下”。

主体部分，主要针对商洽、询问、请批的事项作答。

结尾提出希望、要求，一般只有一两句话。

复函的结语。对不同种类函的回复，结语应有所区别：对商洽函、询问函的结语可以用“特此函复”、“特此回复”、“谨此奉复”、“特此函告”、“专此函达”，后两个结语，既可以用于去函，也可以用于复函；而请批函一般用“特此函复”、“此复”，“此复”一般在行政级别高的机关给行政级别低的机关回复时使用，“特此函复”各类函可通用。

（四）写作注意事项

1. 一函一事，便于受文机关回复。

2. 行文简洁。要开门见山，直陈其事。如内容较多，可分序排列；如内容单一，可一段到底。函的正文篇幅以300字为限，也就是说，函的眉首、主体、版记都在一页纸上，可以加附件，但正文不能超出限定。

3. 事项要明确具体。去函，提出要求应给对方留有余地，不要强人所难，有时可写出自己的看法、打算，以供对方抉择参考；复函，要针对来函提出的问题，明确作答，不能模棱两可、答非所问。

4. 语言要简洁明了，语气要平和得体。既不要倚势压人或强人所难，也不必逢迎恭维、曲意客套，要表现出诚恳；下行函，要表现出谦逊；平行函，要表现出礼貌。商洽应多用敬语，如“贵公司”、“贵厂”、“希予”、“惠予”、“请接洽为荷”、“见谅”、“候复”等。一般不用“此致敬礼”、“祝工作顺利”做结语（非法定公文之便函不受此限）。

5. 注意函的特殊格式。首先是函的发文字号与一般行政公文的发文字号稍有不同，在发文代字后需加一个“函”字，并与批复文号一起编入“函”的系列，而不按照机关发文的总序排列。

四、例文评析

【例文3－13】

中国银行业监督管理委员会××监管局
关于派遣××局机关新录用人员到××机构实习锻炼的函

××分行：

为帮助××局机关新录用人员熟悉商业银行的业务流程和经营管理，给今后的工作打下一个良好的基础，经研究，从今年起，××局将派遣新录用且没有银行业工作经历的应届毕业生到银行业金融机构实习锻炼。现就我局关于实习锻炼有关打算函告如下，与你们商榷。

一、实习锻炼的内容和时间

实习锻炼的内容由××局人事处会同拟用人处室，根据××局的工作需求和实习锻炼人员拟从事的工作岗位，提出供实习单位参考的实习方向，由实习单位结合本单位的实际情况确定。重点安排到风险管理、内部控制、合规管理、内部审计、资产管理等部门。每个部门的实习时间原则上不少于3个月，实习的总时间为1年。

二、实习锻炼人员的管理

实习锻炼人员实习期间由××局和所在实习单位共同管理，其中日常管理和平时考核工作由实习单位负责，并及时向××局反映和提供有关情况。为使实习锻炼工作更加规范化、制度化，我局专门制定了《××局机关新录用人员到银行业金融机构实习锻炼暂行办法》，要求实习锻炼人员要严格遵守实习单位的各项规章制度，服从实习单位的管理，实习期间如遇特殊情况需请假离开实习单位的，须事先征得实习单位领导同意。请实习单位按照本单位的各项规章制度对实习锻炼人员进行严格管理。××局人事处将不定期与实习单位的人事部门沟通，了解实习锻炼人员的现实表现。实习结束后，请实习单位为实习锻炼人员作出实习鉴定，反馈给我单位。

三、实习锻炼人员的行政关系、工资关系和组织关系

实习锻炼人员的行政关系、工资关系保留在我局。实习锻炼人员是中共党员的，其组织关系转入实习单位，参加实习单位的组织活动。

特此致函，请各单位于2011年3月10日前回复我局。

中国银行业监督管理委员会××监管局
二×××年×月×日

【评析】这是一份商洽性的去函。正文开头写明了发函的缘由，随即在承启语的引导下进入正文第二部分——函告事项。这是正文最核心的部分，函文从三个方面说明了实习锻炼的内容、时间、人员的管理、各种关系的处理等问题。全文语言得体，内容全面，格式规范。

【例文3－14】

北京市发展和改革委员会　北京市财政局
关于新增银行代收费业务专用发票工本费标准的函

市地税局：

你局《关于确定新增普通专用发票销售价格的函》（京地税函〔2008〕98号）收悉。根据原国家物价局、财政部《关于发布中央管理的税务系统行政事业性收费项目和

标准的通知》(〔1992〕111 号) 有关规定，现将你局新增银行代收费业务专用发票工本费标准函复如下：

一、工本费标准。

《银行代收费业务专用发票》卷式票(编码 1270030035)，每卷 22 元(200 份/卷)。《银行代收费业务专用发票》工商银行自助式一联票(编码 127003036)，每包 150 元(1 000 份/包)。

二、请市、区县地方税务局持本函到市、区县发展改革委办理收费许可证，并使用市财政局印制(监制)的收费票据。此项收费收入按有关规定纳入市级财政预算管理。

三、请按有关规定实行收费公示，接受发展改革、财政、审计等部门的监督检查和公众监督。

四、本函自印发之日起执行。

特此函复。

二〇〇八年七月十七日

【评析】 这是一封询问答复函。函件首先引述了对方来文的内容，即引述回复的事由，此外，函件还引用原国家物价局、财政部的文件，进一步说明如此回复的理由，这就使得收文机关更加信服答复内容的权威性和确切性。此后，复函进入第二部分的答复内容，从工本费的标准到收费票据的办理，以及相关要求等，各项内容清楚明白，语言表达准确。

复习思考题

一、案例分析题

1. 近一段时间，银行卡违法犯罪活动呈上升态势，为加大对银行卡违法犯罪活动的打击力度，维护持卡人和商业银行的合法权益，营造良好的支付环境，中国人民银行决定自 2011 年 4 月至 7 月在全国范围内开展联合整治银行卡违法犯罪专项行动，但打击违法犯罪活动在公安部职权范围内，请问人民银行应该如何行文?

2. 当前，受国际金融危机影响，高校毕业生就业压力加大，为此教育部对 2010 年的高校毕业生就业工作提出指导意见，希望人力资源和社会保障部门能牵头制定和实施高校毕业生就业政策，并做好高校毕业生离校后的就业指导和就业服务工作。但教育部不能对人力资源和社会保障部门下发指令性公文。请问教育部应该如何操作，才能使该文件精神被顺利地贯彻执行下去，至少要设计两套方案。

3. ××银行开发区支行××分理处，发生一起抢劫案，被抢金额 20 多万元，虽然金额不多，但社会影响恶劣。事情发生在一个周末，储蓄柜面应有三人值班，其中一位因同学到访，陪同学外出就餐，另一位需上厕所，随即打开通往对公业务区的防盗门，走进厕所间，未随手关上防盗门。两名歹徒冲进大堂，其中一人留守大堂，另一人迅速从对公业务区翻入柜里，从敞开的防盗门中进入储蓄柜面，将柜面现金洗劫一空。案情发生后，××银行和人民银行××中心支行皆就此事下发通报，请问××银行应选用什么通报？人民银行××中心支行应选用什么通报？

4. 2010 年 6 月 28 日，国家发展改革委就如何清理基本建设项目资金拖欠问题向国务院行文，请问，国家发展改革委应采用什么文种？如果这份公文是现在写，又应采用什么文种？为什么？

5. ××银行××路自助银行临时停业，业务归并到××路自助银行，为告知广大客户，××银行在原自助银行的大门上贴了一则启示，请问银行停业用启示对吗？如果不对，应该用什么文种？

6. ××银行股份有限公司为筹建××支行，向中国人民银行××中心支行上报请示，中国人民银行××中心支行退回原公文，请问为什么？

7. 街道办事处的城管科，负责市容环境卫生，为了搞好本街道的市容环境卫生，该科制发了一份公文——关于搞好市容环境卫生 防止火灾事故发生的通知，直接发给各个生活小区、本街道的大商场等，有的还张贴在街市上。请问该城管科做法对吗？为什么？

8.《商业银行信用卡业务监督管理办法》是银监会发布的一份文件，××银行对部分条款感到难以把握，有些问题在实际执行中不好操作，请问该如何解决这一问题？

9. 中国人民银行、国家发展改革委、公安部、财政部、工业和信息化部、商务部、税务总局、银监会、外汇局九部委就促进银行卡产业发展提出了若干意见，直接下发给各省、自治区、直辖市、计划单列市人民政府，国务院各部委、各直属机构、直属事业单位。九部委如此发文是否正确？为什么？

10. ××省联社审计稽核处，对业务经营考核为优秀的联社进行了 2010 年度业务经营真实性稽核、负债效益审计，在审计、稽核过程中发现部分联社弄虚作假，于是下发公文，对相关联社进行通报批评。请问这样做是否正确？为什么？

11. 本溪市华仁物业管理有限公司，2010 年 10 月给本溪市物价局写了一份《关于中国人民银行本溪市支行办公楼物业管理收费的请示报告》，请问是否正确，为什么？

12. 杭州市余杭区崇贤镇人民政府于 2010 年 8 月 30 日给余姚区发展改革委行文，题为《关于农业银行崇贤办事处办公楼扩建工程要求立项的报告》，全文如下："农业银行崇贤办事处在崇贤镇共有两处办公地点，一处位于陆家桥村，四层，建筑面积约2 950 平方米，因当时崇贤派出所没有办公用房，已出租给派出所办公用；另外一处位于前村街道府新路，建筑面积约 400 平方米。由于农行崇贤办事处办公用房不足造成无法发展壮大业务，而崇贤派出所又没有新的地址办公，故我镇经过研究后决定在农行办事处北侧扩建三层办公楼解决其用房不足之需。新建办公楼用地面积 1 633 平方米（合 2.45 亩），新建建筑面积 1 500 平方米，共三层。总投资约 160 万元，资金自筹！望贵局批准为盼！"请问：杭州市余杭区崇贤镇人民政府行文是否正确？为什么？

13. ××县农行××分理处，现有职工 12 人，因该分理处营业办公用房和职工宿舍建造于 20 世纪 70 年代，经多年风雨侵蚀，已形成严重危房，给职工人身、财产造成了极大的威胁。"5·12 汶川大地震"发生后，××县农行经过实地查看，决定为该分理处新建一栋综合办公楼，5 月 21 日 × × 县农行给省农行呈送了《关于 × × 分理处购建固定资产的请示》。请问 × × 县农行做法是否正确？应该怎么做？

14. × × 农村信用合作联社系 × × 市 × × 区地方金融企业，现决定筹建农村商业银行，原 × × 农村信用合作联社有两块行政划拨土地，根据国家相关规定需交纳土地出让金，为此 × × 市 × × 区人民政府向 × × 市人民政府行文，要求市政府同意筹建农商行，并恳请在土地资产办理出让手续时，出让金的收缴由区政府确定。请问 × × 市 × × 区人民政府违反什么行文规则？

二、改错题

1.

开会通知

省厅各处室、各有关单位：

在邓小平理论和“三个代表”重要思想指导下，在深入贯彻落实科学发展观的过程中，在进一步开展创业教育的前提下，我省高校创业教育工作取得了许多成绩和经验，根据上级指示精神，有必要进行认真总结，在总结的基础上，再全面部署我省高校创业教育工作，使我省高校创业教育工作能扎实推进，健康有序地向前发展。对全省创业教育进行一次全面的大检查，现拟召开学生工作会。参加会议人员是与教育有关的各单位领导，时间定于下月初，报到地点在省教育厅，特此通知。

× × 教育厅学生处（印章）
二〇一〇年十二月二十八日

2.

关于“热得快”事故的通告

全体学生：

× × 大学计算机系学生姚 × × 违反学校规定，于 2010 年 10 月 26 日中午在寝室用“热得快”烧开水，由于学校检修线路突然停电，该生便把“热得快”从水瓶中取出放置于床上，忘记拔下电源插头，然后离开寝室与同学一起上课去，15 时许，寝室供电恢复，“热得快”经加热，引燃床上的棉被，导致火灾。虽经消防官兵的全力扑救，仍造成较大的损失，该寝室所有物品被烧光。

经查，姚 × × 一贯表现不好，做事马虎，经常丢三拉四，忘拔掉“热得快”的插头也是情理之中的事；学习不认真，时常忘做作业，有时明明三道练习，他只做两道，甚至在考试时也会少答一张试卷，个性马虎到极点，不仅给自己学习生活造成极大的影响，而且危及室友财产安全。从主观角度讲，没有对自己的个性缺陷引起足够的重视，客观上学校宿舍管理不到位，未对学生进行安全用电教育，未定期检查宿舍的安全隐患；而后勤部门在检修线路时，未能及时下发通告。

为了教育全体学生，学校决定将该事故通告全校，并根据学校有关规定给予姚××相应的处分。希望全体同学，引以为戒，从小处着眼，改掉自身的坏毛病，杜绝引发更大的恶果。

特此通报。

××大学计算机系（印章）
二〇一〇年十月二十九日

3.

××市人民政府关于加强烟花爆竹销售燃放的通告

近年来，应广大市民的要求，我市逐步放开烟花爆竹销售燃放，安全事故明显增多，造成了大面积的声光环境污染，严重影响了市民正常生活。一方面要保证人民群众生命财产不受损失，建设我们的美好家园；另一方面又要体现民族特色，市政府决定有限开禁，加强管理，现特通告有关事项如下：

一、各机关、团体、企事业、部队，乡（镇）等单位的在职人员严禁销售或购买烟花爆竹，自觉遵守本通告的相关规定。

二、禁止任何单位、个人生产、运输、储存和销售烟花爆竹，严禁并取缔占道经营销售烟花爆竹。违者，由公安部门没收，并可处以金额不等的罚款，情节严重者行政拘留。

三、各宣传教育部门和群众组织，以及中小学校，都要充分利用广播、图片、展览、文艺等形式，经常向广大群众、中小学生和儿童进行安全常识的教育，使群众懂得安全燃放烟花爆竹的知识。

四、本通告主要执行区域为主城区，其他地区由当地政府自行决定，是否实行本通告要看当地实际情况。本通告自发布之日起施行。由公安局组织实施，其他单位应当积极配合。

××市人民政府（印章）
二×××年×月×日

4.

关于安全事故的报告

××市教育局：

2010年12月23日13时，我县×××镇一辆农用拖拉机坠入道路右侧12米深沟，造成一定的伤亡后果，事故发生前，该农用拖拉机载有二三十人，全部是学生，他们是×××中学寄宿生，周末返校，因山高路远，孩子们才搭乘了农用拖拉机，开始了他们的死亡之旅。经查，事故的原因大概有几个方面，既有主观原因也有客观原因，总之原因是多方面的。事故发生后，县委、县政府十分重视，广大公安干警第一时间赶到现场紧急抢救。死伤这么多的特大交通事故，在我县还是第一次发生，让人感到十分痛心，也暴露出学生安全意识淡薄，各级领导没有足够的重视，责任不落实，措施不到位，学校安全教育和管理工作还存在严重的漏洞和隐患，为了方便接送学生，急需购买学生用小型客车，这个计划已经讨论过多次，因为我县财政十分困难，所以才没能落实，最终导致恶性事故的发生，教训十分深刻，恳请市局协调市财政予以支援。

××县教育局（印章）
二〇一〇年十二月二十八日

5.

××大学关于要求改善学生住宿条件的申请报告

省教育厅、财政厅、国土厅：

今年我校扩大招生规模，学生人数激增，现有宿舍已经无法容纳，导致四人间挤进了六个人，现在学生连转身的地方都没有了，早晨起来就像一场战争，大家争抢水龙头和厕所，学生之间的矛盾一触即发，严重地影响学生的身心健康，为了改善学生住宿条件，使学生能健康成长，同时防患于未然，从学校长远发展考虑，我校决定在学校附近征 300 亩土地，兴建宿舍区。

由于新校区建设已经花了很多钱，目前还欠银行近 10 亿元，每年贷款的利息近 1 亿元，学校生财无道，所以根本拿不出钱建宿舍，银行已经不肯借钱，只能靠上级帮忙解决，特请示国土厅减免土地出让金，财政厅拨点钱，教育厅作为我校的直属上司，请为我校做做工作，批准我校建宿舍。

妥否，请回复。

××大学基建处
二〇一〇年九月二十六日

6.

中国建设银行××省分行给××市分行请示的批复

××分行：

2011 年 3 月 31 日你行的请示收到，经行长办公会讨论，现给予明确答复。

你行关于兴建综合楼的设想是好的，综合楼建成后能很好地改善大家的办公条件，有利于树立你行良好的企业形象，也有利于地区经济的发展。因此，省行原则同意你们的设想，支持你行把综合楼盖好。但是，你们的财力有限，省分行今年的基建经费也比较紧，你们必须量力而行，希望你们多多调查研究，广泛听取各方意见。争取社会各界的支持，提出切实可行的具体实施方案，然后再报给我们，我们再研究予以答复。

二〇一一年四月十七日（印章）

7.

关于严厉打击传销和变相传销等非法经营活动的意见

市人民政府：

近一个时期以来，一度沉寂的无证经营活动又在我市蔓延。严重扰乱了社会经济秩序，引发了一些社会问题，给社会稳定造成极大危害。为进一步严厉打击此类非法经营活动，保护公民的合法权益，维护正常经济秩序和社会稳定，现提出如下意见：

一、我们要联合公安机关和人民银行，实施打击。

二、我们要对一系列非法经营活动坚决予以取缔。

三、我们要经常结合市场巡查加强日常监督管理。

四、公安机关要严格按照公安部的通知精神，对移交的犯罪线索要认真受理并及时将查处情况反馈有关部门。

五、人民银行要对利用变相传销等形式进行非法集资的进行认定，并依照有关规定予以取缔。

以上意见，供参考。

××市工商局
二〇一一年三月十七日

8.

关于我校学生的商洽函

县政府：

兹有我校学生若干名准备前往贵县实践，目的是为了帮助大学生了解社会、民情民生，为今后的就、创业打下坚实基础，同时还可以增强责任、锻炼才干，提高实践能力与综合素质，也为了架设地方与高校、机关企事业单位与大学生间的交流和沟通桥梁。

我校实践的形式多为挂职锻炼，去参加暑期实践的多是学生干部和优秀学生，近年来一直做得不错，各地政府也积极参与，我校非常感激，今年我校希望能将这一工作继续下去，望贵政府能一如既往地支持我们培养出更符合社会需求的专业人才。拜托认真填写我校的暑期挂职锻炼岗位需求信息登记表，一定要在暑假来临之前用电子邮件的形式反馈给我们，十分感谢，祝工作顺利。

××大学团委
二〇一一年四月四日

三、要素操作题

1. 教育部、公安部、国家工商行政管理总局下发了《关于开展防止传销进校园工作的通知》（教思政〔2007〕14 号），按照国务院的统一部署，全国打击传销专项行动开展以来，我省打击传销工作取得了一定成绩。但是，由于种种原因，传销活动在全省部分地区仍很猖獗，一些大学生上当受骗、误入传销的情况时有发生，严重影响了高校和社会的稳定，引起了学生家长和全社会的关注。为贯彻落实，保护广大学生的切身利益和人身安全，严厉打击传销活动，现准备就进一步做好防止传销进校园工作下发公文。

请拟写这份公文的标题。

2. 近来，持有非法枪支弹药、管制刀具和爆炸、剧毒等危险物品的现象比较严重，江苏省公安厅准备就严厉打击违反危险物品管理的违法犯罪活动一事发布文件，以维护社会治安，保障公共安全，保护人民群众的生命财产安全。

请拟写这份公文的标题和开头。

3. 2010 年 10 月，监察部、财政部、中国人民银行、审计署联合组织检查了 40 个中央部委本级及所属单位的银行账户管理情况，并下达了检查结论和处理决定。为了加强中央预算单位银行账户的管理，推动建立国库单一账户制度。近日，财政部驻北京市财政监察专员办事处（以下简称北京专员办）根据财政部的要求，对国家民委、工业和信息化部、卫生部、国资委、国家食品药品监督管理局、司法部、国家地震局、民政部、中国文联、农业部、住房和城乡建设部、国家环境保护部、国家测绘总局等 13 个中央部委所属的 56 个在京二级预算单位银行账户管理情况进行了回访检查，发现部分二级预算单位落实处理决定的情况较差，银行账户管理仍存在许多问题。

请就此事拟写公文的标题和开头。

4. ××省农村信用社联合社因为建设全省农村信用社综合业务网络系统与农村合作金融服务中心营业用房的需要，希望 2010 年度结余的行政管理费能够免征企业所得税。

请以××省农村信用社联合社名义向省国税局行文，拟写该公文的标题。

5. 人力资源和社会保障部、发展改革委、教育部、工业和信息化部、财政部、国土资源部、住房和城乡建设部、商务部、中国人民银行、国家税务总局、国家工商总局就以创业带动就业工作问题向国务院行文，国务院授权国务院办公厅下发到各省、自治区、直辖市人民政府，国务院各部委、各直属机构。

请为该文撰写标题。

6. 中国人民银行杭州中心支行为进一步改善本省农村地区支付服务环境，完善农村金融基础设施，促进农村地区搞活流通、扩大消费、改善民生，支持本省社会主义新农村建设，决定实施浙江省“便农支付工程”。

请为该文撰写标题与开头。

7. 2010 年，焦作市农村信用社经营体制改革工作进展顺利，各项业务迅猛发展，经营效益明显提高，呈现出良好的发展势头。但焦作市农村信用社在发展过程中还存在一些问题，为此，焦作市银监分局行文，希望各级政府高度关注并及时帮助研究解决存在的问题，推动农村信用社稳定健康发展。

请就此撰写公文的标题和开头。

8. 2010 年 1 月 5 日至 6 日中国人民银行在北京召开中国人民银行工作会议，中国人民银行行长周小川在会上作工作报告，苏宁副行长主持会议，王洪章、胡晓炼、刘士余、马德伦、易纲、朱民、杜金富、李东荣、郭庆平出席会议。会议认真传达学习了中央经济工作会议和国务院领导同志关于当前金融工作的重要指示精神，全面总结了 2009 年中国人民银行主要工作，分析了当前国内外经济金融形势，研究部署了 2010 年中国人民银行工作的总体要求、重点任务和主要工作措施。

请根据这段文字撰写会议纪要开头。

9. ××区联社发现 5 笔用于贴现的银行承兑汇票到期日前××信用社未及时查阅相关台账，导致贴现票据逾期 2 天后方寄往付款行，后因票据背书存在瑕疵被付款行退回，此后虽经第一背书人出具相关证明，但由于国庆节休假，导致付款行至 2010 年 11 月 15 日方兑付全部资金，造成联社垫付资金 1 500 万元达 18 天之久，利息损失共5 326 元。为此，××区联社给予相关人员以处分。

请就此撰写公文的标题和开头。

10. 常熟市农村商业银行就要求暂缓参加全省农信系统养老保险省级统筹问题向江苏省劳动和社会保障厅行文，江苏省劳动和社会保障厅收到该文后，予以回复。

请为该文撰写标题、主送机关、开头。

四、写作题

1.《教育部关于切实防范洪涝等自然灾害确保中小学生安全的紧急通知》（教基〔2008〕11 号）于 2008 年 6 月 5 日发布。2008 年 6 月 14 日，上海市教育委员会准备将这份文件转发给各区县教育局和浦东新区社会发展局，同时布置一下工作：各区县教育行政部门要立即对本区域内尤其是沿江、沿海地区中小学、幼儿园和农民工子女学校校舍进行全面排查，并及时消除安全隐患。对在校园风险勘查中已查出有校舍沉降、墙体开裂等现象的学校，要立即予以整改，并建立整改档案；不能有效整改的危房，要立即停用。要针对江南地区今年雨水偏多等情况，开展科学避台风、避雷雨等预防灾害气象专题教育和逃生演练。要教育学生在暑假期间不到无安全保障的水域游泳或玩耍，注意出行安全。观摩奥运比赛的学校，应做好观赛期间各类突发事件的应急预案工作，要组织观摩学生开展突发事件紧急疏散和自救、互救逃生等演练活动，并做好观赛往返途中交通安全保障工作。

请就此事拟写一份公文。

2. 按照中国人民银行、中央银监委及省市农村信用合作联社的要求，岳阳县农村信用社村级农户联络员将于 2007 年 2 月 3 日全部解除，其业务归并当地农村信用社。联络员合规、合法办理的各项业务真实、有效，农村信用社保证存款支付。自公文发布之日起，农户联络员与农村信用社的业务代理关系终止，联络员不再为客户办理信用社各项业务，否则，农村信用社不承担任何责任。

请就此事拟写一份公文。

3. 中国石油天然气公司多年来对陕西省天然气长输管道规划建设及天然气产业发展给予了大力支持，为陕西省经济和社会发展作出了很大贡献。为进一步加强陕西省与中石油之间的交流与合作，促进双方共同发展，陕西省副省长李堂堂准备在2009年12月13日带领省发展改革委、省投资集团公司、省天然气公司和西安市政府的负责人拜会中国石油天然气公司领导，并就陕西省冬季高峰用气及2010年天然气资源供应计划相关问题与中国石油天然气公司领导进行商谈。

请代陕西省人民政府办公厅向中国石油天然气股份有限公司写一份公文商谈此事。注意：注明联系人张西玲，13709115229，87297885（传真）；李芳泓，13519122599，87293297（传真）。

4. 美国花旗银行决定在上海设立代表处，花旗银行的董事长×××·××先生写信给中国人民银行上海分行，人民银行上海分行根据《外资金融机构驻华代表机构管理办法》的规定，批准美国花旗银行在上海设立代表处，名称为：美国花旗银行上海代表处。批准××先生任该代表处首席代表。代表有效期为6年。

请代人民银行上海分行拟写这份公文，要求格式完整。

5. “昌河飞机制造厂”经过改制，更名为“昌河飞机工业（集团）有限责任公司”，为此，昌河飞机工业（集团）有限责任公司向教育厅去函，提出更改“昌河飞机制造厂职工工学院”校名的要求，要求将其职工工学院更名为“昌河职工工学院”。更名后，学校性质、管理体制不变。现在，教育厅已经同意了该公司的要求，准备向省人民政府去文，获得批准。同时报请教育部备案。具体负责这件事的是刘江华，电话：6223515。

请就此事拟写公文。

6. 2010年10月15日到10月16日××省联社决定在××召开省联社第五届社员大会第四次会议暨2010年全省农村信用社工作会议。参加会议的有各县（市、区）联社（农村合作银行、农村商业银行）理（董）事长、主任（行长），省联社社员代表、省联社副处级以上干部。请各位代表于2010年10月14日下午到××酒店报到。本次会议主要听取并审议理事会工作报告；听取并审议省联社2010年度财务预算执行情况暨2011年度财务预算编制情况报告；研究部署2011年全省农村信用社工作。

请为省联社拟写会议通知，要求格式规范，要素齐全，条目清晰。

7. ××省信用联社根据《××省信用社劳动用工和工资分配制度改革指导意见》有关要求，就报送劳动工资制度改革审批、备案资料的有关问题发文，要求各联社将相关材料（工资制度改革方案、2010年度工资计划报批表、“三定”实施方案、“三定”备案表、“三定”情况汇总表）报送各市行业管理组初审、汇总后集中报省联社，报送时间为6月20日之前。

请代××省信用联社拟写这份公文，内容要求采用小标题形式，格式完整，符合《国家行政机关公文处理办法》的要求。

8. ××县联社为了加速信用社区域间联网服务，牵头组织××市市郊、××县、××县、××县、××市、××市、××区等联社，本着自愿结合、资源共享、风险共担的原则，以会员制的方式共同组建“××省农村信用社××计算机中心”。

请代××县联社向省联社行文，请求省联社批准由它们联社组建“××省农村信用社××计算机中心”。再代省联社撰写一份同意的批复。可适当补充请示的缘由。要求格式完整，符合《国家行政机关公文处理办法》的要求。

9. 近几年来，扬州市银行业金融机构坚持以科学发展观为指导，认真贯彻执行稳健的货币政策和“有保有压”的信贷方针，紧紧围绕全市经济工作重点，不断深化金融改革，创新金融产品，增强金融服务，努力增加信贷投放，着力优化信贷结构，在提高自身效益的同时，为促进全市经济社会又好又快发展作出了积极贡献。为树立典型，鼓励先进，进一步调动银行业金融机构支持地方经济发展的积极性，更好地发挥银行业在全市经济建设中的重要作用，扬州市政府决定，对2009—2010年度为支持扬州市经济社会发展作出积极贡献的中国建设银行股份有限公司扬州分行等26家银行业机构予以表彰，授予“2009—2010年度优质银行服务单位”荣誉称号。希望受到表彰的银行机构发扬成绩，再接再厉。全市各级银行机构要向受到表彰的单位学习，进一步解放思想，扎实工作，不断提高服务质量和水平，努力加大有效信贷投入，努力为“强县强镇、三年倍增”和“全面达小康，建设新扬州”作出新的更大贡献！

请代扬州市政府撰写一份公文，要求格式齐全，条理清晰。

10. 近几年来，在郑州市建设投资总公司的大力支持下，郑东新区贷款保持了持续、稳定增长的良性循环，使得郑东新区发展建设快速顺利推进。根据国家经济政策调整及郑东新区发展实际，下一阶段，农业银行将进一步加大对郑东新区基础设施贷款的投放力度。目前，郑东新区就农业东路、东风东路、黄河东路、内外环及放射线路、东风渠九座桥梁、龙湖等项目正与农业银行协商，预计新增贷款额度约20亿元。根据上述情况，郑州市郑东新区管委会特恳请郑州市建设投资总公司增加对郑东新区在农业银行贷款担保额度20亿元。郑东新区管委会将合理使用贷款资金，保证按时归还贷款本息。

请就此撰写一篇公文。

第四章　银行常用事务文书

银行常用事务文书是银行机关和员工在处理日常事务中普遍使用的应用文的统称。除了法定公文外，它的使用频率最高。常用事务文书与法定公文的区别在于：一是无统一规定的文本格式；二是不能单独作为文件发文，需要时只能作为公文的附件行文；三是必要时它可公开面向社会，或提供新闻线索（如行务信息和简报），或通过传媒宣传（如经验性总结、调查报告等）。主要文种有计划、总结、调查报告、行务信息与简报以及讲话稿等。

通过本章的学习，你将能够：

- 认识计划、总结、调查报告、行务信息、简报、讲话稿的特点；
- 掌握计划、总结、调查报告、行务信息、简报、讲话稿的写作要领。

〖本章架构图〗

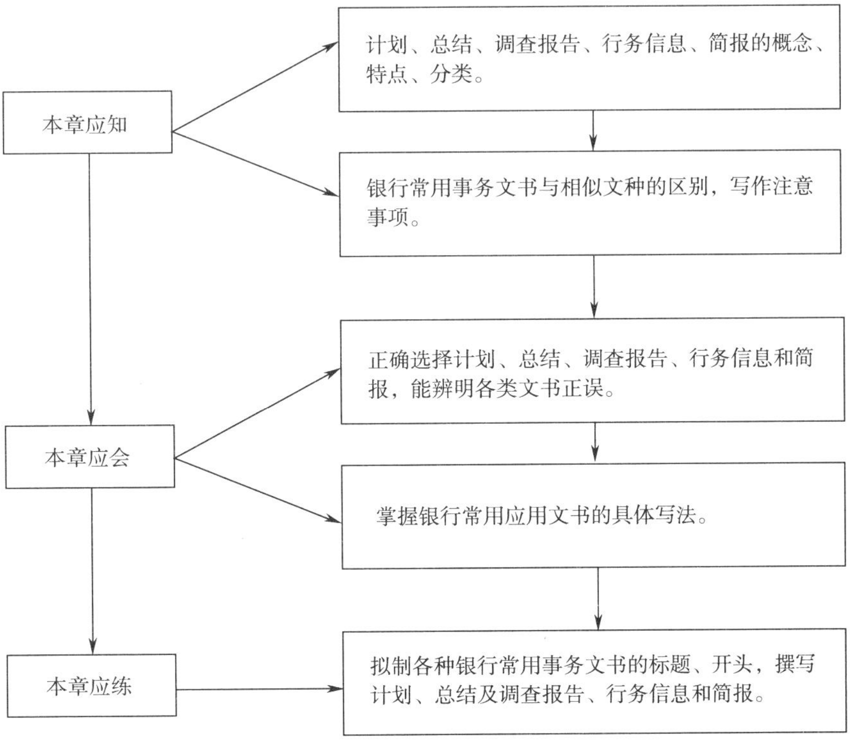

第一节 计划

一、计划的概念和特点

（一）计划的概念

计划是银行机关、部门在未来一定时期内对银行工作拟定的目标要求、实施步骤、方法措施的一种文书。

（二）计划的特点

计划的主要特点有：

1. 预期性。计划是在总结银行前期经营活动、正确分析现状的基础上，对未来一定时期银行具体工作的设想，这种设想是以对前期工作进行系统总结为前提，是以对未来经济发展状况的清醒认识为基础所作出的科学预见。

2. 可行性。计划虽是对未来的预想，但对目标的确立及实现这一目标的措施办法应有充分的估计和分析，应能够提出相应的科学可行的应对方案。只有目标具体、措施得当、办法可行才可能保证计划的顺利完成。

3. 指导性。计划一经确立，就对制订者与实施者具有严格的约束力，对银行具体工作起着指导与约束作用。只有在工作中依照计划，合理安排工作，才可能避免被动，减少工作的盲目性。

二、计划的写法

计划的格式与写法是多样的，可以用文件式、条文式、表格式、条文表格结合式来安排计划的结构。无论哪种形式，一般由标题、正文、落款组成。

（一）标题

1. 完全式标题。由单位名称、适用期限、内容、计划种类四个部分组成。如《××银行 2011 年度工作计划》。

2. 非完全式标题。标题中省略单位名称或适用期限，有时两者均省略。如《2011年工作计划》、《贷款计划》等。

如果计划还不成熟，需要讨论、修改、补充，可在标题后面用圆括号注上“初稿”、“草案”、“征求意见稿”等。

（二）正文

正文是计划的核心部分。一般由前言、主体、结尾组成。

1. 前言。计划的前言部分，主要写制订计划的指导思想，它是计划的依据，大体上包含以下三点内容：

（1）制订计划的依据，即写明所遵循的方针、政策以及上级的指示、部署。

（2）根据本单位实际情况，对完成任务的内部和外部、主观和客观、有利和不利的条件进行分析，说明完成计划的必要性和可能性。

（3）提出总的任务和要求，或阐释完成计划指标的意义。

并不是所有计划的前言都要包括这三方面的内容，要根据计划事项适当选择。前言的语言要简明。

2. 主体。主体部分是计划正文的主要部分。它的内容大体上应包含以下三个方面：

（1）目标与任务。这是计划的灵魂。计划就是为了达到某一目标，完成一定任务而制订的。目标是计划奋斗的方向，因此，计划应根据需要与可能制订出在一定时间内应达到的目标，据此规定应完成的任务和应达到的要求。任务和要求应该具体明确，有的还要写出对数量、质量、时间的要求。

（2）措施与办法。要确保实现目标和完成任务，就必须制定出相应的措施和办法，这是实现计划的保证。措施和方法主要指达到既定目标需要采取什么手段，动员哪些力量，创造什么条件，排除哪些困难等。总之，要根据主客观条件，统筹安排，将“怎样做”写得明确具体，切实可行。常言道：“十分计划，十二分措施。”说明制定措施的重要性，应多动脑筋、想办法、出点子，只有措施制定得当，具体有力、切实可行，才能保证计划的完成。

（3）步骤与时限。这是指执行计划的工作程序和时间安排。计划的完成都有其阶段性，而每个阶段又有许多环节，它们之间常常是互相交错的。因此，订计划必须胸有全局，孰先孰后，应作合理安排；而在实施当中，又有轻重缓急之分，哪是重点，哪是一般，也应该明确。在时间安排上，要有总的时限，又要有每个阶段的时间要求，以及人力、物力的相应安排。

主体部分主要采用条文式（可分为分项式、分部式两种）的结构形式。

3. 结尾。大多数计划在阐明计划步骤措施后自然收尾，不必画蛇添足；有的计划则在结尾处提出希望或检查监督计划的办法等，一般简明扼要。

（三）落款

落款包括署名和日期。署名是指在计划文尾的右下方写上制订计划的单位名称或个人姓名，如果标题中已标明，此处可省略，在署名之下写上制订计划的日期。

三、计划的写作要求

1. 计划要从实际出发，量力而行。制订计划不仅应讲求态度的科学性、思想的预见性、目标的先进性，还应兼顾实施的可行性，应留有工作的余地。

2. 计划要突出重点，内容要具体明确，切忌空洞。计划内容要体现单位或个人工作的中心和特点，反映出与以往不同的新意。在目标和措施的制定中，不能含糊不清，而要明确具体，便于落实。

3. 语言应简洁、准确，以说明和叙述为主要表达方式。

四、例文评析

【例文 4－1】

××银行××营业部 2011 年度工作计划

根据我行今年一年来会计结算工作的实际情况，明年的工作主要从三个方面着手：抓服务、抓质量、抓素质，现针对这三个方面制定我营业部 2011 年度的工作思路。

一、以客户为中心，做好结算服务工作。客户是我们的生存之源，作为营业部又是对外的窗口，服务的好坏直接影响到我行的信誉。

（一）我行一直提倡的“首问责任制”、“满时点服务”、“站立服务”、“三声服务”我们将继续执行，并做到每个员工能耐心对待每个顾客，让客户满意。

（二）随着金融业之间的竞争加剧，客户对银行的服务要求越来越高，不单单在临柜服务中，更体现在我行的服务品种上，除了继续做好公用事业费、税款、财政性收费、交通罚没款、bsp 航空代理等代理结算外，更要做好明年开通的高速公路联网收费业务、开放式基金收购业务、证券业务等多种服务品种，提高我行的竞争能力。

（三）主动加强与个人业务的联系，参与个人业务、熟悉个人业务以更好地为客户服务。虽然已经上了综合业务系统，但因为各种各样的原因还没有能做到真正的综合，这是我营业部工作的一个欠缺。

（四）以银行为课堂，明年我们将举办更多的银行结算办法讲座，增加人们的金融知识，让客户多了解银行，贴近银行，从而融入我行业务中。

（五）继续做好电话银行、自助银行和网上银行的工作，并向优质客户推广使用网上银行业务。

二、加强内控制度管理，防范风险，保证工作质量。随着近年来金融犯罪案件的增多，促使我们对操作的规范、制度的执行有了更高的要求。

（一）督促科技部门对我营业部的电脑接口尽快更换，然后严格按照综合业务系统的要求实行事权划分，一岗一卡，一人一卡，增强制度执行的刚性，提高约束力。

（二）进一步强化重要环节和重要岗位的内控外防，着重加强账户管理（确保我行开户单位的质量）和上门服务。

（三）进一步加强会计出纳制度，严格会计出纳制度的执行与检查，规范会计印章和空白重要凭证的使用和保管。

（四）重点推行支付密码器的出售工作，保证银企结算资金的安全，进一步提高我行防范外来结算风险的手段。

（五）规范业务操作流程，强化总会计日常检查制度以及时发现隐患，减少差错、杜绝结算事故。

（六）切实履行对分理处的业务指导与检查。

（七）做好会计核算质量的定期考核工作。

三、以人为本提高员工的全面素质。员工的素质如何是银行能否发展的根本，在目前人员流动频繁的情况下我营业部急需一支高素质的队伍。

（一）把好进人、用人关。银行业听着很美，其实充满竞争和风险，所以到我营业部需要有一定的心理素质和文化修养。在用人上以员工的能力且要能发挥员工最大潜能来确定适合的岗位，从而提高员工的积极性。

（二）加强业务培训，这也是明年最紧迫的，现已将培训计划上报人事部门，准备对出纳制度、支付结算办法、综合业务系统会计制度、新会计科目等基础知识以及各种新兴业务进行培训。

（三）在人员紧张的情况下仍要加强岗位练兵，除了参加明年的技术比武，更为了提高员工的业务水平。

（四）勤做员工的思想工作，关心鼓励员工，强化员工的心理素质。

（五）有计划、有目的地进行岗位轮换，培养每一个员工从单一的操作向混合多能转变。

（资料来源：http：//www. gerenjianli. com/wm/zj/zongjie/130644d53d14. html）

【评析】这篇计划采用条文式的写法，从三个方面安排了 2011 年的工作，目标明确，条理清楚，在措施的制定上也想了不少办法，但文书的不足也显而易见，那就是大部分内容都是泛泛而谈，缺少实际的操作性，步骤与时限更是缺少安排。

第二节 总结

一、总结的概念和特点

（一）总结的概念

总结是个人、机关或单位和社会团体对前一阶段的工作、学习等实践活动进行全面系统地回顾、分析和评价，从中找出经验教训和规律性的东西，用以指导今后的工作而形成的一种文书。

（二）总结的特点

1. 理论性。总结的目的是将工作实践中获得的零散的、感性的、表面的感受，上升为系统的、本质的理性认识，它既是对过去工作的回顾、检查，又是对工作内在规律的概括与揭示，从而能对今后的实践发挥指导与借鉴作用。

2. 真实性。总结是对本地区、本单位或自身实践活动再认识的过程，必须用事实说话，因此写作内容应忠实于客观实际，既不能夸大事实、一味拔高，也不能回避问题、避重就轻。因此，要保证总结内容的真实性，离不开典型事例和确凿数据的恰当使用。客观真实性是总结最突出的特点。

3. 指导性。总结在充分挖掘以往工作的成绩与失误、深入剖析其根源的基础上，肯定成绩，找出问题，以期在今后的工作中明确方向，发扬优点，克服不足，少走弯路，再创佳绩。

二、总结的种类

总结是事务文书中使用频率较高的文种，从工作性质、内容、范围、时间等方面，可划分为以下几种：按工作性质划分，可分为综合性总结和专题性总结；按范围划分，有地区总结、单位总结、部门总结、个人总结等；按时间划分，有年度总结、季度总结、月度总结、阶段性总结等。

三、总结的结构与写法

总结一般由标题、正文、落款三部分组成。

（一）标题

总结的标题写法多样，根据内容的需要，可采用不同的形式，常见的有：

1. 公文式。由单位名称、期限、内容范围、总结名称四部分组成。这种标题常用于综合性总结。如《××银行2010年度财务工作总结》；有的在标题中省去单位名称或者期限，如《2010年审计工作总结》；也有将单位名称和期限同时省去的，如《贷款工作总结》等。

2. 文章式。在标题中揭示出总结的主题。这种标题多用于专题总结。形式上有单层标题和双层标题两种。如《全面推进政务公开　促进经济社会发展》、《一步一层楼　改革有奔头——××县经贸系统经验总结》。

（二）正文

总结的正文通常由前言、主体、结尾三部分组成。

1. 前言。它是总结的开头。这部分主要是简要介绍总结的基本情况，使人们对总结的时间、背景、事情的主要经过和结果有个总体印象和初步了解。这一部分在结构上有领起下文、奠定基础的作用，有利于主体部分的充分展开。

2. 主体。这是总结的核心部分，一般包括以下内容：

（1）成绩经验。这是总结的重点部分，也是需要加以概括、提炼的部分。这一部分要用具有说服力的典型事例和确凿数据说明前期工作的成绩及原因，并能明确地总结出规律性的认识。要写明成绩具体表现在哪些方面，成绩又是如何取得的？具体做法、体会是什么？这部分在写作上一般是有理有据、采用叙议结合的写作方式。

（2）问题教训。这里要对工作中存在的不足和问题进行实事求是的分析，找出主观或客观原因。这部分内容应全面、中肯，切中要害。

3. 结尾。这部分是在分析已有成绩和问题的基础上说明今后的打算，比如怎样在已取得的成绩上更进一步；对工作中的失误和教训应采取什么改进措施等。这部分内容应尽量具体、实在。

以上所述是总结的主体，写作时可根据总结的目的要求、具体内容选择如下不同的结构形式：

阶段式：即按照时间顺序或事物发展的自然顺序安排内容，把工作过程以时间为序分成几个阶段，再依次对每个阶段的情况进行分析总结。这种结构形式便于清晰、全面地了解工作的整体情况和各个阶段的特点，比较适合周期长、阶段性明显的工作。

二部式：将总结分为两部分，基本情况概述和经验体会。第一部分主要对工作进行回顾，如采取什么措施、取得哪些成绩；第二部分则分析归纳，总结经验，找出规律。这种结构形式适用于内容单一、主题单纯的总结。

总分式：按照总结内容的逻辑顺序，将工作分为若干项，将每项工作的特点加以提炼归纳，然后分成若干项逐条展开。在写每一项时，要将做法、成绩、经验、教训有机结合，力求突出重点、点面结合。这种形式适用于全面总结。

（三）落款

落款包括署名和成文日期。在总结正文的右下方，写上总结单位的全称或个人的姓名，如在标题中或标题之下正中的位置已署名，此处可省略。成文日期写在署名的正下方或正文的右下方，具明年、月、日。

四、总结的写作要求

1. 确立主题，突出重点。总结的目的是通过对以往实践活动的回顾、检查，将零碎的、表面的感性认识上升为全面的、本质的理性认识，从中找出规律性的认识，正确认识工作中的成绩和失误，明确今后工作的努力方向，同时也为上级领导提供决策依据。

无论哪种类型的总结，都要先弄清总结的具体目的，以明确内容的侧重点，围绕确定的重点组织安排材料，突出重点，抓住关键，切忌主次不分、泛泛而谈。

2. 实事求是，提炼特色。总结只有建立在真实、丰富的材料基础上，才有价值。撰写总结，要坚持实事求是的原则，对占有的大量材料进行认真的分析研究，实事求是地肯定成绩，客观公正地查找问题，严肃细致地剖析原因。

无论是单位还是个人，在总结时应从工作实际出发，努力挖掘实践中的不同于以往的新鲜的、有个性的内容，如新的成绩、新的经验、新的认识等。切忌年复一年，老调重弹。

3. 叙议结合，语言得当。总结重在从实践活动中提炼出经验性的有价值的东西，因此应充分运用材料，用丰富、典型的事实材料说明观点是总结写作的特点之一，这种由具体到抽象的总结过程，决定了总结中材料说明观点、观点统率材料的写作思路，也呈现出叙述与议论各擅其长且相互交融的表达特征。

总结用事实说话，语言要准确、朴实、简明、生动。准确是指尊重事实，用语恰当；朴实是指朴素平实，力戒华丽空泛；简明则是简洁明了，不拖泥带水；生动则指的是新颖活泼，灵活多变。

五、例文评析

【例文 4－2】

银行信贷工作总结

上半年，××支行的信贷工作在行领导和信贷处的统一安排部署下，全行上下齐心协力，以加快发展为主题，以扩增存贷规模、提高资产质量为核心，以加强信贷管理为重点，以各项信贷制度的落实为基础，经过了第一季度的“非常奉献6＋1”和第二季度的“星光大道”等竞赛活动，××支行各项经营业绩稳步增长，截至6月末，支行各项存款余额21 307万元，较年初增加2 145万元；各项贷款余额11 344万元，较年初增加2 527万元，存贷比例53%；不良贷款余额1.6万元，较年初下降0.9万元；办理银行承兑汇票金额8 849万元；办理贴现金额5 507万元；利息收入584万元，半年实现利润377万元，全面完成上级下达的目标任务，信贷管理也逐步向规范化、制度化迈进。

一、认真执行政策，严格按照规范化管理要求，切实加强信贷基础工作，确保各项指标圆满完成

半年来，我行认真学习、深刻理解总行会议和文件精神，适时分析形势，认真执行政策，从严监管企业，规范内部管理，切实防范风险，不仅提高了信贷管理水平而且为保证圆满完成全年各项经营责任考核指标打下了坚实的基础。

在贷款投放上，支行狠抓贷款投放风险管理，采取的具体措施是：(1) 严格执行总行下达的《信贷风险控制指导意见》，进一步对信贷风险进行控制，对授信行为进行规范。严格执行贷前调查、审查及审批手续、信贷人员贷前调查的范围及要求，确保信贷调查材料真实有效。(2) 严格控制信贷风险，严格执行信贷风险防范控制管理体系，全面实行审贷分离，规范了贷审会，实行了贷审例会制，严格按照贷审会议事规程召开会议，明确各环节主责任人职责。(3) 扎实细致地开展贷后检查工作，定期和不定期地对企业经营状况和抵押物状况进行检查和分析，认真填报贷后管理表。(4) 切实做好贷款五级分类工作，制定了五级分类的具体操作实施细则，对客户进行统一分类，从而提高了信贷管理的质量。(5) 对流动资金贷款、贴现贷款，承兑汇票在上报审批过程中严格执行总行要求的调查、审查、审批环节的统一格式，切实从源头上控制信贷风险。(6) 积极配合总行信贷处做好信贷检查工作，在检查中没有发现一例违规现象，信贷工作得到肯定和好评。

二、通过信贷杠杆作用，抢占市场份额，壮大资金实力，增强发展后劲

上半年，我支行继续围绕开拓信贷业务、开展信贷营销、积极组织存款等方面做文章，切实做好大户的回访工作，密切关注并掌握贷款单位的资金运行状况和经营情况；大力组织存款，积极开拓业务，挖掘客户。

1. 上半年，我行信贷资金重点投放于优质企业和大中型项目，继续重点扶持信用好、经营好、效益好的优质企业，如中联巨龙水泥有限公司、亿人城建有限公司、利玛

置业有限公司等，把这部分贷款投入作为我行调整信贷结构、分散信贷风险、抢占市场份额、维持持续发展的重要战略措施，信贷结构得到进一步优化。而且，通过优化信贷结构，信贷资金正确的投放，使我行的优质客户不断增加。既降低了经营风险，同时又取得了良好的社会效益。

2. 上半年，我行坚持业务发展多元化，加快票据贴现业务的发展，重点增加对优质客户的信贷投放量，不仅降低了贷款总体风险度，而且带来了丰厚的利息收入，随着相对独立核算的实行，经济效益显著提高，今年一至六月实现利息收入584万元，超过去年全年收息水平，实现利润377万元，有效地壮大了资金实力，增强了发展后劲，呈现良好的发展势头。

三、加大信贷营销力度，不断开拓业务空间，加快业务发展步伐

1. 上半年，我行在信贷业务发展中取得了一定的突破，特别在汽车消费贷款方面也取得了一定的成效。我行还特别注重加强银企合作，协调处理好银企关系。根据形式发展和工作实际的需要，积极开展调查研究，与企业互通信息，加强理解与配合，共同协商解决问题的途径，加大对企业的支持力度，构筑新型银企关系。三月份，我行与市汽车销售有限公司举办了银企联谊活动，通过活动，加强了银企之间的沟通与了解，建立了深层银企合作关系。

2. 上半年，我行进一步提高对信贷营销的认识，不断推进文明信用工程建设，最大限度地抢占市场份额，建立稳固的客户群体，加大对个私经济、居民个人的营销力度，选择信用好、还贷能力强的个体企业和城镇居民作为我行信贷营销的对象，把信贷营销与绿色文明信用生态工程相结合，通过一系列的社会文明信用创建活动，打造我行独特的信贷营销品牌。

四、建立完善的内部管理机制，业务操作有条不紊，提高办事效率，推进业务发展

我行在不断加强和改善日常信贷工作的同时，还注重加强信贷人员的业务学习，以便能在业务操作中得心应手，提高工作质量和工作效率。做好信贷资料归档和各项结转工作，实行一户一档，建立完整系统的客户信息档案，以便于及时查阅和调用。对于信贷台账和报表，能够完整、准确地反映数据，及时上报各项报表，做好信贷登记工作，及时提供信息。在搞好管理的同时，我行还不断强化服务意识，改善服务手段，积极开展优质文明服务，树立“窗口”形象，以服务留住储户、以热情吸引存款，始终以客户就是上帝的理念精神，更好地为客户服务，提高我行的对外形象，并以优质的服务促进业务的发展。

五、下半年工作思路

（一）立足当前，抓好各项阶段性工作，在上半年打下的基础上，下半年全面启动

下半年，我们要做好信贷各项业务的安排和落实，对于上半年已有意向的项目，下半年力争做好、做实，例如，要做好新港国际和华茵房地产的商品房按揭工作，做好大户回访工作，加强贷款企业的资金回笼款统计工作，巩固老客户，发展新客户，全面开展信贷营销工作，努力完成信贷业务各项指标任务。

（二）做好企业信用等级评定工作，为信贷决策提供科学依据

认真调查核实企业情况，开展企业信用等级评定工作。在认真学习、深刻领会有关文件和总行信用等级评定与管理办法的基础上，严格按照总行规定的统一标准和计算办法，确保客观、公正、准确地评定企业的信用等级，真实地反映企业的经营管理、财务状况和信誉程度，为我行衡量开户企业风险承受能力、实行信贷准入机制建立基本依据。

（三）总结经验，切实加强管理

进一步加强信贷基础管理工作，按照总行信贷处检查要求，加强信贷档案完整性、准确性、合规性和保密性的管理，建立健全信贷业务台账、授信台账、抵质押品台账和不良贷款监管台账。确立支行经营和管理目标的最佳组合，确保支行资产质量始终保持稳定状态。

上半年各项工作虽然取得了一定的成绩，但距行领导要求还有一定的距离，我们冷静分析了存在的不足。一是业务规范化管理工作有待进一步加强，要将制度规定全面落实到业务工作的各个岗位和各个环节中去；二是业务开拓范围还需不断扩大，涉及的领域要更广、更深，以促进业务快速持续发展。

以上问题将是我行以后工作完善和改进的重点，今后，我们将严格加强管理，不断开拓业务新领域，高标准严要求，在行领导和信贷处的正确指导下不断改进、不断提高，努力做好下半年各项工作任务。

（资料来源：http：//www. gerenjianli. com/wm/zj/zongjie/130644d53d14. html）

【评析】这篇总结回顾了该行上半年的工作，总结了经验，看到了不足，并据此为下半年的工作作出了规划。内容完整，言之有物，条理清晰，符合总结的写作特点。

第三节 述职报告

一、述职报告的概念和特点

（一）述职报告的概念

述职报告是指各级各类工作人员，向上级领导机关、组织人事部门、主管领导或所属的干部职工陈述自己在一定的任期内履行工作职责的情况，并请求与会者审议的一种文书。

（二）述职报告的特点

述职报告是在总结工作的基础上以报告的方式述职。主要有以下特点：

1. 自我述评。述职报告打破了事务文书只用第三人称或复数第一人称的常规，使用单数第一人称对任职者履行职责情况进行有“述”有“评”的报告。“述”是自我检查性的陈述，“评”是自我鉴定性的评价。这种自我述评性是述职报告的一大特色。

2. 标准明确。述职报告写作有明确的量化标准。国家人事管理部门规定：“考核的内容包括德、能、勤、绩四个方面，重点考核工作实绩。”述职报告的写作应以具体的岗位职责和目标为标准，对履行职责的工作情况进行定性分析。

二、述职报告的种类

述职报告的种类很多。

从时间上分，有任期述职报告、年度述职报告和临时述职报告。

从内容上分，有综合性述职报告和专题性述职报告。

从陈述方式上分，有口头述职报告和书面述职报告。

三、述职报告的结构和写法

述职报告的结构一般是由标题、署名、称谓、正文、附件、落款六部分组成。

（一）标题

一般用文种式标题，如《述职报告》；也有用任期、职务和文种名称，如《2010—2011 年度××银行××分行行长的述职报告》；还有用正副标题的，正标题写出述职报告的主旨或基本观点，副标题写明述职者职务、姓名和文种名称，如《思想政治工作要结合经济工作一起抓 —— ×× 银行行长 ××× 的述职报告》。

（二）署名

在标题的正下方或右下方写述职人的姓名，有时还要署上职务。

（三）称谓

在标题的下方空一行，顶格写听取述职报告的对象名称，即述职者所任职的组织或上级主管部门的名称，如“人事处”、“组织部”、“党委”等，也有的写“各位领导、同志们”，后面用冒号。在系统内部上报的述职报告，也可以省略此项。

（四）正文

述职报告的正文一般由前言、主体、结语组成。

1. 前言。概括陈述任职时间、所任职务、岗位职责、任期目标，并对个人履行职责作出总体自我评价。

2. 主体。具体陈述个人履行职责的全面情况。其中包括三方面的内容，一是成绩，即所做的主要工作、所取得的主要成绩和总结出来的经验体会；二是存在的问题、缺点和总结出来的教训；三是对今后工作的设想。主体部分的结构方式大致为：①时序式。即按工作的时间顺序进行汇报。②分题式。即将要汇报的内容按性质分成几部分，每部分可加小标题，小标题就是这部分的主旨。③重点式。即将工作中最重要、最突出、最有典型意义的一两项工作作为重点，详细汇报，其他则一笔带过。

3. 结语。一般是以习惯用语收束全文，如“以上述职，请予审查”、“述职完毕，请予批评指正”、“以上是我的述职，谢谢大家”等。

（五）附件

将补充、说明、印证正文的文字材料附在述职报告之后，并在正文之下依次登记附件序号、附件名称。如果没有相关的文字材料，可省略此项。

（六）落款

在正文右下角署上述职者的姓名和日期，如果在标题中或标题下已署名，则只需署上日期。

四、述职报告的写作要求

1. 真实深刻。述职报告的内容必须真实。只有真实才有利于对述职人的考核。述职报告不能停留在肤浅问题上，要有一定的理性剖析和恰如其分的评判，从中提炼出带有规律性的认识来，以供他人借鉴参考。

2. 重点突出。述职报告的写作要抓住重点，即要抓住最重要的工作来写，不可面面俱到，记流水账。讲成绩时要讲足，要进行定性定量的分析评价；讲问题时要抓住要害、实质，讲深讲透。

3. 写出个性特点。述职报告是陈述个人的履行职责情况。社会生活中的个体是千差万别的，都有着不同于其他人的鲜明个性。即使是履行同一岗位职责，也会形成各自不同的个性风格。因此，写述职报告应从自己的工作实际出发，注意写出自己的工作特点。

五、例文评析

【例文 4 -3】

银行审计办副主任述职报告

我叫张××，男，现年47岁，中共党员，大专文化，现任中国农业银行××分行××审计派驻办副主任。一年来，我严于律己，公正无私；遵章守纪，善勤为乐。为了促使农业银行快速步入规范化经营轨道，我与派驻办几名员工一道，认真落实上级行有关方针政策，严格按规办事，使××、××两个支行的规范化经营又向前迈出了一大步。

随着对审计稽核工作的不断熟悉，我深刻体会到：知识就是生产力！因此，我在工作的同时坚持学习各方面知识，以进一步充实和提高自己。尤其是坚持认真学习金融专业知识，除每天一张《中国城乡金融报》、每月一期的《农村金融研究》以及每季一刊的《经济师》坚持必读之外，同时对市分行的《农行人》以及转发各行典型经验的简报信息等也都认真研究，积极借鉴，活学活用，举一反三，摸索总结出了不少工作经验，在实际运用中非常实用，既指导了工作，又提高了自己。

审计稽核工作牵扯到上上下下、里里外外、方方面面错综复杂的关系，因而我深感责任重大，必须忘我工作。

首先，对工作高度负责。一年来，我按照审计稽核工作的要求，严格对××、××辖区网点进行了常规审计。在审计中，我发现问题不轻易下结论，而是结合工作实际，多调查、多了解，确保吃透问题，定性确切，并通过严格审计，力求将各类隐患消除在萌芽状态。针对一些突出问题，均现场督促处理，如果通过督促处理有一定困难的，及时归类上报。据统计，今年在对××、××的常规审计中，共纠改问题××起，督促处理问题××起，对于一些隐患较大、短时难以处理的问题，则及时整理上报分行。

其次，对责任严格落实。一年来，我在对××、××以及××财务工作进行序时性审计中，发现存在不少问题。我就业务工作中的一些共性问题，详细罗列并及时上报分行通报纠改，同时，针对一些行不严格遵守结算纪律等问题，在审计中，通过顺藤摸瓜，一方面将责任严格落实，另一方面对其责任人进行严肃处理，确保被稽核的网点不再有类似问题发生。

最后，对矛盾决不回避。年初，我带队赴××支行对2002年决算真实性进行了审计，就该行在决算工作中存在的一些问题，我们不回避矛盾，不回避问题，认真按照各级行精神以及审计工作要求，严肃认真，一丝不苟，实事求是反映问题，不夸大，不隐瞒，按质按量完成了市分行下达的任务，维护了财务纪律的真实性与严肃性。

在遵守工作纪律、规章制度等方面，我没有因为我们是派驻机构，可以不遵守上下班时间，就可以迟到早退。我每天早晨坚持与同志们一起按时到岗，上班时间绝不随便外出，绝不在同志们面前搞特殊化。严格遵守制度、加强组织纪律，一方面可以看出一个人的作风是否过硬，另一方面可以促使养成良好的工作习惯。如果缺乏过硬的作风与良好的习惯，又何谈审计别人的工作呢？同时，作为一名党的干部，保持较高的觉悟、较强的党性与过硬的作风，既是在实践自己的诺言，又是在实现自己的理想，更是在做人。只要工作一天，就要对得起给予充分信任的上级领导，对得起组织的多年培养，更要对得起自己的良心。一年多来，我狠刹歪风邪气，与腐败现象作坚决斗争。针对审计中发现的一些问题，有些当事人总想通过搞不正之风蒙混过关，希望网开一面。对此，我坚持提高办事透明度，对工作上的一些问题绝不搞“暗箱操作”，绝不能拿农行的审计纪律作交易，让农行的利益受到任何损失。

回顾一年来取得的成绩与进步，内心颇感欣慰，但是，面对当前形势与各级领导的期望，我又深感压力巨大。因而，在今后的工作中，我决心继续发扬优点，负重赶超，迎接挑战，稳步前进，促使农业银行的审计稽核工作再上新台阶、再创新佳绩、再作新贡献。

以上是我的述职，谢谢！

二〇〇五年元月

（资料来源：http：//www. eduzhai. net/article/6/fanwen_ 324535. html）

【评析】这篇述职报告写得比较成功，作者围绕着自己的岗位职责，回顾了自己一年来的工作情况，尤其是对自己的工作业绩写得真实有据，重点突出，归纳简明扼要，颇为到位。

第四节 调查报告

一、调查报告的概念和特点

（一）调查报告的概念

调查报告是根据特定目的，对客观事物或社会问题进行深入细致的调查研究、综合分析后写成的有观点、有事实、有分析、有结论的书面报告。它是对调查研究成果的概括和总结，也称为“考察报告”、“调查”。

（二）调查报告的特点

调查报告有如下主要特点：

1. 鲜明的针对性。调查报告一般是针对现实生活中出现的问题——可以是已存在受到人们普遍关注亟待解决的问题，也可以是银行工作中的某种新办法、新现象、新业务，还可以是某种弊端——进行目的明确的深入调查和分析研究，以此得出结论，回答疑问，指导工作。调查报告的写作实践表明：无论是其写作的出发点还是其归结点，都是意图明确，目标清楚，因而对实践的指导性也很突出。

2. 严格的真实性。调查报告是以银行工作需要、领导决策、解决问题等为出发点，是调查研究成果的反映，它的一切写作元素来源于、扎根于现实，从材料出发、用事实说话是调查报告的根本。主题的获得、结论的得出也必须且只能依靠事实材料。这决定了其写作过程的真实性：调查的深入实际，认真细致；材料的真实确凿，准确无误；主题的有的放矢，实事求是；结论的客观公允，符合实际。

3. 写作的灵活性。调查报告以事实为依据，结论须建立在大量材料、数据基础上，摆事实需准确陈述、如实说明，讲道理需简要评析、切中要害。因此，调查报告在写作中往往以叙述为主，叙议结合，写作方式灵活。

二、调查报告的种类

按反映问题的性质划分，调查报告可分为以下几类：

（一）典型经验的调查报告

这类调查报告主要针对银行经营活动中成绩明显、贡献突出的先进单位或个人，通过对其主要事迹、成功经验和做法效果的具体介绍，着重阐明“怎样做”和“为什么能这样做”的问题，并从中提炼出规律性的认识，起到树立典型，以点带面，推动工作的作用。这类调查报告也称为“经验调查报告”。

（二）新生事物的调查报告

这类调查报告主要反映银行经营活动中涌现出的新生事物：新人、新事、新思想、新观念、新业务等，通过对新事物产生的历史背景、发展的基本情况及时完整的介绍，揭示其作用、意义及影响，以促进新生事物的健康成长与发展。

（三）分析问题的调查报告

此类调查报告主要是研究银行经营活动中存在或出现的不良现象和工作弊端，它必须以剖析确凿的事实为基础，分析产生的原因，指出危害，以引起有关部门的注意，起到启人深思、引以为戒的作用。揭露性、警戒性是其主要特点。

三、调查报告的结构和写法

调查报告一般由标题、署名、正文和成文日期四部分组成。

（一）标题

调查报告的标题可以有两种形式：单行标题和双行标题。

单行标题一般有两种写法，一种是公文式写法的标题格式，即“调查主题”加“文种”，基本格式为“××关于××××的调查报告”、“关于××××的考察报告”、“××××调查”等，如《关于××建行手机银行校园调查报告》；另一种是文章式标题，包括陈述式、提问式等形式，陈述式如《××银行实施购房按揭贷款情况调查》，提问式如《××支行存款缘何徘徊不前?》。

双行标题一般情况下是正题陈述调查报告的主要结论或提出中心问题，副题则标明调查的对象、问题。如《小银行闯出大市场——对××行××支行××分理处半年存款净增超亿元的调查报告》。

（二）署名

在标题正下方处标明调查者的名称（单位名称或个人姓名）。

（三）正文

正文一般分为前言、主体、结尾三部分。

1. 前言。也称调查报告的引语、导语，常见以下几种写法：第一种简介情况型，用简洁明了的语言写明调查的起因或目的、时间、地点、对象或范围、经过和方法，以及人员组成等调查本身的基本情况，从而给人一个总体印象，以为主体部分做铺垫。第二种意图明确型，介绍调查对象的历史背景、调查对象是否典型、大致发展经过、现实状况、主要成绩、突出问题等基本情况，进而提出中心问题或主要观点。这种写法精练概括，画龙点睛。第三种点明主旨型，即直接概括出调查的结果，如肯定做法、指出问题、揭示影响、说明中心内容等，这种写法的前言开门见山，直切主题。第四种提出问题型，开头用提问的方式说明调查的问题及意义，以起到吸引读者、引人深思的作用。

2. 主体。这是调查报告的主干和核心，这部分是对前言的充分铺展，是对调查事实的反映、分析和评论。可以详述调查研究的基本情况、具体做法、成绩经验等，也可以分析研究从调查材料中得出的各种具体认识、观点和基本结论、意见或建议等。

主体的结构形式通常有三种：一是纵式结构，按照事物的发生、发展、变化、结果的自然顺序和人们对事物的认识过程安排材料，将事情的来龙去脉、前因后果叙述清楚，这种结构适用于报道新生事物和揭露问题的调查报告。二是横式结构，围绕主题，把调查的内容分为几个方面或几个问题，每个问题可冠以简洁的小标题，这样可以从不同的侧面说明问题。这种结构方式常用于总结经验、分析问题的调查报告，也可用于反映情况的调查报告。三是纵横式结构，从纵横两方面交错组织材料的结构形式。可结合实际，将事情的发生发展过程与分析提炼的若干问题穿插配合，纵横交错。或以横式为主，纵式为辅；或以纵式为主，横式为辅。这种结构形式能够全面反映调查对象的复杂情况，多适用于涉及面广、内容复杂的调查报告。

调查报告的结构形式没有一定之规，也无好坏之分，写作时应根据内容主题的需要加以选择。

3. 结尾。结尾的写法可不拘一格，形式多样。调查报告的结尾可以如行云流水，自然收束；可以得出结论，提出建议，指明方向；可以归纳全文，画龙点睛，深化主题；

可以提出问题，引发思考，耐人回味；可以展望前景，发出号召，鼓舞人心。

（四）成文日期

调查报告的成文日期应写在正文的右下方。

四、调查报告的写作要求

1. 明确目的，深入调查，占有材料。无论是公开发表，还是仅供内部使用，调查报告的写作目的是一致的，那就是查明事物的本来面目，以解决银行工作中的问题，同时为领导和相关部门提供制定政策的依据。明确这一目的，在调查过程中就应坚持实事求是的原则，尊重客观事实，一切从材料出发，不先入为主，不主观臆断。“没有调查就没有发言权”，调查报告是调查研究的产物，必须用事实说话。因此，拟定详细的调查提纲，选择适当的调查方法，深入实地扎实细致地调查，全面充分地搜集占有材料成为写作调查报告的必要环节和前提条件。

2. 科学研究，找出规律，提炼观点。从实地调查获得的事实材料存在着良莠不齐、真假莫辨的情况，必须对其进行一番去粗取精、去伪存真、由此及彼、由表及里的加工研究工作，对材料经过认真分析、深入研究，以找出规律性的认识、概括鲜明的主题、提炼明确的观点。

3. 合理布局，叙议结合，事理统一。调查报告的结构布局应视内容而定，配合主题精心建构。调查报告要如实介绍调查对象的基本情况、调查经过、调查的事实材料；准确交代事情的发生、发展和变化过程，这些都要用叙述方式，并辅之以说明；通过叙述事实得出结论、提炼观点则要用议论方式。由此可见，调查报告的观点必须是从对材料的分析中自然得出的正确结论，即观点统率材料，而事实材料要能充分有力地说明观点、突出主旨，即材料证明观点。一句话，写调查报告要材料观点相统一，叙述议论相结合，事实结论相一致。

五、例文评析

【例文 4 –4】

关于××市农村信用社对农户开展小额贷款的调查

署名

农户小额信用贷款、小额联保贷款是农村信用社以农户的信用、担保为保证。在核定的额度和期限内发放的贷款。因其具有手续简便、利率优惠、周转使用等特点而深受广大农户的欢迎；从信用社自身而言，发放小额农户贷款不仅是为“三农”服务的具体表现和树立形象的主要途径，而且是弱化信贷风险，提高信贷资产质量，防止腐败的有效手段。自人民银行总行颁布《农村信用社农户小额信用贷款管理暂行办法》以来，各级人行和农信联社等管理部门又因地制宜出台了相应的实施办法和考核措施，有的信用社虽然发放了一些，但占比却很小且不规范，有的信用社甚至无动于衷，农户小额信用贷款、小额联保贷款成为部分信用社的盲点和难点。这样一来，信贷资金供给不足，影响了农业生产和农村经济的发展，同时由于缺乏良好的存贷关系和群众基础，信用社的形象受到了影响，制约了信用社的发展。针对这些问题，我于2008年利用工作之余，采用访谈法、资料查询法等方法，对这一问题进行了调查。发现影响农户小额信用贷款发放工作的原因，主要有以下几个方面：

一是信贷人员腿脚“懒”。

过去，由于信用社曾一度偏离支农方向，相当一部分资金投放给了乡镇企业和城镇工商户，几百万元甚至上千万元的信贷资产存量，却只有屈指可数的几打借据，贷款放的轻松，收的方便。而像撒胡椒面似的农户小额信用贷款、小额联保贷款，无论是发放还是收回工作无疑是巨大的，加之部分信贷人员甚至信用社“一把手”认为农业是一个风险大、周期长、见效慢、效益低的弱质产业，贷款投放于此，没有“效益”可言。因而不愿意深入田间地头、农户家中做艰苦细致的小额贷款发放工作。

二是党政干部认识“浅”。

作为农民衣食住行的父母官，理应为官一任，富农一方，真正在“实”上下工夫，在“好”字上动脑筋，力争把实事办好，把好事办实。但一些党政部门领导，却是热衷于做表面文章，搞“形象”工程，好大喜功，贪大求洋。所以一提到信贷支农，其首先想到的就是用大额贷款做“大块文章”，而对于信用社发放农户小额信用贷款、小额联保贷款支持千家万户致富奔小康这样不显山露水、难成就“业绩”的小事情，则显得态度敷衍，重视程度不够，这在一定程度上也阻碍了小额贷款的发放。

三是农户筹资渠道“散”。

农村经济的不断发展和农村贫富差距的进一步拉大，使民间借贷日益活跃，农民的筹资渠道变得多元化，如农户资金变得困难时，可以向信用社借款，同时也可以通过农村基金会和远亲近邻甚至高利贷等多种民间借贷方式筹资。相比较而言，民间借贷虽然大部分都是私下交易，没有合法的公证手续和合规的借贷程序，只是凭口头承诺，中介人担保以及写欠条、按手印等极易引起民事纠纷的一种借贷方式，但因其手续简便、金额自定、“成交”率高，一旦到约定期限不能归还时，还可以随意延长期限。因此备受农户青睐，而从信用社贷款却没有如此多的“优点”。近几年来，随着防范和化解金融风险的力度以及难度的加大，各信用社对贷款的管理和投放方式都变得较为谨慎，一笔贷款的发放，从贷款申请到领取贷款，往往要经过多道“关口”，不仅程序繁杂，而且时间也往往被拖延，使贷款的时效性大打折扣，这样便给农户造成一种不好的印象，就是到信用社贷款难！另一方面，由于信用社农户小额信用贷款、小额联保贷款管理办法中明文规定必须守信和额度控制，这样就使贷款的发放工作出现了两难，即需要小额贷款的农户因有欠贷“前科”，不符合条件信用社不贷；而符合发放条件的农户，因嫌贷款额度小，不能满足其需求而不愿意贷款。同时因信用社过去在清收旧贷、化解信贷资金风险方式中，多采用行政的、司法的、经济的等“硬”手段而忽略了道义劝说、以情收贷等“软”办法，令农户产生一种与其不能按时归还、不如事先不贷的“恐贷”心理，致使小额支农贷款发放受阻。

四是贷款投放管理“软”。

在对贷款增量的管理中，多数信用社注重的是“质”的管理，而忽略了“量”的考核。比如，信用社在制定信贷管理办法中，对新发放贷款收回考核规定得十分详细，并为此建立了第一、第二责任人等行之有效的措施，但对新增贷款的发放户数所占比重和对农户的信贷支持而应达到的标准，却没有明确的“说法”。这种贷与不贷一个样、贷多贷少一个样的增量管理办法，却让部分信贷人员在小额支农贷款发放中打了“擦边球”。

上述问题的存在，都在不同程度上影响了农户小额信用贷款、小额联保贷款的发放和信用社在广大人民群众中的形象。

农村信用社要站稳农村市场，树立信合形象，就必须以农为本、从“小”做起，找准农户小额信用贷款这个最佳结合点和突破口，我认为应重点做好以下几个方面的工作：

首先要牢固树立“小额兴社、大额毁社”的观念，把思想、精力、资金重点用于为“三农”服务上。

信用社“一把手”要提高自身对为农服务的认识和对信贷人员的“转化”，使员工切实认识到信用社的根在农村，发放农户小额信用贷款、小额联保贷款，找准农户小额信用贷款这个最佳结合点和突破口，不仅是农户的需要，更是信用社自身发展的需要。

其次要发扬“挎包银行”精神，深入调查登记，简化办事程序，向农户敞开办贷大门。

一是要做好贷前调查和户主登记。二是要在合规有效的前提下，进一步简化小额贷款的办贷手续。按照“一户一证、一次核定、余额控制、周转使用”的管理办法，在调查核实的基础上，送贷款证到户，由贷款户根据需要，随时到信用社办理贷款；或者是在资金需求旺季和农忙时节，开展上门送贷等优质服务活动。三是要在贷款用途上拓展视野，只要农户为了发展种植业、养殖业、购农资、跑运输、做生意、建房子、子女上学等需要的，都应是信用社要办的。四是实行贷款公开，使贷款从幕后走向前台，实行小额农户联保贷款。形成信贷员与农户，农户与农户相互监督的机制。

再次是做好宣传工作，增强农户的贷款积极性和党政部门的理解支持。

不少农户对信用社的信贷政策缺乏了解，有了困难最先想到的不是贷款，而是向亲朋好友甚至高利贷借款。对此，信用社要向农户进行宣传，使农户感受到“信用社是农民自己的银行”。另一方面还要向当地党政部门多汇报，以寻求理解和支持，为农户小额信用贷款、小额联保贷款的投放与收回工作营造一个较为宽松的外部环境。

最后是建立一套切实可行的农户小额信用贷款、小额联保贷款管理办法和激励机制。

将农户小额信用贷款、小额联保贷款的到期收回率、周转率、发放面以及增量占比等指标予以量化，并建立严格的监督考核办法，与信贷员的工资福利和职务晋升挂钩，以增强信贷人员投放农户小额信用贷款、小额联保贷款的工作责任感和历史使命感，真正使信用社的支农信贷资金发挥“助推器”和桥梁纽带的作用。

二〇〇八年九月十日

（资料来源：http：//gzddxyh. blog. 163. com/blog/static/7692671220085100262453O/）

【评析】这篇调查报告主体明确，结构严谨，条理清晰，语言准确朴实。全文围绕农村信用社对农户开展小额贷款的情况，分析了目前开展此业务存在的问题并提出了切实的解决办法。不足的地方是调查报告缺乏有力的事例作为支撑，因而显得说服力不够强。

第五节 行务信息与简报

一、行务信息

（一）行务信息的概念和特点

1. 行务信息的概念

行务信息是指对全局工作有指导意义的，反映银行机关、部门工作最新情况的文书。我们平时所见的“行务动态”、“每日要情”、“情况反映”等都属于这个范畴。与简报相比，行务信息的传递速度更快、信息量更大、涉及范围更广。

2. 行务信息的特点

（1）新、精、准。行务信息必须是采编的最新信息，要求用精练的语言客观再现银行内部各项工作的实际情况，既不夸大其词，也不刻意隐瞒。

（2）短、平、快。行务信息的篇幅较短，只需要说明“何时”、“何地”、“何事”即可，无须说明“何因”和“怎么样”。行务信息要求使用叙述性语言，简洁明了地说明事物的情况，不带倾向性，不加评论。行务信息的时效性很强，传递反馈速度要快，一旦错过时机就失去了意义。

（二）行务信息的结构及写法

行务信息一般由“文头”、“标题”、“正文”、“文尾”四部分组成。

1. 文头。文头一般由“信息名称”、“期数序号”、“发文机关”、“行文日期”和“反线”构成。信息名称可用“××行信息”、“每日信息”或“信息”等多种形式。具体工作中，根据工作需要，在文头设计上可用套红格式印刷，也可以灵活制发文头。

2. 标题。行务信息一般只用单标题，标题要概括信息主要内容。

3. 正文。行务信息的正文一般由导语和事实说明共同组成。

导语一般用简洁的文字扼要说明信息的最重要内容。事实说明就是用可靠的数据和具体的事实，说明导语中的观点和其中的情况。如果是综合信息，可以分段叙述；如果是单一信息，则可以一气呵成。

4. 文尾。主要是注明行务信息的分发范围和印刷份数。

（三）例文评析

【例文 4－5】

××行信息
第×期

××银行××分行　　　　　　　　　　二〇一〇年九月十日

××支行营业部将拓展代理保险业务

作为中间业务“突破口”，××支行营业部将代理保险作为增加中间业务收入的一项支柱业务，通过密切与保险公司的合作，加强全系统的综合考核，不断拓宽代理保险业务空间，促进了该项业务的快速发展。截至××××年××月末，该部共实现保费收入××××万元，其中财险×××万元；柜台销售寿险完成××××万元。比去年全年增长××%，连续4年递增超过××%。共组织保险公司存款××亿元，代理保险收益超过×××万元，代理保费收入占全行业务收入的××%，占××市银行业代理保险市场份额的××%，居同业之首。该部的主要做法是：

一、提高认识，加强领导，把代理保险工作摆在全行业务经营的重要位置。近年来，随着××市经济的快速发展和人们价值观念的转变，各类商业性保险逐渐为大众接受，保险市场的巨大潜力日益凸显。该部通过认真细致的市场调查和分析，决定将代理保险业务作为改变收入结构、提高盈利能力的重要“突破口”。为快速启动此项业务，该部重点抓好了四项工作。

第一，统一思想，形成“各级领导重视、全员积极参与、部门协调配合”的良好局面。（略）

第二，整合系统资源，改过去的“各自为战”为“四个统一”。（略）

第三，强化考核奖惩。（略）

第四，抓好员工培训。（略）

二、发挥优势，不断拓宽代理保险业务空间。一是发挥网点网络优势，做好代理销售柜台保险业务。（略）二是发挥客户资源优势，做好代理贷款客户保险业务。（略）三是适应市场和客户需求，不断推出适合××支行特点的代理保险产品。（略）

三、加强管理，规范操作，切实防范代理保险业务风险。（略）

本期发至：×××、×××、×××
本期共印：××份

（资料来源：http：//www.zhuanzhai.com.cn/gongwen/3272.shtml，有改动）

【评析】这篇行务信息导语概述了××支行营业部拓展保险代理业务取得的一系列成绩，主体部分则分条列项陈述其具体做法，条理清楚，详略得当，语言平实。

二、简报

(一) 简报的概念和特点

1. 简报的概念

简报是各级银行内部编发的用于汇报工作、反映情况、沟通信息、交流经验的常用事务文书。通常也叫做“情况反映”、“简讯”、“情况交流”、“内部参考”、“动态”、“快报”等。简报不是一种独立的文体，一份简报，可能只刊登一篇文章，也可能登几篇文章。而这些文章，可能是报告、专题经验总结，也可能是讲话、消息等。

2. 简报的特点

(1) 真实。简报虽是内部文书，也具有上传下达、交流信息的效用，对下起着部署工作、指导工作的作用，对上则具有传递信息、反映情况的作用。因此简报必须是对工作情况的真实准确的反映，即材料要准确，数据要确凿，引言要核实，用语要恰当。

(2) 新颖。从内容上来看，简报要反映工作中的新情况、新问题、新经验、新风尚、新动向，要善于捕捉工作中新鲜独特之处，并尽力挖掘其意义价值，以发挥其作用，因此，新颖是其存在的生命力之所在。

(3) 快捷。简报具有一般报纸的新闻特点，有很强的时效性。简报之所以称为“简讯”，就是因为它具有新闻的某些特点，能迅速敏捷地反映工作情况，利于相关部门及时抓住时机，制定政策；便于积极引导，解决问题，提高工作效率。因此简报要写得快，编得快，发得快。

(4) 简明。简报的“简”就有简练、简明、简短的意思，这也是简报的固有特性和显著标志。首先是内容上的简练集中，其次是篇幅上的短小精悍，再次是语言表达上的言简意赅。

(二) 简报的种类

工作中常见的简报主要有三种：一是行务会议简报，主要反映会议交流、进展情况；二是情况简报，反映银行系统内部和客户关注的问题，供机关领导参考；三是工作简报，报告重大问题的处理情况以及工作动态、经验或问题等。还可从不同角度加以分类：

1. 按内容划分：有工作情况简报、思想动态简报、会议简报、学习简报、经验总结简报。

2. 按编写的方式划分：有动态性简报、综合性简报、专题性简报。

3. 按编发时间划分：有定期简报、不定期简报。

(三) 简报的结构和写法

简报一般由报头、报腹、报尾三部分组成。

1. 报头。报头在简报首页的上方，约占全页 1/3 的版面，用间隔横线与报腹分隔开。报头由以下要素组成：

（1）简报名称。如“××简报”、“××动态”、“情况交流”等，位于报头中心位置，用印刷体或书写体书写，为醒目大方，一般用套红大号字体。

（2）简报期数。又称简报编号。如“第×期”、“第×号”，位于简报名称的正下方，一般以一年为期依次序编号，也有的标明总期数。

（3）编发单位。在期数左下侧标明编发单位或部门的名称，一般应写全称。如“中国××银行××分行”。

（4）印发日期。在期数的右下侧标明编发简报的年月日。

（5）印制顺序号。也称简报的编号，即简报的份数。写在简报名称的左上方位置，用于保密类简报的登记和存档。此项可根据需要而定。

（6）密级。在简报名称的右上方位置，标明“绝密”、“机密”、“秘密”或“内部参考　注意保存”等字样。此项可视具体情况而定。

（7）间隔横线。也称分隔线，在简报1/3处标画实心横线将报头与报腹隔开，以示区别。

2. 报腹。又称报核、报文、报体，这是简报的核心部分。简报无论是刊登一篇文稿，还是同时编发相类似、相关或比照的多篇文章文稿，在体例上都由按语、标题、正文、落款组成。

（1）按语。按语是简报编写者针对所编发材料的简短评论或说明，表明编发简报的原因、目的、意义和态度等。常用于转发性简报和内容重要的简报，一般在按语之前写上“编者按”、“按语”、“编者的话”、“按”等字样。简报按语从内容上分，大致有说明性按语、归纳性按语、提示性按语、对比性按语、批示性按语等类型。

（2）标题。简报的标题是对简报内容的高度概括，揭示或评价简报的主要内容。虽在形式上灵活多样，但力求准确、简明、生动、醒目。标题的写法有单行标题和双行标题两种类型。无论何种标题，其基本要求是贴切、简明、醒目。如《××银行××支行资金组织工作实现首季开门红》、《细查　严纠　重处——××行××分行对全市10个支行进行突击稽核》等。

如果一期简报发两篇文章，则各用各的标题。

（3）正文。简报的正文由导语、主体、结尾三部分组成。

①导语。导语是简报的开头部分，往往是用明确、简洁的一两句话或一段话来点明全文的主旨，或高度概括全文，或提出主要事实。导语一般有提问式、结论式、描写式、叙述式等多种写法，要交代清楚谁（某人或某单位）、什么时间、干什么（事件）、结果怎样等内容。

②主体。主体是简报的主要部分，承接导语，它的任务是用大量的、典型的、富有说服力的材料把导语内容加以具体化，用材料进一步来说明观点、阐明主题。写好主体是编好简报的关键。主体的内容或反映具体的情况，或介绍具体的做法，或总结取得的成绩和经验，或指出存在的问题，或记录会议议题，或几项兼而有之。在层次安排上一般有“纵式”和“横式”两种结构形式。纵式结构按事件发生、发展的时间顺序来安排材料，横式结构则按事理内在的逻辑关系组织材料。如果内容比较丰富，可采用分款列

项或拟制小标题。

③结尾。一般情况下，简报主体部分写完就自然结束，干净利落；也有用一句话或一段话收束全文的，以总括全篇、深化主题，或提出今后打算，明确努力方向。有些带有连续性的简报，可用一句交代性的话语作为结束，如“对事情的发展我们将继续报告”、“处理结果我们将在下期报告”等，以引起人们对事态发展的关注。

（4）落款。在正文右下方标明文章来源或编写者名称，用圆括号标注。

3. 报尾。简报报尾与报腹用间隔线隔开，一般写明简报发送范围和印刷份数，两项分别置于报尾的左下方和右下方。

简报样式见图：

---

001 内部刊物
注意保存

××××简报

第×期

××银行××分行 ××××年×月×日

[编者按]

标题

正文

（加文章来源）

本期发至：

本期共印：××份

（四）简报的写作要求

1. 材料真实，信息准确。简报所反映的情况要真实准确，客观全面，所写事件、人物、时间、地点等都应是从深入实际中获得的真实人物和事件，绝非道听途说或主观臆想，引用的数据、引语必须认真核实、准确无误。

2. 紧跟形势，写出新意。简报编写者需具备较强的政策理论水平，必须善于从全局着眼，及时捕捉工作中的新情况、新经验、新问题、新人、新事，并能从中找出针对性强、有价值的东西，反映工作中的重要情况，写出简报的新意。

3. 简明扼要，迅速快捷。简报贵在“简”字，说的是内容精当、主题明确、重点突出；语言简洁明快，言简意赅；篇幅则力求开门见山，短小精悍。

简报以内容新、时效性强见长，只有迅速及时地反映工作中有意义、有价值、有新意的事物，才可能使领导及时掌握情况，从而制定相关政策，正确处理相关问题。

（五）例文评析

【例文 4－6】

××银行简报

第 29 期

××银行××支行　　　　　　　　　　　　　　　　　　二〇〇九年八月九日

××银行××支行为电缆厂授信 2 500 万元解决企业燃眉之急

2009 年初，市委、市政府组织有关部门视察我市部分企业，发现村办龙头企业文登市电缆厂虽然受益于国家 4 万亿元固定资产投资拉动，电缆产品供不应求，急需扩大生产规模，但受金融危机逐步向实体经济蔓延的不利影响，流动资金严重不足，制约企业快速发展壮大。市委主要领导立即现场责成人民银行协调有关金融机构尽快帮助企业解决融资难问题。

中小企业信贷推进办公室根据主要领导指示精神，马上与工行、市城商行和中信银行 3 家金融机构进行协商，最后确定工行为主办行，工行为此专门成立了由分管行长任组长，信贷负责人和客户经理任成员的贷款考察小组。经过中小企业信贷推进办积极沟通协调，第二天推进办和工行贷款考察小组就深入该企业进行调查研究。经调查，该企业作为文登市西楼村办龙头企业，2008 年位居文登市百强企业第 36 位，文登市纳税企业第 11 位，行业地位突出，生产具有规模优势，主营业务产品市场竞争力强，销售收入及利润均呈递增趋势，但由于下游企业累计拖欠货款 6 000 多万元，导致企业短期流动资金周转出现困难，而且企业以往未参与银行授信评级，信用记录空白，无法获得资金支持，严重束缚企业的发展。

掌握第一手资料后，工行多方着手，积极应对，一方面开展对该企业的授信评级工作，另一方面及时向上级行汇报、沟通，争取信贷规模，同时根据企业生产经营景气快速上升对短期资金周转要求非常高、应收未收款项较高的特点，量身打造出适合企业需求的新信贷产品——国内保理业务。中小企业信贷推进办多次调度工作进展情况，督促工行搞好落实。经过大量、细致、紧张的工作，终于获得上级行政策支持，工行为该企业授信 2 500 万元，办理国内保理融资 1 500 万元，解决了企业的燃眉之急。其间，企业加班加点、赶进度、抢时间，全力组织订单生产，呈现产销两旺景象。截至 6 月末，累计实现销售收入 4 781 万元，实现利润 617 万元，经济效益明显提升。

（宋××）

本期发至：××、××、××、××
本期共印：××份

（资料来源：http：//www. wendeng. sd. cn/bank/view. asp？id =22315，略有改动）

【评析】本文采用了单标题的形式，高度概括了简报的主要内容；导语以简洁的笔触叙述了事情的起因，主体按照事件的进展有条不紊地介绍了整个事件的经过。语言干净利落，条理清楚。

第六节 讲话稿

一、讲话稿的概念和分类

（一）讲话稿的概念

讲话稿是在各种会议或集会上发表自己的观点、主张、见解的一种文字稿。讲话稿是用来传达信息、交流思想的重要工具，也是领导部署工作、宣传落实政策的重要工具。

（二）讲话稿的分类

由于讲话人的身份和讲话目的的不同，讲话稿大致可以分为以下五类：

1. 工作部署型讲话稿，指领导向下属部署工作时使用的讲话稿。

2. 纪念庆祝型讲话稿，指在为纪念和庆祝重大节日、重大历史事件而召开的群众大会上的讲话稿。

3. 总结讲评型讲话稿，指在各级银行召开的年度总结表彰会、季度讲评会、一项重要工作结束后的阶段总结会、庆功表彰会等会议上的讲话稿。

4. 宣传动员型讲话稿，指在某项活动开始之前，就活动的性质、意义、作用进行阐述，以鼓舞斗志的讲话稿。

5. 传达贯彻型讲话稿，指在传达贯彻上级精神的会议上使用的讲话稿。

二、讲话稿的特点

与其他应用文体相比，讲话稿具有以下特点：

1. 领导的权威性。一般而言，在会议上讲话的都是领导者、负责人，因而其讲话具有特定的权威性和号召力。

2. 见解的集体性。会议上的讲话，大多数代表着领导班子的见解主张，因而讲话稿代表着集体的见解。

3. 内容的相对确定性。每一篇讲话稿根据讲话目的不同，其内容是相对确定的，原则上讲话时不可随意更改或增删。

4. 语言的庄重性。讲话稿一般是代表组织、团体、单位，因而，讲话稿要与讲话者身份相符，在语言风格上要诚挚、严谨、庄重、得体。

5. 表达方式的灵活性。为了渲染气氛，讲话稿在表达方式上可以根据情况，灵活运用多种修辞手法，增添文采，以引起听众的兴趣。

三、讲话稿的写作方法

讲话稿一般由标题、日期、称谓和正文四部分组成。

（一）标题

讲话稿的标题一般有两种写法：

1. 正副式标题。正题用以概括讲话中心、点明主旨，副题说明是谁在什么会议上的讲话。如：

认清形势　统一思想　做好金融监管工作

——××同志在2011年全市金融监管工作会议上的讲话

2. 直接标示式。一般由讲话人姓名、会议名称和“讲话”二字构成。如：

××同志在全市清收不良贷款工作会议上的讲话

也有的讲话稿标题不写讲话人的姓名，直接写成“在××会议上的讲话”，在标题下面写出讲话人的姓名。如：

在第九届金融技术比赛总结会议上的讲话

王××

（二）日期

讲话稿的日期一般有两种标法：

1. 标在讲话标题之下，用阿拉伯数字加圆括号“（）”注明讲话的年、月、日。如(2011年3月6日)。

2. 标在文尾。有的讲话稿在标题之下没有注明日期，则要在文尾用汉字数字注明讲话的日期，如“二〇一一年三月六日”。

（三）称谓

根据不同会议、不同对象使用不同的称谓，如“各位代表”、“同志们”、“朋友们”等。称谓要准确恰当，注意其次第性和包容性。

（四）正文

讲话稿的正文一般由开头、主体和结语三部分组成。

1. 开头

讲话稿的开头要开门见山，直接提出问题，概括讲话的主要内容，说明讲话的指导思想。不论用何种方式开头，都要力求简洁新颖，调动起会场听众的情绪。

2. 主体

主体部分要根据开头提及的内容做进一步的详细阐述，根据讲话内容与听众的不同，或指明会议的意义和重要性；或对有关工作作出适当评价并指出目前存在的问题；或阐明有关的方针政策等。为了使讲话条理清楚，讲话稿一般采用下列几种表达方式：

（1）陈述式，即讲话人向听众叙述工作任务，陈述工作经验或介绍形式情况。

（2）论证式，即讲话人通过摆事实、讲道理，按照严密的逻辑推理来论证某些问题。

（3）问答式，即讲话人以事实或事理来回答别人或自己提出的问题。

（4）描绘式，即讲话人用生动形象的语言向听众描述事件的经过或事实的真相，以增强感染力。

（5）追想式，即讲话人为了征服听众，在讲话过程中采用追想过去、畅想未来的方式达到宣传政策、落实任务之目的。

3. 结语

结语部分一般是总结全文。无论是作出结论、表明态度，还是表示敬意和祝贺，抑或是指明解决问题的方法，以及提出希望和要求，结语都力求简洁洗练，使讲话的主旨进一步升华。

四、讲话稿的写作要求

1. 言之有物。讲话稿必须有实在的内容，不仅要有实实在在的理论材料，还需要有有根有据的事实材料，做到理论联系实际，这样才能收到理想的效果。

2. 言之有序。讲话稿必须条理清楚、井然有序。因此在写作讲话稿时，要对讲话内容进行总体设计，如何开头，怎样结尾；哪里制造高潮，哪里轻描淡写；哪些内容详写，哪些内容略写都要精心构思，认真布局。

3. 言之有理。讲话稿要宣传观点，要说服人、教育人，使听众心服口服，这就要求写作讲话稿时要从不同角度占有大量材料，提炼出鲜明的观点，使材料和观点形成一个有机的整体。

4. 言之有趣。为了活跃会场的气氛，使讲话获得更好的效果，讲话稿中可适当穿插简短有趣的小故事，让听众在轻松愉快的气氛中领会领导的精神实质。当然，诙谐幽默要注意场合，不可滥用。

五、例文评析

【例文 4－7】

在全市农业银行 2007 年工作会议结束时的讲话

王××

（2007 年 3 月 14 日）

同志们：

全市农行2007 年工作会议今天就要结束了，这次会议是我行在迎接股份制改造这个大背景下召开的一次具有重要意义的会议。会议期间，市分行党委书记、行长××同志作了题为《以机制创新为动力　以科学发展观为指导　为实现各项业务快速发展而奋斗》的主题报告，报告认真总结了 2006 年的各项工作，确定了今年工作的总体思路、指导思想及奋斗目标，突出了加快发展与强化内控管理这一主题；人民银行××中心支行行长××和××银监局副局长××亲临会议并作了重要讲话；与会同志认真讨论了××行长的报告和年度、季度绩效考核办法，刚才××行长通报了2006年度综合绩效考核和专项奖励结果，并对各类先进单位和先进个人进行了表彰奖励；××行长代表市分行党委与各县支行和各部室签订了党风廉政建设责任书和安全保卫责任书。讨论中，大家一致认为，××行长的讲话主题鲜明，思路清晰，内容丰富，重点突出，完全符合陇南农行实际，对于我们把握大局，扎实做好今年各项工作，具有非常重要的意义。大家一致表示，回去后一定按照市分行党委的总体部署，坚持发展与管理并重，坚持以快发展为标准，创造性地开展各项工作，确保完成全年各项目标任务。会议达到了提高认识、明确任务、交流经验、鼓舞士气的目的。对讨论中提出的许多意见、建议，市分行将在会后专门研究，充分予以考虑和采纳。下面，结合会议讨论情况，我就进一步贯彻落实好这次会议精神讲几点意见。

一、认真学习，深刻领会，切实抓好会议精神的贯彻落实

××行长的讲话通篇贯彻了全省农行工作会议精神，充分体现了市分行党委在农行股份制改革的新形势下，对新一年工作的新思考、新目标和新要求，各行要认真学习和深刻领会讲话精神，不折不扣地贯彻落实到各项工作中去。一要吃透精神，进一步统一思想。××行长的讲话精神，概括起来讲就是“稳妥推进改革，坚持两个并重，推进六项重点工作，努力实现局部追赶，整体跨越目标”。这是市分行党委在深入分析当前农行股改和经济金融形势的基础上，结合我行实际，从改革、竞争、发展的现实需求出发作出的系统性工作安排，既体现了科学发展观的本质特点，也体现了农行股份制改革的整体要求。各行回去后，要认真学习全面贯彻落实××行长讲话精神，尤其是各县支行行长一定要认真学习，深入研究，理性思考，吃透会议内容，领会精神实质。在此基础上，各行要及时召开工作会议，把会议精神原汁原味地传达到每一个部门、每一个网点和每一位员工，让广大干部员工学懂弄通上级行的改革精神和我行的发展思路及工作重点。二要突出重点，统筹兼顾。要统筹安排好全年各项工作，使改革发展和管理等工作相互促进，防止顾此失彼。陇南作为欠发达地区行，财务重组后，我行的资产规模将会大幅缩减，这将使人均资产规模小的问题更加突出。因此，我们在推进股份制改革的过程中，当务之急仍然是加快业务有效发展。全行上下要切实以改革为动力，坚持发展是第一要务，落实内控是第一责任，抓住农行股改和全市经济稳定增长带来的各种机遇，进一步加大工作力度，充分发挥我行网络及网点优势，全方位、多层次开拓业务领域，立足各自优势，围绕市分行确定的工作重点，狠抓各项措施落实，确保全行业务经营又好又快发展。努力把我行建成全市最大的服务“三农”的银行、最大的中小企业银行、最大的个人银行和最大的网络银行。三要转变作风，强化执行。重点要把握好四个方面。第一，要细化落实工作任务。各行要紧紧围绕市分行的总体部署，进一步研究制定符合当地实际的具体工作措施和发展目标；要根据各项工作的进展情况，制订阶段性工作方案、任务和目标，调动一切积极因素，全力以赴抓好落实。市分行办公室要将××行长讲话中部署的各项工作任务，迅速分解落实到相应部门，明确质量要求和办结时

限，加强督查督办，确保每项工作落实到位。各部门要按照分解任务，逐项研究细化，提出具体措施，及早落实好各条线的工作，对时间性强的重要工作任务，要实行目标管理，做到任务到人、责任到人，事事有着落，件件有实效。第二，执行必须以合规为前提。对商业银行而言，合规是提升执行力的前提。××行长在讲话中，重点从三个方面来强化对合规管理的认识，各行要紧紧围绕这三个方面，深刻理解掌握合规管理的内涵和本质，并通过多频次的合规教育和培训，大力培育全行员工的合规意识，努力使合规操作、安全经营成为广大员工的自觉习惯，切实提高各项政策、制度和措施的执行效果。第三，要树立强烈的责任意识。各县支行要认真贯彻落实会议精神，真正把心思用在谋发展上，把精力用在求实效上，把劲头用在抓落实上，并要把市分行的会议精神和本行、本部门实际有机结合起来，创造性地开展工作。同时，要教育广大员工切实增强岗位责任意识，主动承担工作任务，争创一流业绩。第四，要改进工作作风。各级领导干部，要进一步转变观念，深入基层，调查研究，靠前指挥，切实帮助基层解决经营管理中的实际问题，促进会议精神的有效贯彻落实。同时，市、县行机关要认真改进工作作风，树立机关为基层，员工为客户服务的理念，不断改进工作方式，严格落实首问负责制和限时办结制，提高工作效率和工作质量。另外，各行要将这次会议精神的贯彻落实情况，务必于3月25日之前上报市分行。

二、切实抓好内控管理，营造和谐稳定的内部环境

一要大力开展“规章制度执行年”活动。开展“规章制度执行年”活动，是今年全市农行工作会议上提出的一项重要内容。各行要按照市分行的安排，加强领导，精心组织，认真扎实地开展此项活动，引导广大员工牢固树立合规操作、安全经营的理念。市分行各部门要加大对每个部位制度执行的监督检查力度，推动基层各岗位、各环节切实强化制度观念和执行意识，营造良好和谐的制度文化氛围。要认真抓好各类监管检查中发现问题的整改工作，特别是对去年内、外部监督检查发现、尚未整改到位的问题，要制定措施，落实整改责任，确保3月底前整改到位。二要切实抓好案件防范工作。各行要深刻分析近几年金融系统各类案件形成的原因、特点和规律，着重从落实制度、提高执行力、监督检查、合规管理、科技手段等方面，构建案件防范的长效治理机制；要进一步强化业务主管部门的自律监管职责，加强业务部门和监督部门之间的信息沟通，及时发现和查处各种违规违纪行为；要充分发挥信贷在线、会计在线、计算机辅助审计和反洗钱四大监控体系功能，加强对违规违纪行为的深度监控和实时监控。对新的违规违纪苗头，要“露头就打”，绝不能心慈手软，力争不发生各类责任性经济案件。三要切实抓好矛盾纠纷调和化解工作。总行明确提出，今年不再下达基层网点撤并和减员分流计划，各行要把这一政策向员工讲清楚、说明白，以消除广大员工的后顾之忧，引导广大员工，关注改革，支持改革，参与改革。要认真做好政策宣传和思想政治工作，凡是与员工利益相关的政策，要认真执行和落实。要大力实施人性化管理，创建和谐的劳动关系，重点抓好与内退员工、解除合同关系人员有关矛盾纠纷的调处和化解工作，努力把问题解决在基层，化解在萌芽状态。对一些影响和谐稳定的苗头性、倾向性问题，要早预防、早发现、早解决，消除负面影响。要进一步建立健全重大突发事件应急处理机

制，严格执行重大突发事件报告制度，提高预防和处置突发性、群体性事件的能力。

三、认真抓好第一季度工作，争取全年工作实现“开门红”

（一）深入开展“伴你成长·金钥匙春天行动”活动，促进存款工作实现“开门红”。1月末，全行各项存款较年初增加××××万元，同比多增××××万元，完成省分行下达第一季度必保计划×××亿元的42%。但行际间发展不平衡和存款增量结构不合理的问题比较突出。在存款增量中，特别是储蓄存款，因受股市基金持续火暴、节日消费旺盛、同业竞争激烈影响，仅较年初净增×××××万元，同比少增××××万元。因此，各行一定要对当前的存款工作形势保持清醒的认识，认真分析，研究对策，抢抓第一季度居民消费活跃和现金流量大的时机，大力开展“伴你成长·金钥匙春天行动”活动，继续巩固和提升储蓄业务“双领先”地位，进一步加大对公存款营销力度，力争各项存款快速增长。存款工作增速缓慢的×××、××两个县支行，要采取得力措施，加大工作力度，尽快迎头赶上，确保完成第一季度存款计划，其他各行要保持存款增幅的稳定，确保第一季度存款实现“开门红”。

（二）抢抓机遇，加快有效贷款营销和投放。1月末，我行各项贷款较年初增加××××万元，同比多放××××万元，主要是去年营销的SSS集团和KK公司两大项目贷款投放到位，个人贷款营销和投放进度缓慢。因此，各行一定要把贷款营销作为当前业务经营工作的重中之重，加快营销进度，做到早营销、早投放、早见效。一要落实营销责任，突出营销重点，进一步加强对营销工作的组织领导，明确目标任务，要结合各自县域特点，依托当地资源优势，各打各的优势仗，按照“抓大、拓中、不放小”的营销策略，加快营销进度，确保全面完成第一季度贷款营销任务。二要提高信贷工作效率。对已与我行达成合作协议的客户，各行要主动上门联系，加快受理、调查和上报；对已上报需审批的项目贷款，市分行有关部门要指定专人落实责任，加强联系与沟通，尽快促成项目的确认审批。三要突出抓好区内大项目的营销，对纳入我行营销视野的公司、机构类目标客户，要由市分行前台部门牵头，加强与各行沟通协调，上下联动，落实营销责任，力争第一季度法人客户项目贷款营销取得实效。

（三）采取一切行之有效的措施，及早抓好不良贷款本息清收。各行要紧紧围绕市分行确定的不良贷款清收目标、重点和措施，抢抓年初旺季清收工作机遇，坚决克服等待观望的思想，加大清收工作力度，加快清收进度，用好、用活、用足现有清收政策，全面推动不良贷款清收工作。今年省分行下达我行非应计贷款利息清收任务十分艰巨，各行回去后一定要采取一切行之有效的措施，不折不扣、不讲条件地完成利息清收任务。

（四）认真抓好安全保卫和廉政建设。各行要坚决克服麻痹思想和侥幸心理，进一步加强安全保卫工作，强化值班守库、枪支管理、现金押运等关键环节的制度落实，定期搞好防暴、消防和计算机事故预案演练，确保全行资产和员工生命安全。各行要把党风廉政建设作为一项硬任务，与其他工作一起安排、一起检查、一起落实，以党风廉政建设工作推动全行业务经营健康发展。

同志们，今年我行的各项目标任务和工作措施已经明确，现在最关键的就是在抓落实上下工夫。只要全行上下进一步统一思想，坚定信心，把立足点放在依靠自身力量的基点上；把着力点放在扎实工作、奋力拼搏上；把着眼点放在真抓实干，发挥各自比较优势，激发内部活力上，以新的精神、新的面貌、新的作风投身于各项工作之中，就一定能够完成全年各项工作任务，实现又好又快发展。

最后，祝愿大家在新的一年里，身体健康，阖家幸福，一路平安！

（资料来源：http：//fanwen. edu8. net/fanwen/jianghua－zhici/huiyifayan/）

【**评析**】这是一篇总结性的讲话稿，全篇高屋建瓴，从全局出发对新一年的工作提出了殷切的要求，具有很强的针对性和指导意义。全篇逻辑严密，条理清晰，语气中肯严肃，是一篇写作较为出色的讲话稿。

附：竞聘演讲稿

一、竞聘演讲稿的概念

竞聘演讲稿是银行职员为了谋求某个职位，在特定场合向评委和公众推介自我，以求得评委和公众认可的一种演说文稿。

二、竞聘演讲稿的写作方法

竞聘演讲稿包括标题、称谓、正文、日期四部分。

（一）标题

可以直接写成“竞聘演讲稿”或“竞聘演讲”，也可以根据演讲材料的内容，提炼一个其他题目。

（二）称谓

在标题下一行顶格书写，针对不同听众，写明不同称谓，要注意称谓的准确性、包容性和次第性。

（三）正文

竞聘演讲的正文包括导言、基本情况介绍、工作业绩、竞聘成功后的设想、自己的优势和结尾六个部分。

1. 导言。简要介绍自己的姓名、性别、年龄、政治面貌、学历、技术职称、工作年限、现在的工作单位和职务、竞聘的岗位等。

2. 基本情况介绍。简要介绍自己的学习和工作简历。毕业院校、离职学习情况，与现任职务同级别工作岗位的经历要重点介绍。

3. 工作业绩。介绍自己近年来的工作业绩，要将能体现自己人品、理论素养、领导水平、业务能力以及敬业勤政等方面的政绩充分展示出来。这部分介绍要详略得当，以现任职务岗位上的工作业绩为主。

4. 竞聘成功后的设想。从大的方面谈自己竞聘成功后的设想，要结合竞聘岗位的情况，提出切合实际的工作思路。

5. 自己的优势。从理论水平、工作经历、业务技能、社会资源等诸多方面说明自己竞聘这个岗位的有利条件。

6. 结尾。竞聘演讲稿的结尾没有固定格式，或是表达对竞聘成败的态度，或是表明自己对竞聘成功的信心，或是希望得到评选者的支持，无论何种结尾，最好是能够达到一个高潮，给听众一种回味和振奋的感觉。

当然，这六个部分的内容不一定按照顺序一成不变地写下来，可以根据实际情况变通，随意组合增删。

（四）日期

在竞聘演讲稿的右下角注明演讲的日期。

三、竞聘演讲稿的写作要求

1. 气势要先声夺人。竞聘演讲的一个重要特征就是具有竞争性，而竞争的实质是争取听众的响应和支持。做到这一点的有效方法之一，就是要有气势，“气盛宜言”。

2. 态度要真诚老实。竞聘演讲其实就是“毛遂自荐”。自荐，当然应该将自己优秀的方面展示出来，让他人了解自己。但要注意的是，在“展示”时，态度要真诚实在，不能为了自荐成功而说大话、说谎话。

3. 语言要简练有力。老舍先生说：“简练就是话说得少，而意包含得多。”竞聘演讲虽是宣传自己的好时机，但也绝不可“长篇累牍”。应该用简练有力的语言把自己的思想表达出来。

4. 内心要充满自信。

四、例文评析

【例文 4－8】

竞聘演讲稿

各位领导、各位评委：

大家好！

首先感谢组织提供这样一个平等竞争的机会，使我有幸参加这次竞聘。

一、本人基本情况

我叫×××，现年43岁，党员，金融专业大专学历，会计师，现任××处××员。我竞聘的职务是××分行××处处长。

我1986年毕业于××金融专业，工作后通过参加自学考试取得了金融大学专科学历。

我的主要工作经历是1986年7月在中国银行××省分行××处从事非贸易票据托收业务经办工作；1988年主动申请调入××支行，从事外汇存贷款业务、联行业务复核工作；1989 年 10 月任××支行外汇业务科副科长，主持工作；1993 年初调入××支行任××科副科长，主持工作，先后从事过本外币综合核算、联行业务、财务及综合管理、计划统计等工作，所负责的部门获得过省行级“先进单位”；2000 年通过竞聘担任支行××部主任一职，负责支行综合管理等工作，2001 年该支行被省行评为“综合管理先进单位”；2002 年 1 月调入省分行××处，承担××工作。

二、竞聘理由

1. 具有较强的理论知识和业务能力。22 年来我一直在基层从事××工作，对国家的金融政策、会计制度，银行的各项财会政策、规章制度、业务流程都比较熟悉，会计知识、银行业务、技能功底扎实，实践经验丰富，有较高的业务水平，具备了良好的业务素质。

2. 具备相应的管理能力。我担任基层行××部门的负责人十多年，积累了较丰富的管理经验，具有较强的组织能力、管理能力、协调能力。

3. 具有任劳任怨的黄牛精神，作风踏实，具有一丝不苟的敬业精神，认真工作，分毫不差，以一种“较真”的态度处理每一笔会计业务，不敷衍塞责。有很强的适应能力。

各位领导，如我能竞聘上这一职务，我将加倍努力，勤奋工作。下面，我谈一下我的工作思路。

三、工作思路

××部门要拓深管理，以认真务实的精神，严格制度设计，严密组织管理，强化监督机制，细心检查，细致分析，认真改进，不断提高会计工作水平。财会工作应以规范管理，防范风险为重点，加强制度建设，改进会计核算，完善内部控制，严格基建管理和固定资产管理，提高××人员的业务素质和工作质量，促进我行××工作迈上新台阶。

1. 集中全行的会计核算、资金清算、会计档案管理等，达到集中风险控制，合理运用资源，提高效率的目的。

2. 制定全行统一的会计核算和管理制度，并对全辖会计核算进行监督和检查，要大力强化制度约束，使会计工作的各个岗位，各个环节都处于制度的严密控制之下。

3. 制定各项业务内控制度，依据风险级别进行重点监控和管理，研究业务中存在的风险，结合业务实际提出风险监控报告。我行财会部门内部控制建设已有长足的发展，但是，面对人们日益复杂的思想、现象、行为，内控制度要从过去防范差错转向防范犯罪，保障资金安全方面。

4. 加强全行会计核算合规性、合法性的管理。按照“分级负责”的原则严格实行违规查究，下级行要对上级行负责；营业部门要对会计部门负责；会计主管要对分管行长负责。发生问题，共同负责。会计监督检查要做详细的记录，检查部门和人员要对检查结果承担责任。只有这样，才能促进会计制度的落实，才能保证会计核算的质量，才能提高会计管理的水平。

5. 改革费用分配管理办法。遵循效益最大化原则，将各行的费用分为基本费用和业务发展费用，业务发展费用与各行经营业绩挂钩，经营业绩越好费用越多。

6. 加强财务管理的动态分析。对各项收支增减变动情况进行分析，深入研究各种因素与收支之间的内在联系，科学、合理地对未来收支情况进行预测。

7. 加强会计监督与检查。会计监督检查是保证制度执行，严格内控的重要手段。按照《会计法》的要求，会计检查辅导中心承担起会计核算业务部门所办理的会计业务监督检查的任务。会计检查工作的重点是检查各项财会制度落实情况、会计核算的真实性与合理性。包括：检查信贷资产与贷款利息的核算；各项业务手续费的核算；741、842挂账的合规性和真实性；各项财务指标的执行情况；联行、清算资金的核算等。

8. 加强会计人员的在岗培训，提高会计人员业务素质。

9. 积极配合处长工作，不越级越权，在职权范围内充分发挥个人才能。

我深信如果组织给我这次机会，我有信心、有能力干好这份工作，一定不辜负领导和同志们的期望。竞聘不上，我仍一如既往地做好本职工作。

谢谢大家！

二〇〇八年四月五日

（资料来源：http：//bbs. jinku. com/thread－77081－1－1. html）

【评析】这篇竞聘演讲稿层次分明，语言朴实简练，显示出竞聘者较强的业务素养，很有说服力。

复习思考题

1. 制订一份银行柜员工作计划。
2. 写一份银行季度工作总结。
3. 针对银行开展的某项理财产品做一次调查，并写出调查报告。

第五章　银行专用文书

经济活动分析报告、稽核报告、贷款调查报告和业务计划编制说明是银行工作人员经常要运用到的应用文，这些文种与银行业务密切相关。学习这些银行专用文书，必须联系自身的工作经验或相关的专业知识，只有这样才能更好地掌握这四种文种的写作规范，知道在写作中应注意哪些问题。此外，还应掌握国家相关的现行金融政策，才能使自己的银行专用文书处在合法合理的范围内，并进行准确的判断与预测经济趋势。

通过本章的学习，你将能够：

- 明确四种常用银行专用文书，即经济活动分析报告、稽核报告、贷款调查报告和业务计划编制说明使用范围和作用；
- 掌握银行专用文书的写法及格式规范，了解写作中的注意事项与要求。

〖本章架构图〗

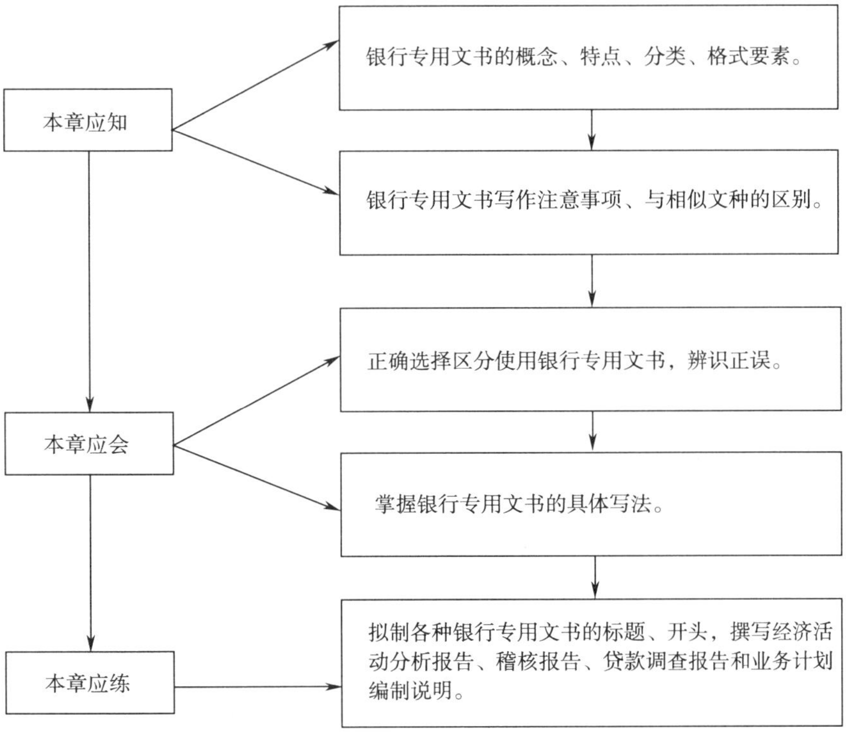

第一节 经济活动分析报告

一、经济活动分析报告的概念和作用

经济活动分析报告是银行机构以科学的经济理论和现行的经济方针政策为指导，根据计划指标、会计核算、统计资料和调查研究所掌握的材料，运用科学的方法，对经济、金融某一业务、某一经营单位的经济活动状况进行系统的分析研究后写出的一种书面报告。实际工作中，也把经济活动分析报告简称为“经济活动分析”、“经济活动总评”、“经济情况说明”等。

经济活动分析报告使用范围较广，从某种意义上说，凡是涉及经济、金融领域的一切行政机关和单位都要经常使用经济活动分析报告。它在宏观和微观经济领域都具有重要的应用价值，是科学管理必不可少的应用文体。具体来说，对银行而言，经济活动分析报告具有如下作用：

1. 有助于银行改善经营管理，提高经济效益。银行要取得较好的经济效益，必须深入调查研究，对经济、金融形势进行精确系统的分析，才能确定今后一个时期内的业务发展方向，安排好资金的调度，以便业务能顺利开展，获得最佳效益。

2. 有助于银行充分发挥其在国民经济活动中的监督作用。银行和国民经济的各部门、各单位有着密切的联系，银行对所辖资金的分析，将有利于社会资金的使用效益，如通过对占用过大部分社会资金的工商企业进行科学的经济分析，了解企业在生产经营、贷款使用等方面的情况，甚至对企业生产计划的完成和生产经营成绩的考评，来促进企业加强经济核算不断提高经济效益，从而促进国民经济卓有成效的发展。

二、经济活动分析报告的特点

1. 定量性。经济活动分析的专业性很强。经济活动分析报告围绕着特定的目的，为解决经济、金融工作中的某一问题，往往借助计划指标、会计核算资料、统计资料等，将之综合成一个指标体系，经济活动分析报告通过定量分析，剖析经济、金融活动变化的原因。“无数不成文”，量化分析是各类经济活动分析报告的共同特点。

2. 指导性。经济活动分析报告是对经济、金融活动的过程及结果进行回顾和剖析，对现有的经济、金融活动的经验与问题进行评价，找出影响计划指标完成的原因和影响总体经济效益的薄弱环节。经济活动分析报告对人们改善经济工作，制定发展规划，提高经济效益具有重大的指导意义。

三、经济活动分析报告的种类

（一）根据报告内容分类

根据内容的不同，经济活动分析报告可分为综合分析报告和专题分析报告。

1. 综合分析报告。也称“系统分析报告”或“全面分析报告”，是对企业或某一经济实体在特定时期内的生产经营进行全面系统的检查、分析，以了解该企业或实体在某个单位时间内的经济活动全貌。其特点是宏观、全面和系统。一般在年度、季度和半年末写，属于定期详细报告，如《2010 年银行资金营运情况的分析报告》、《××省上半年经济、金融形势分析》等。

2. 专题分析报告。又称“单项分析报告”、“专项分析报告”。一般是针对当前出现的某些重要问题或关键性问题作重点、专门的调查分析后写成的报告。专题分析报告的内容集中，基本上是一文一事，反映问题及时，分析较透彻，属于不定期的分析报告。如《××银行关于商业贷款比重下降的分析》。

（二）根据报告目的分类

根据报告的目的，经济活动分析报告又可分为效果分析报告、控制分析报告和预测分析报告。

1. 效果分析报告是采用科学的方法，对经济、金融活动的结果与效益进行分析与评价。

2. 控制分析报告是检查并发现执行计划、预算、定额中的情况，分析原因，找出对策，保证经济、金融活动按预定方向运行。

3. 预测分析报告是分析经济、金融活动的现状，预测经济、金融活动运行的趋势、发展前景和企业的未来效益。

四、银行常用经济活动分析报告的种类

（一）经济、金融形势的分析报告

经济、金融形势分析报告是对某一地区某一时期的经济、金融形势进行分析，反映出经济活动的市场动态、消费变化、现金信贷计划的执行情况等，注重以统计数据来表明趋势的变化，为决策部门确定经营策略。

（二）工商企业的分析报告

工商企业的经济活动分析报告是银行对工商和各乡镇企业的生产经营、商业流通及资金活动情况进行分析后写成的报告。既可以根据企业一定时期内的各项重要经济指标完成情况、经营管理情况进行综合分析，也可根据企业在生产、管理过程中的突出问题进行专项重点分析。如对企业资金运行情况、业绩状况的分析及企业销售、结存之间的分析等。但无论是哪一种关系，一定要把握好银企关系，既要注意企业的经营方向也要追求银行的经济效益，防范金融风险。

（三）银行资金活动分析报告

银行资金活动分析报告是对银行资金来源和资金营运情况作分析的报告。此类报告多为定期分析，如月度、季度、年度的现金、信贷计划执行情况的分析报告及银行资金营运情况的分析报告等。也有部分报告为不定期报告，主要是结合中心工作中出现的问题进行分析而形成的报告，如对逾期贷款的分析报告、城镇储蓄贷款的分析报告等。

（四）银行财务状况分析报告

银行财务分析报告是对银行财务的收支计划、执行情况进行分析、评价，以考核银

行业务经营成果、分析财务收支和损益情况而写成的报告。一般在年中或年末写，有时在月末或季度末也写此类分析报告，还有对影响资金成本和利润因素等方面写成的专项分析报告。

五、经济活动分析常用方法

撰写经济活动分析报告的常用分析方法有：

（一）比较分析法

比较分析法又称为对比分析法、指标分析法，是定量分析中的常用方法。它将两个或两个以上的项目、内容、时间、条件相同的具有可比性的数字加以对比，并根据对比结果来反映经济运行的状况，说明事物之间的联系和差距。在实际运用中，通常用绝对数和相对数来表示。一般常从以下三个角度进行分析比较：

1. 比计划。将本期实际完成的指标与计划指标相比较，检查计划指标执行的进度与程度，从而确定分析的主要问题，查找完成计划的可能因素或未如期完成计划的种种原因。

2. 比历史。用本期实际完成指标与上期或上年同期实际完成指标或历史最高水平相比，以分析经济活动的发展水平，了解经济活动的变化趋势和规律，从而抓住关键，提高经营管理水平。

3. 比先进。用本期的实际指标与条件大致相同的同类型先进单位的实际指标相比较，明确本单位存在的问题和薄弱环节，找出差距及其原因，改善经营管理。

（二）因素分析法

因素分析法又称因素替换分析法或连环替代法。它是将综合经济指标分解成各个经济因素，然后分别测定这些因素对整个经济指标完成结果的影响程度，找出其因果关系。经济活动是一项复杂的社会活动，其活动产生的结果，与诸多外部和内部因素有关，进行因素分析就是要把影响某一指标的诸多因素找出来，且明确各因素的影响程度。因素分析法一般包括两种方法，一是因素替换分析法，二是因素变动差额分析法。

如果说对比分析法是侧重于数字、情况的比较，以明确差距发现问题的话，那么因素分析法则侧重于事实的说明和问题的剖析，分析矛盾产生的根本原因。

（三）动态分析法

动态分析法又称为趋势分析法。即将不同时期的同类指标数值进行对比，求出比率，然后用以分析该项指标的增减速度和发展速度，来掌握发展变化的规律，确定经济活动发展的总趋势。一般运用发展速度、平均发展速度等指标来进行分析。

（四）综合分析法

综合分析法即将多项经济指标的执行情况进行综合对比、计算和评价，分析影响经济活动总体变化的诸多因素，从整体上权衡利弊得失，然后作出相应评价或建议。此方法常与因素分析法结合使用，既着眼全局又重点突出。

六、经济活动分析报告的写法

经济活动分析报告一般包括标题、前言、主体和结尾几个部分。

（一）标题

一般由单位名称、时间、分析内容和文种构成，如《××银行2010年信贷资金计划执行情况的分析报告》、《中国人民银行××分行第一季度金融运行情况简析》、《中国农业银行××省分行2011年第一季度储蓄结构分析报告》等；有时也可省略单位或时间，如《2011年下半年度财务情况分析报告》、《货币政策操作分析》等；也可直接陈述观点或内容，如《关于××银行低质贷款成因的分析》、《影响我国中药产品出口主要因素分析》、《信贷资产质量下降的问题必须尽快解决》等。

（二）前言

前言又称为导语、引言，主要起点题、说明情况、提出问题、明确目的、引入主题的作用。开头的写法较为灵活，多围绕分析的内容、范围、对象、目的和背景作概括介绍。如《中国××银行××省分行上半年财务情况分析》的开头：

今年初以来，全省各级行认真贯彻总、分行会议精神，全面落实省行党组确定的经营之道思想，围绕经营效益这个中心，大力组织存款，采取有效措施化解信贷风险，加大财务管理力度，努力增收节支。上半年，总体财务经营状况是：资金成本逐月降低，存贷利差有所扩大；不良贷款比重增加，利息挂账大量增多；联行资金占压减少，资金营运效率提高；费用支出增加，非营利性资产占用过多，营运资金不足，财务状况与第一季度相比明显趋于好转。现将有关情况分析如下……

开头部分要尽量简明扼要、开门见山。一些内容简要的分析报告可省略开头部分，将要交代的情况放在正文部分一一加以分析说明。

（三）主体

主体是经济活动分析报告的核心部分，一般包括三大要素：交代具体情况、分析和归纳、小结或提建议。可采用文字说明和数字说明的形式，或先列数据指标，后用文字分析说明；或先用文字分析说明，后用数字列表说明；也可在文字说明中穿插数字、图表来予以说明。

1. 基本情况。以文字和数据相结合的形式来反映经济指标的完成、变化情况及其存在的问题，是分析的基础。这种情况可以包括历史沿革和现状，如一份经济预测报告，就要对预测对象作历史性的回顾和对目前现状进行相关说明，以此作为预测分析的基础，包括主要经济指标的完成情况、业务的开展状况和技术、管理实施情况等。如×公司2010年度财务分析报告中就从利润、资金、成本和费用四个方面详细地说明了相关情况。

2. 分析评价。这一部分可采用比较法、因素分析法等专业分析方法对相关财务指标值进行分析，指出差异或问题存在的原因，按照分析结果进行综合财务评价。分析的过程应本着从现象到本质、从对比分析到因素分析的顺序进行，即先通过数据的纵横比较找出问题，进而深入分析影响经济活动的主客观因素，把握主要矛盾，找出问题根本原因所在。这一部分对成绩与问题都应予以涉及，并查找主客观因素。

3. 建议。经济活动分析报告的写作目的不仅仅是发现问题，而应该根据分析的结果，有针对性地对今后经济活动提出切实可行的意见或建议。在经济活动分析报告中，此部分内容的侧重点要针对不同的情况而有所不同。有的侧重于进一步提高经济效益的途径；有的侧重于改进今后工作的措施；有的侧重于对经济活动的前景和趋势作出预测等。

（四）结尾

大多数的经济活动分析报告在提出相应的建议或意见之后自然收束，不专门作结。但有些篇幅较长的经济活动分析报告，则在结尾处进行归纳总结，或照应开头，深化主题；或预测前景，展望未来。

七、经济活动分析报告的写作要求

经济活动分析报告的写作应当做到文字说明和数字说明相结合，情况说明和理性分析相结合，有针对性地阐明经济、金融活动“怎么样”、“为什么会这样”、“应该怎么做”等，条理清晰地表达出经济活动的情况、成绩、问题、建议等几个方面的内容。在写作时应做到以下几点：

1. 宏观分析和微观分析相结合。银行、企业的经济活动与整个国民经济形势息息相关。写作经济活动分析报告，既要从微观分析入手，分析一个企业或部门的经济活动，也要同时着眼于宏观，把握国内外经济发展的动态和趋势，充分考虑国家的经济、金融政策对每一种经济活动情况的影响和制约。分析经济效益，要将近期利益和长远利益、局部利益和整体利益、经济效益和社会效益综合考虑，以做到分析的全面和准确。

2. 动态材料和静态材料相结合。全面把握经济活动是写好分析报告的前提。动态材料是指来自调查研究的第一手资料和对实物的清查；静态材料是指来自计划、报表、凭证、账表及其他书面材料。写作经济活动分析报告，既要重视收集与经济活动有关的静态材料，还要认真地搜索银行和企业中存在的新情况、新问题等动态材料。只有全面地掌握了经济活动的静态材料和动态材料，才能权衡利弊、评析得当，从而得出正确的结论。

3. 文字材料和数字材料相结合。与其他的报告文体相比，经济活动分析报告使用的数据较多，尤其是分析部分。在使用数据材料时要注意数据的准确性，同时也要注意用简要的文字进行说明，使二者相配合地进行表述。

八、例文评析

【例文 5 -1】

2009 年第三季度银行业经营状况分析报告

一、资产类业务

（一）贷款

截至 2009 年 9 月末，各项贷款余额 413 854. 83 亿元，比年初增加 93 806. 15 亿元，增长 29. 31%，同比增长 31. 45%。前三个季度贷款增长迅速，第三季度贷款增速放缓，月环比分别为 1. 12%、1. 35% 和 1. 56%，低于前两个季度。其中短期贷款 150 334. 12

亿元，比年初增加 21 762. 65 亿元，增长 16. 93%；中长期贷款 222 188. 25 亿元，增加 58 027. 83亿元，增长 35. 34%；委托及信托贷款 4 617. 11 亿元，增加 1 582. 16 亿元，增长 52. 13%；票据融资 28 135. 82 亿元，增加 8 821. 67 亿元，增长 45. 67%。

贷款快速增长，促进经济走出谷底，但是也增加了通货膨胀压力，同时银行贷款快速增长，存在一定的重规模、轻质量的问题，为以后银行贷款风险埋下隐患。贷款规模迅速扩张，银行资本充足率也快速下降，为补充资本金，多家银行提出增发股票和发行次级债计划。

地方中小银行成为贷款投放的主力。9 月新增人民币贷款 5 167 亿元，四大行仅为 1 105亿元，占比从此前 70% 以上的水平陡降至 24% 左右，其他 13 家全国性股份制银行也仅新增 154. 25 亿元。与大型银行信贷投放萎缩相反，当月城商行、农商行、农信社、政策性银行等机构新增贷款高达 3 908 亿元，占新增贷款的 75%。

中长期贷款增长较快。2008 年第四季度以来，我国实施积极的财政政策和适度宽松的货币政策，在一系列“扩内需、促增长”政策的推动下，尤其是 4 万亿元的政府投资需要银行贷款配套资金。2009 年以来，投资逐月加速，1—6 月份全社会投资 91 321 亿元，同比增长 33. 5%（第二季度增长 35. 7%），比上年同期加快 7. 2 个百分点，中长期贷款 222 188. 25 亿元，增加 58 027. 83 亿元，增长 35. 34%。地方政府融资平台公司成为政府融资增加投资的作用渠道，根据银监会统计，全国有 3 800 多家政府融资平台公司，其中 70% 以上为县区级平台公司。地方政府以财政拨款、土地划拨、股权划拨等形式出资占比约 20%，其余筹资则主要是依靠银行贷款。2008 年初，全国政府融资平台公司负债总计约为 1. 7 万亿元，而到了 2009 年 5 月末，此类政府融资平台负债已上升到了 5. 26 万亿元，在不到一年半的时间里增加了 3. 56 万亿元，其中 85% 来源于银行贷款。银行贷款集中在基础设施，拉动经济快速反弹，但是有可能加剧产能过剩，也增加地方政府的风险，进而影响银行的经营安全。

票据融资超常增长。票据融资 28 135. 82 亿元，同比增加 13 679. 02 亿元，增长 94. 62%，与同期 GDP 增长差距较大。银监会检查发现，在承兑环节，承兑行审查把关不严，一些明显没有真实贸易背景的合同、存在各种瑕疵的交易合同甚至过期或有效期不明的交易合同都被作为承兑依据；对保证金来源的合法性和真实性审核不严，银行贷款被挪作保证金循环开票屡屡发生。在贴现环节，直贴行对税票审查不严，不法分子利用伪造发票、变造发票、作废发票、停止使用发票、重复使用发票等手段套取信贷资金；转贴行对前手资料要求不严，一些银行利用买卖票据来控制信贷规模时点数，给大量违规票据的流转留下空间。

人民银行计划全年信贷增量不超过 10 万亿元，而到 9 月末，已近 9. 4 万亿元。尽管人民银行一再声明将继续执行适度宽松的货币政策，第四季度央行必然调控信贷投放，即使突破 10 万亿元，也不会出现上半年信贷猛增的现象。配合货币政策由宽松转入适度宽松，银监会加强风险监管，银监会已经指出地方融资平台公司授信、项目资本金不到位、贷款挪用和违规进入房市和股市、票据融资、贷款集中度和部分银行资本充足率快速下降等风险，并正在或将进行监督检查，贷款投放速度必将下降。由于银行资本充足率下降，受银行资本约束，银行贷款扩展能力受到限制。

随着银行贷款增速放缓和优质项目瓜分殆尽，银行贷款将由增量扩张阶段进入结构调整阶段。国内商业银行纷纷进行结构调整，工商银行提出保优质项目和中小企业贷款，压“两高一剩”行业贷款，建设银行削减新增贷款规模，工作重心由新增贷款转移到盘活存量贷款，逐步从产能过剩行业退出，中国银行继续支持基础设施和交通等行业，对钢铁、船舶、纺织等行业适当收紧，重点支持行业龙头企业，交通银行计划增加中小企业贷款和消费贷款。

（二）有价证券及投资

截至2009年9月末，有价证券及投资87 718.83亿元，比年初增加13 461.62亿元，增长18.13%，比贷款增幅低11.18个百分点。有价证券及投资在第三季度增速回落，第二季度月环比分别为3.63%、3.34%、3.23%，第三季度回落为2.58%、1.27%和1.32%。

今后银行证券投资会继续增加。第一，随着货币政策适度快速，央行会发行央行票据进行回笼基础货币进行调控。第二，积极的财政政策使财政出现赤字，除了中央政府发行国债，地方政府也积极发行地方债。第三，一些银行资本充足率下降，一方面积极申请次级债，另一方面会通过信贷资产证券化发行资产支持证券。第四，随着贷款增速下降，债券投资作为替代品，债券投资会有所增加。

随着物价指数上升，不排除央行上调基准利率的可能，利率上升导致债券价格下跌，因此，需要密切关注证券投资市场风险。

二、负债类业务

（一）银行存款

截至2009年9月末，银行存款本外币合计597 810.88亿元，比年初增加119 366.7亿元，增长24.95%，同比增加130 994.3亿元，增长28.06%，较8月末增长1.66%。其中企事业存款212 041.49亿元，比年初增加47 655.7亿元，增长28.99%；居民储蓄存款259 615.94亿元，比年初增加38 112.47亿元，增长17.21%。其中活期储蓄96 282.51亿元，比年初增加16 505.98亿元，增长20.69%；定期储蓄163 333.43亿元，比年初增加21 606.49亿元，增长15.25%。企事业单位存款增幅比储蓄存款高出11.78个百分点。年初企事业单位存款占比34.36%，9月末为35.47%，上升1.11个百分点，储蓄存款下降2.91个百分点。公司存款增加主要由于贷款增加引致的派生存款，第三季度随着贷款增速放缓，企事业单位存款增速下降，储蓄存款平稳增长。

由于2009年前9个月贷款增幅过快，已经存在一定的通胀压力，2009年第四季度和明年不会再继续执行宽松的货币政策，不会继续天量的信贷投放，信贷投放会转入适度合理的范围。由于贷款增速下降，由此派生存款也会下降。随着经济回暖，投资将会进一步增长，也会使企业闲置资金减少。同企事业单位存款相比，储蓄存款比较稳定，如果不出现2007年的大牛市，储蓄存款不会大量流入股市，保持稳定增长。

（二）金融债

截至2009年9月，金融债存量47 185.39亿元，约占银行业金融机构的6%，是仅次于政府债券的第二大债券品种。2009 年以来，金融机构发行金融债 74 次，发行量 9 819. 60万元，占所有债券发行金额的 15. 59%。其中政策性银行发行 38 次，金额 7 178. 1亿元，占 73. 1%；商业银行发行 30 次，金额 2 478. 5 亿元，占 25. 24%，金融债仍是政策性银行的重要来源。从期限结构来看，1 年期限以下的债券 450 亿元，1 ~3 年的债券1 661. 60亿元，主要由政策性银行发行，3 ~5 年的债券 1 428. 90 亿元，5 ~7 年的债券1 250亿元，7 ~10 年的债券 3 069. 15 亿元，10 年以上的债券 1 959. 75 亿元（见表 1、表 2）。商业银行发行的债券几乎都在 7 年以上，商业银行发行债券的主要目的在于作为附属资本补充资本金，并非募集资金。由于今年以来贷款过快扩展，商业银行资本充足率下降较快，商业银行除了增发股票外，发行次级债补充资本的意愿也十分强烈。但是，银监会认为银行业金融机构发行的次级债有一半以上在银行体系内由各银行交叉持有，对整个银行体系来说，并没有增量资本进入，没有增强整体风险抵御能力。银监会将研究对银行交叉持有的其他银行本次次级债从附属资本中扣除的规定。如果监管当局规定持有的其他银行本次次级债从附属资本中扣除，商业银行的资本充足率会进一步下降，降低银行持有次级债的意愿，增加了次级债发行的难度。

表 1　　　　**2009 年金融债券发行情况**　　　　单位：亿元人民币

类型	本年	1 年以下	1 ~3 年	3 ~5 年	5 ~7 年	7 ~10 年	10 年以上
金融债券	9 819. 60	450. 00	1 661. 60	1 428. 90	1 250. 00	3 069. 15	1 959. 95
政策性银行债	7 178. 10	450. 00	1 581. 60	1 295. 90	1 250. 00	2 030. 60	570. 00
国家开发银行	3 750. 60	0. 00	0. 00	300. 00	850. 00	2 030. 60	570. 00
中国进出口银行	1 013. 70	150. 00	565. 50	298. 20	0. 00	0. 00	0. 00
中国农业发展银行	2 413. 80	300. 00	1 016. 10	697. 70	400. 00	0. 00	0. 00
商业银行债券	2 478. 50	0. 00	0. 00	50. 00	0. 00	1 038. 55	1 389. 95
特种金融债券	0. 00	0. 00	0. 00	0. 00	0. 00	0. 00	0. 00
非银行金融机构债券	163. 00	0. 00	80. 00	83. 00	0. 00	0. 00	0. 00
证券公司债券	0. 00	0. 00	0. 00	0. 00	0. 00	0. 00	0. 00
证券公司短期融资券	0. 00	0. 00	0. 00	0. 00	0. 00	0. 00	0. 00

表 2　　　　**2009 年 9 月债券托管情况**　　　　单位：亿元人民币

类型	托管量合计		1 年以下		1 ~3 年		3 ~5 年		5 ~7 年		7 ~10 年		10 年以上	
	本月末	本年增加	本月末	本年增加	本月末	本年增加	本月末	本年增加	本月末	本年增加	本月末	本年增加	本月末	本年增加
金融债券	47 185	6 217	4 305	590	11 054	1 575	9 757	158	6 151	19	9 922	2 323	5 996	1 590
政策性银行债	40 784	4 064	4 159	560	10 340	1 369	9 322	297	5 157	281	7 869	1 358	3 938	200
国家开发银行	29 392	2 327	2 025	267	5 532	361	6 585	41	3 942	1	7 369	1 458	3 938	200
中国进出口银行	3 733	575	640	101	1 565	516	1 101	42	278	0	150	0	0	0

续表

类型	托管量合计		1年以下		1~3年		3~5年		5~7年		7~10年		10年以上	
	本月末	本年增加	本月末	本年增加	本月末	本年增加	本月末	本年增加	本月末	本年增加	本月末	本年增加	本月末	本年增加
中国农业发展银行	7 659	1 162	1 494	192	3 243	493	1 635	298	937	280	350	100	0	0
商业银行债券	5 892	2 005	130	30	545	126	251	206	994	301	1 988	966	1 983	1 390
特种金融债券	0	0	0	0	0	0	0	0	0	0	0	0	0	0
非银行金融机构债券	478	148	0	0	168	80	185	68	0	0	65	0	60	0
证券公司债券	32	0	17	0	0	0	0	0	0	0	0	0	15	0
证券公司短期融资券	0	0	0	0	0	0	0	0	0	0	0	0	0	0

资料来源：中国债券信息网。

三、中间业务

由于没有整个银行业中间业务统计数据，本文根据中国银行和招商银行的2009年半年报披露数据对这两家银行中间业务状况进行分析，初步判断银行业中间业务发展情况。

（一）中国银行

2009年上半年，中国银行实现手续费及佣金净收入229.55亿元（见表3），同比增加5.9亿元，增幅2.64%，在营业收入中的占比为21.28%，同比上升2.50个百分点。中间业务收入中，各项业务收入占比依次为代理业务（19%）、信用承诺（18%）、外汇买卖（15%）、结算收入（15%）、顾问咨询（12%）、银行卡（11%）及托管（2%）。

表3　　中国银行中间业务收入　　单位：百万元人民币、%

	2009年上半年	2008年上半年	增加额	增幅
代理业务	4 649	5 330	-681	-12.78
信用承诺	4 565	3 730	835	22.39
外汇买卖	3 676	4 700	-1 024	-21.79
结算	3 673	4 321	-648	-15.00
顾问咨询	2 999	1 525	1 474	96.66
银行卡	2 772	2 149	623	28.99
托管	612	840	-228	-27.14
其他	1 904	1 498	406	27.10
收入	24 850	24 113	737	3.06
支出	1 895	1 748	147	8.41
净收入	22 955	22 365	590	2.64

2009年上半年，中国银行顾问咨询、银行卡、信用承诺收入增幅较大，分别增长96.66%、28.99%、22.39%，占中间业务收入比例分别上升6个百分点、2个百分点和3个百分点，外汇买卖、托管、代理业务收入下降，分别下降21.79%、27.14%和12.78%，占比分别下降5个百分点、1个百分点和4个百分点。中国银行贷款大幅增加带来顾问咨询和信用承诺等附加业务收入增加，外汇买卖收入下降的主要原因在于我国进出口大幅下滑，代理收入下降主要由于基金发行频率下降。

（二）招商银行

2009年上半年，招商银行手续费及佣金净收入13.85亿元（见表4），比2008年同期减少5 200万元，下降1.27%，主要是由于托管及其他受托业务佣金下降。各项中间业务手续费及佣金净收入占营业收入的16.38%，比2008年同期上升2.14个百分点。2009年上半年银行卡手续费比上年增长8.46%，主要是银行卡交易量上升，结算与清算手续费比2008年同期增长4.31%，主要是业务规模及客户群的稳步扩大使汇款、结算业务交易量增加，以及个人账户管理费增加，代理服务手续费比2008年同期增长21.07%，主要是代理保险业务收入和中期票据、短期融资券承销收入增长，信贷承诺及贷款业务佣金收入比2008年同期增长23.39%，主要是由于客户群和业务量的扩大，托管及其他受托业务佣金收入比2008年同期下降33.12%，主要是受托理财、资产托管、第三方存管业务收入下降。

表4　　2009年上半年招商银行中间业务收入　　单位：百万元人民币、%

	2009年上半年	2008年上半年	增加额	增幅
银行卡手续费	1 385	1 277	108	8.46
结算与清算手续费	508	487	21	4.31
代理服务手续费	1 109	916	193	21.07
信贷承诺及贷款业务佣金	364	295	69	23.39
托管及其他受托业务佣金	735	1 099	-364	-33.12
其他	487	460	27	5.87
手续费及佣金收入	4 588	4 534	54	1.19
手续费及佣金支出	(546)	(440)	-106	24.09
手续费及佣金净收入	4 042	4 094	-52	-1.27

从中国银行和招商银行的中间业务收入可以看出，中间业务收入占比逐年提高，成为商业银行重要的收入来源。中国银行和招商银行由于自身不同的业务特点和优势，中间业务各有特色。中国银行作为四大国有银行，各项业务发展较为均衡，由于具有网点优势，代理业务收入占比较高，国际业务作为其传统优势业务，外汇买卖和国际结算收入也较高。招商银行中间业务以零售客户为主，尤其银行卡业务具有较大优势。

（资料来源：http：//www.chinavalue.net/Blog/BlogThread.aspx？EntryID＝227468）

【评析】此例文运用了大量翔实的数据并配备有文字说明，对第三季度的银行业务进行了非常细致的分析和评价。在分析过程中，此文主要运用了历史分析和比较分析法，在分析比较中凸显矛盾，在分析因素中突出特点。行文简明扼要，图表显示一目了然，语言通俗易懂。

【例文 5－2】

首张外资银行卡分析报告

2008 年 12 月 23 日，东亚银行（中国）有限公司正式推出其信用卡产品——东亚（中国）银联人民币标准信用卡，成为内地首家发行人民币信用卡的外资法人银行。预计在不久的将来，由外资行发行的信用卡将会越来越多，这必将给已经竞争非常激烈的信用卡市场带来新的变局，这也是此次东亚信用卡发行备受关注的原因。那么，东亚（中国）银联人民币标准信用卡除了顶着首张由外资行发行的信用卡的光环以外，这张卡和其他信用卡相比有竞争优势吗?

为此银率网金融产品研究中心撰写了本研究报告，本次调研以标准卡为对象，根据卡片的特点，将研究参数分为三类，即费率类、业务类和增值服务类；并且从用户关注度出发，赋予它们不同的权重，同时结合卡片的等级进行综合的分析研究，揭示外资行信用卡的用卡成本及其在行业中的排名，为消费者在选卡时提供参考依据。

一、东亚银行（中国）背景

东亚银行于1918 年在香港成立，一直为香港、大中华区乃至海外客户，提供零售和商业银行服务；于 2008 年 6 月 30 日的综合资产总额达 3 966 亿港元（508.5 亿美元）。东亚银行于香港联合交易所上市，为恒生指数成份股之一。

东亚银行（中国）为东亚银行在内地注册成立的全资附属公司，总部设于上海；2008 年 11 月，该行信用卡系统通过中国人民银行的验收，同时也是首家外资银行的信用卡系统通过中国人民银行验收。

二、卡片介绍

东亚银行（中国）发行的信用卡共有三种，按等级可分为普通卡、金卡和白金卡（见图 1）；按发卡组织分类，三种卡片同属银联卡，即该卡只能在拥有“银联”标志的机器上使用；按币种分类，三种卡片同属单种的人民币信用卡，即该卡只拥有单一的人民币账户；按卡片是否联名，该卡属于非联名的标准卡；按发卡地区分类，该卡属于全国性卡片。

普通卡　　金卡　　白金卡

图 1　东亚银行（中国）发行的三种信用卡

三、卡片对比

1. 费率类

费率类涉及的参数指标包括：年费、溢缴款领回手续费、预借现金手续费、滞纳金、超限费、挂失费等收费项目。调研结果发现：东亚银行标准卡片的综合费用要比其他银行的同类卡片高，主要体现在滞纳金、预借现金手续费、超限费、挂失费、补寄对账单手续费、重置密码函手续费等项目上，其中滞纳金、预借现金手续费等征收起点为业内最高，如滞纳金最低为20元，预借现金手续费最低为30元等；另外，补寄对账单手续费、重置密码函手续费等也为业内最高，分别为：10元和20元。详细情况如图2所示。

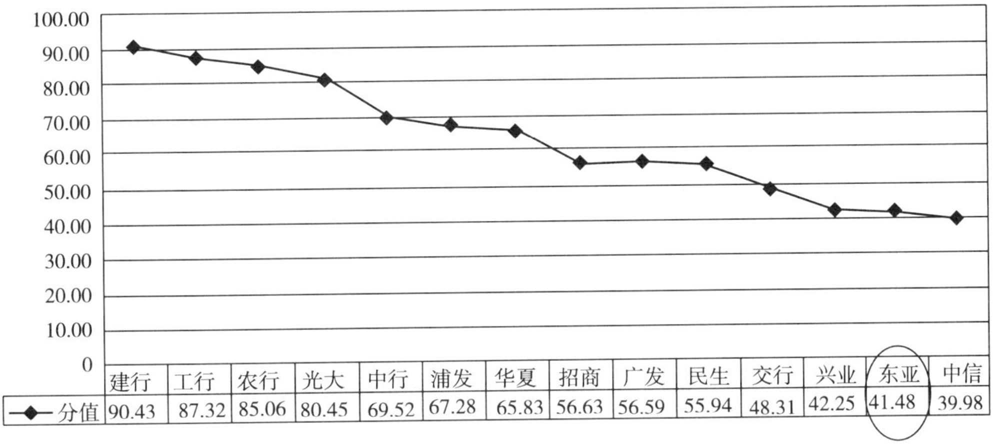

图2　信用卡费率得分

同时，从图3也可以看出，在费用的征收上，国有四大行收费相比股份制银行要低廉。其中，建行、工行、农行分别占据排名的前三甲，东亚银行无论与国有四大行还是股份制商业银行相比，在费率上都不占优势。

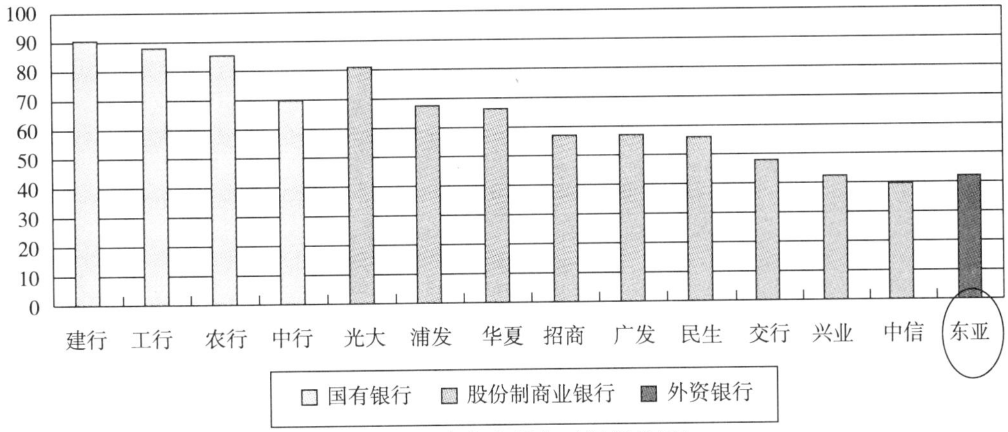

图3　信用卡费率得分（银行类型）

2. 业务类

业务类涉及的参数指标包括：免息期、还款方式、申请方法和分期付款等。调研结果发现：东亚银行标准信用卡在业务项中排名第三位，主要体现在免息期、分期付款等指标上，其中该卡免息期为25天，为业内提供最长免息期的银行之一（见图4）。

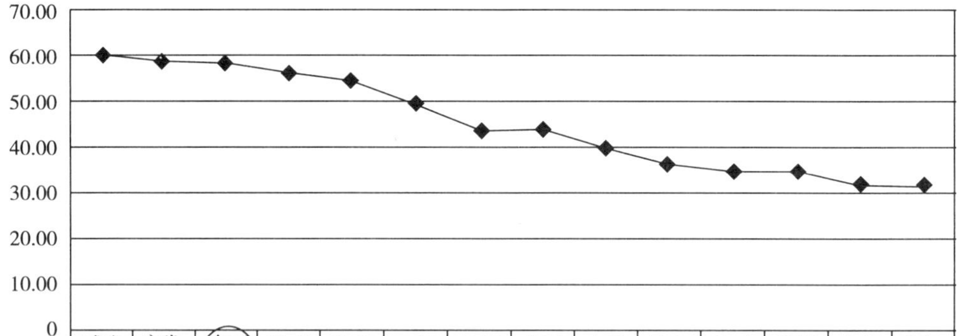

	浦发	广发	东亚	招商	兴业	工行	建行	交行	中信	民生	农行	华夏	光大	中行
—◆— 分值	60.07	58.58	58.44	56.02	54.14	49.69	43.44	43.39	39.36	36.14	34.66	34.60	31.69	31.37

图4　信用卡业务项得分

同时，从图5可以看出，在业务项上，明显占据优势的为股份制商业银行，国有四大行虽然在费用收取上要低廉，然而从卡片实际使用的便利等角度考虑，则不如股份制商业银行。

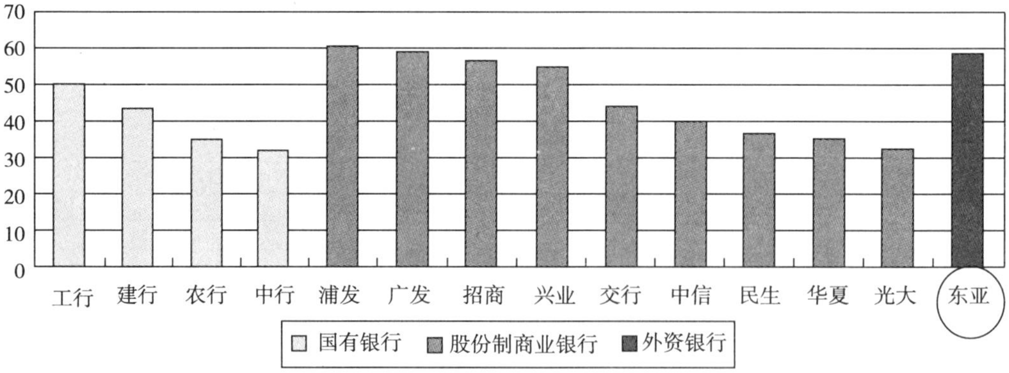

图5　信用卡业务项得分（银行类型）

3. 增值服务类

增值服务类参数指标涉及：积分、挂失前失卡保护、特约商户、保险等。从图6中可以看到，东亚银行标准信用卡以80分的优势拔头筹。东亚标准信用卡的积分除了可以兑换普通的礼品之外，还可以兑换飞行里程，享有航空卡的待遇；另外，在挂失前的失卡保障上，东亚银行提供最长 72 小时的服务，不仅白金卡享受，而且普通卡和金卡同样也可以享受这项服务，保障时间为业内最长；同时，东亚银行的特约商户也遍布海内外，尤其在香港等境外更占据优势。在其他服务上，东亚金普卡还可以享受旅行平安保险、旅行不便险、汽车 24 小时道路救援、高尔夫优惠定场服务和汽车检查等，东亚白金卡在此基础上，还有机场接送、机场贵宾厅、免费租车、医疗体检等高端服务。

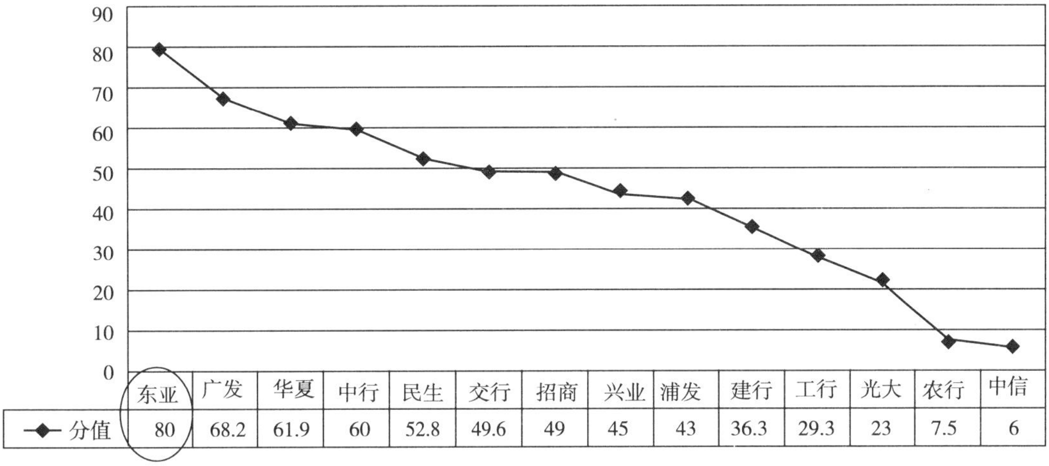

图 6　信用卡增值服务综合得分

同时，如图 7 所示，在卡片的增值服务上，股份制商业银行和外资银行要比国有四大行更具优势。

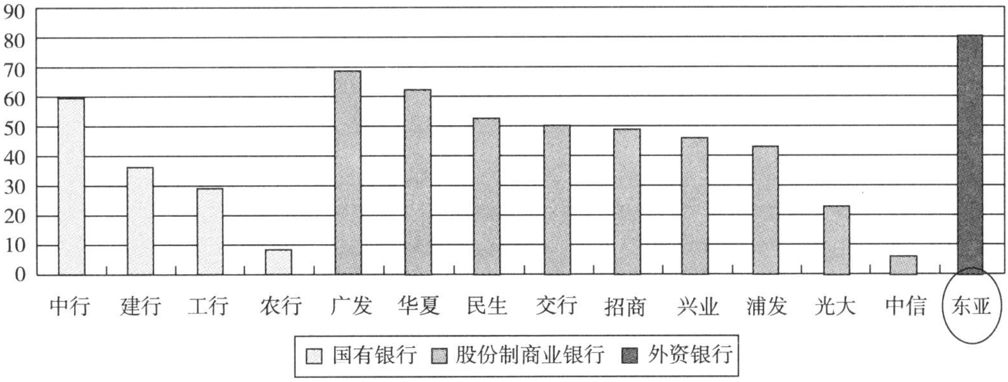

图 7　信用卡增值服务综合得分（银行类型）

通过以上的分析，银率网进行综合的调研统计，各发卡行标准信用卡总分排名情况如图 8 所示。

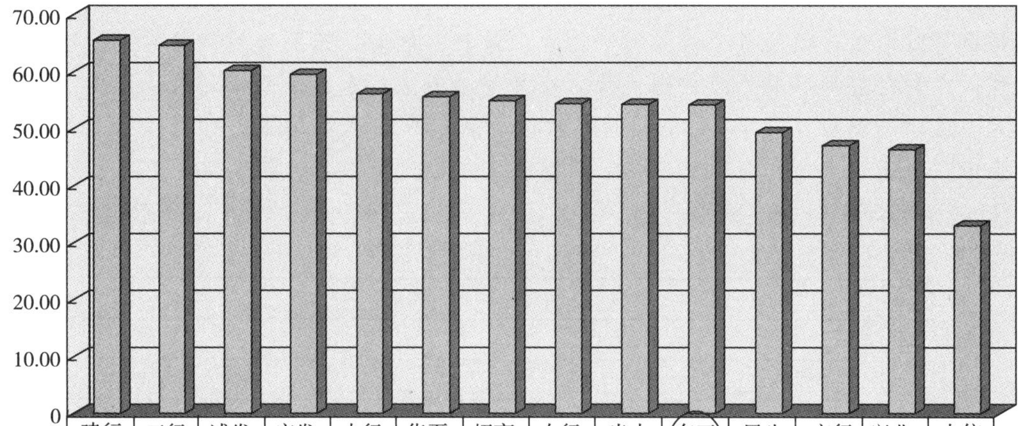

	建行	工行	浦发	广发	中行	华夏	招商	农行	光大	东亚	民生	交行	兴业	中信
分值	65.5	64.6	60.2	59.5	56.1	55.6	54.9	54.4	54.3	54.2	49.3	47.0	46.3	33.0

图 8　各银行信用卡综合排名

注：以上数据来源于各大银行信用卡中心主页，并且所有数据经过银率网加工处理而生成。

（资料来源：http：//www. bankrate. com. cn/cms/2009/02/post_ 4113. php）

【评析】内容翔实具体，分析透彻精辟是这则经济活动分析报告的最大特点。这则报告首先交代东亚银行在中国的背景，接着采用分类说明的方法，详细介绍了卡片情况，有具体的数字、有明显的比较、有直观的图示，且每一类图示之后都有相应的结论，报告真实可信、分析透彻，让人信服，是一则写得较好的经济活动分析报告。

第二节　稽核报告

一、稽核报告的相关概念

20 世纪 80 年代初期，根据《中华人民共和国宪法》规定，我国恢复审计制度，并于 1983 年 9 月成立中华人民共和国审计署，在国务院各部委和国营大中型企业陆续建立了内部审计机构。随着改革的深化和发展，内部审计与国家审计、社会审计构成了具有中国特色的审计体系。按照中国内部审计协会（China Institute of Internal Audit，CIIA，成立于 1984 年）颁布的《内部审计基本准则》对内部审计的定义：“内部审计，是指组织内部的一种独立客观的监督和评价活动，它通过审查和评价经营活动以及内部控制的适当性、合法性和有效性来促进组织目标的实现。”我国金融业普遍将内部审计称为“稽核”。

稽核是金融机构内部控制与风险管理活动的重要组成部分。随着金融业风险管理架构、内部控制体系的不断完善，稽核工作由最初的财务合规性审计逐渐扩展，承担着监督检查、内控评价、咨询及反舞弊等工作职能。

稽核报告原专指稽核检查最终形成的书面文件，是稽核人员对金融机构经济活动实施检查后，将检查经过和结论向稽核部门和有关单位汇报而写的书面报告。随着稽核职能的扩展，稽核理念、方式、手段不断充实，稽核报告的形式也不断丰富，在当前实践中引入了“产品”概念，将稽核部门履行稽核职能，通过收集、分析、提炼相关信息并发送至内部客户的书面工作成果统称为稽核产品。“稽核产品”概念的提出，将稽核报告的定位由稽核检查成果的载体上升至稽核部门的最终工作成果，因此稽核报告的质量，直接反映稽核工作的成果和质量。

二、稽核产品的种类

稽核产品主要包括各类稽核报告、稽核风险提示、稽核管理建议书、稽核调研报告和稽核调查报告等。因服务对象不同，以上稽核产品的目的、用途、发送路线以及约束力不同，稽核人员应根据工作需要，采用适当的方式提供不同的报告形式。在所有稽核产品中，稽核报告是最基本、最主要的报告形式。

（一）稽核报告

稽核报告是指稽核部门在对稽核对象实施预定的测试程序后，对稽核范围内的经营活动、风险管理以及内部控制的适当性、有效性进行确认并提出改进建议的书面文件，是稽核项目工作成果的主要体现形式，其主要发送对象为被稽核对象及其上级条线管理部门、合规部门。原则上每个稽核项目都应提交稽核报告。

根据不同的划分标准，稽核报告的类型也会有所不同。根据时序划分，可分为中期稽核报告、后续稽核报告；根据方式划分，可分为非现场稽核报告和现场稽核报告；根据范围划分，可分为全面稽核报告和专项稽核报告。

（二）稽核风险提示

稽核风险提示是稽核部门以稽核检查或日常工作获取的内外部风险信息为基础，对相关风险的表现形式、影响程度、产生原因及可采取的防范和化解措施进行分析并提供给管理层或业务部门的书面文件，旨在提示管理人员关注经营管理中已出现或可能出现的风险，并及时采取有效措施加以防范和控制，其主要发送对象为业务条线管理部门。

（三）稽核管理建议书

稽核管理建议书是稽核部门通过稽核检查或日常工作获取内外部检查信息，对照最佳实践向管理人员提出内部管理改进建议的书面文件，旨在推介最佳管理实践，促进组织效能、效益的不断提高，其主要发送对象为管理层和业务条线管理部门。

（四）稽核调研报告

稽核调研报告是稽核部门通过深入的调查研究，反映规章制度、业务经营、风险管理、内部控制等方面问题并提出改进建议的书面文件，是稽核咨询职能的重要体现形式，其主要发送对象为管理层和业务条线管理部门。

（五）稽核调查报告

稽核调查报告是稽核部门根据上级稽核部门、本行管理层或条线管理部门等的委托，通过对特定事项的深入调查，经过综合分析判明该事项成因、揭示其本质的书面报告，其主要发送对象为委托方。

三、稽核报告的结构和写法

在长期实践中，稽核报告形成了较为固定的格式，内容一般包括报告概要、基本情况、稽核结论、主要稽核发现、稽核建议、稽核对象反馈等，内部审计部门通常以《报告标准》等文件予以规范。其他稽核产品的编写则可参照稽核报告标准，其内容、结构可采取更为灵活的表现形式。

（一）报告概要

报告概要应概述稽核报告中的重要稽核发现和稽核结论，以满足需在短时间内了解稽核结果或仅需了解稽核总体概况的阅读者的需求。

（二）基本情况

基本情况主要包括稽核项目基本情况和稽核对象基本情况。

稽核项目基本情况包括稽核目标和稽核范围。其中，稽核目标说明项目目标及立项原因，帮助报告阅读者更好地了解项目背景；稽核范围说明本次稽核涉及的机构范围、时间范围和业务范围等，如存在未能按稽核方案要求实施稽核的领域，应在报告中反映并说明原因。

稽核对象基本情况主要包括对稽核对象经营管理状况的总体描述和分析，应突出管控模式、经营特点、发展趋势等方面，以使阅读者更全面地了解稽核对象的相关背景和情况。

（三）稽核结论

稽核结论应围绕稽核目标，总体评价检查范围内稽核对象的经营管理和内部控制状况，可包括以下内容：业务运营是否与组织目标保持一致、经营目标是否得到实现、被检查活动是否按计划运作、风险管理及内部控制是否适当有效、对内部控制有效性的评级以及与以前年度比较的变动情况等。稽核对象的出色业绩应在稽核结论中得到肯定。

（四）主要稽核发现

主要稽核发现部分是对查出问题的归类汇总和描述分析，重点反映稽核对象在经营活动、风险管理、内部控制和公司治理中存在的主要问题，并按照重要性排序。表述稽核发现时，应说明事实证据、评价标准、问题原因、事实与标准的差异以及该差异可能带来的风险或影响。

（五）稽核建议

稽核报告正文中应提出改善业务经营、风险管理、内部控制或公司治理的建议，可针对具体问题提出纠正措施或改进方案，也可就系统整改和综合治理提出相关建议。稽核建议应具有可操作性，并符合成本收益原则，有利于稽核对象改善经营活动和内部控制，促进组织目标的实现。

（六）稽核对象反馈

稽核组应采取适当的方式与稽核对象充分沟通，并取得相关层级人员对稽核发现的书面意见。经沟通稽核组与稽核对象仍未达成一致意见的，应在报告正文中以适当的方式说明。稽核对象反馈也可作为报告正文的附件。

（七）其他要求

涉及对上次稽核检查进行后续跟进的，应在报告正文中以适当方式反映跟进的结果。

单个具体的稽核发现一般以清单形式反映，并作为报告正文的附件。

四、稽核报告的写作要求

总体而言，稽核报告应要素齐全、叙述完整、格式规范，建立在确凿充分的稽核证据之上，内容描述应清晰、简练、准确，以阅读者的需求为导向。

（一）撰写依据

撰写稽核报告主要依据中国银监会的《银行业金融机构内部审计指引》、中国内部审计协会的《内部审计基本准则》和《内部审计具体准则》等规章制度和行业规范，并参照国际内部审计师协会发布的《国际内部审计实务标准》。

（二）具体原则

稽核报告应客观、完整、清晰、及时、具有建设性，并体现重要性原则。

1. 客观：是指稽核报告应建立在确凿充分的稽核证据之上，实事求是、不偏不倚地反映稽核发现，稽核结论应客观公正、实事求是。

2. 完整：是指稽核报告应当要素齐全、叙述完整、格式规范，不遗漏稽核中发现的重大事项。

3. 清晰：是指稽核报告应易于理解，富有逻辑。

4. 及时：是指稽核报告应具时效性，原则上应于现场稽核检查结束后 10 个工作日内完成稽核报告初稿、20 个工作日内送达被稽核单位及相关部门，以使管理层及时采取有效措施纠正稽核发现的问题。

5. 具有建设性：是指稽核建议应具有可行性，并符合成本效益原则，有利于被稽核单位改善经营活动和内部控制，促进组织目标的实现。

6. 重要性原则：是指稽核报告应在综合考虑稽核发现的风险水平和重要性水平的基础上，重点反映被稽核单位经营活动、风险管理、内部控制和公司治理中存在的重大缺陷和漏洞。

（三）文字要求

1. 稽核报告的文字组织应以阅读者的需求为导向，问题阐述应简练、准确、深刻，力求能使上级管理层和被稽核单位关注问题所在，并积极整改。

2. 稽核报告的文字表述应富有逻辑性，尽量避免使用不必要的专业术语，并多用主动句式，以便于阅读者理解。

3. 稽核报告的内容选择应突出重点。稽核报告正文只反映风险较大的问题，重要的问题应尽量放在前面叙述，以引起稽核报告使用者的关注。

五、例文评析

【例文5-3】

关于对××分行本部及辖属×家机构常规稽核的报告

（分页）

报告概要

2010年5月，省行稽核部派出项目组对××分行本部及辖属×家机构2009年××月××日至2010年××月××日期间的相关业务进行了稽核，其中对个人贷款业务和财务管理的检查追溯至2008年度；××月，根据总行重点条线专项稽核的统一部署，对××分行本部2009年××月××日至2010年××月××日期间信用卡业务进行了专项稽核。

通过本次稽核，项目组认为：××分行稽核期内较为注重业务发展，业务规模迅速增长，已跻身省辖“二类行”行列；新的领导班子认真贯彻省行××要求，组织基层机构负责人开展了违规违法行为警示教育活动及“××”学习；操作风险的防控方面取得一定成效。但本次稽核发现，××分行内部控制仍存在薄弱环节，部分中层管理人员及员工合规意识有待提高，突出体现在：部分机构负责人及部分客户经理与客户存在资金往来；个人贷款业务操作层面的贷前调查、信息核查、档案管理（抵押登记）、贷后管理等环节控制不足；部分信用卡商户存在集体套现行为；费用冲账、入账环节存在控制缺陷等。以上问题需引起××分行管理层及省行条线部门高度重视。

（分页）

报告目录

略

（分页）

一、稽核项目基本情况

（一）稽核目标

通过对××分行及辖属×家机构重点业务条线相关业务品种、环节的抽样检查，分析、评价其内部控制的适当性和有效性，促进分行进一步改善经营管理、防范风险。

（二）稽核范围

本次检查的机构、业务品种和时间范围均按照总行及省行稽核部2010年××月份稽核项目任务书（2010－××号）要求执行，对个人贷款业务和财务管理的检查追溯至2008年。同时根据已发现的线索对××支行、××支行、××分理处部分存款交易进行了延伸检查。抽样样本达到了稽核方案规定要求。

鉴于稽核手段、时间、抽样范围的局限和内部控制自身固有缺陷，稽核检查不能保证上述稽核范围内所有重大风险均得到揭示。

二、稽核结论

（一）业务经营情况

稽核期内，××分行坚持以发展为第一要务，存贷款业务较快增长，业务规模已从“三类行”跻身“二类行”，“扩规模”成效明显。截至2010年××月末，各项存款××元，贷款余额××元，分别比2009年初增加××元和××元，增长××%和××%；××分行全辖零售贷款余额××元，较2009年初增加××元，增长率××%；……完成省分行年计划目标（××元）的××%。

××分行存款结构不合理，定期存款占比偏高，费用控制不尽理想，整体盈利能力不强，×××和×××等指标在省辖排名靠后。

（二）内部控制评价

稽核期内，××分行重视内控管理工作，认真贯彻落实省行“××”、“××”各项要求，推出了××、××等工作举措，夯实了内控管理工作基础。但本次检查发现，该行部分业务操作的规范性存在较大不足，管理部门监督检查缺乏有效手段，相对集中在××业务、××管理的操作风险的管理防控上。

三、主要稽核发现

本次稽核发现问题××个（详见附件1－1）。其中：中偏高风险问题××个，中风险问题××个，中偏低风险问题××个，低风险问题××个。从问题分布环节来看，贷后管理（资金监控）环节××个，占××%；费用预算控制××个，占××%，贷款审核环节××个，占××%，储蓄现金管理环节××个，占××%。主要稽核发现如下：

（一）分行对部分机构负责人及部分客户经理的管控不到位

1. 部分经营机构负责人和客户经理违反规定与客户发生资金往来。

2. 稽核期内有多名客户经理与客户发生资金往来，金额不等。

风险分析：对机构负责人及员工管控不足，放任其与客户发生利益上的往来，容易引发这部分人员履行职责时的利益冲突；为客户提供资金过渡，容易发生经济纠纷，将给我行带来不利影响。

（二）个人贷款部分操作环节存在明显控制缺陷和制度执行不力问题

××分行稽核期内取得个人贷款业务的快速发展，但在岗位设置、贷前调查和审查、资金用途监控、贷后管理、监督检查等操作层面存在较大不足，本次稽核发现风险程度“中”以上的××个问题中，涉及个人贷款方面的××个，占比××%，风险隐患的集中度较高。

1. 贷前调查和审查不到位，部分按揭贷款项目存在开发商套现行为。

风险分析：略

2. 业务发起与抵押登记办理岗位未分离，信息核查制度未严格落实。

3. 部分个人贷款贷后管理要求未落实到位。

（三）财务管理存在不足

1. 费用预算编制不严谨。

2. 费用冲账、入账环节存在控制缺陷。

风险分析：略

四、稽核建议

1. 加强基层机构负责人客户经理职业道德教育和专业知识的培训。同时加大问责力度，对存在履职不到位和违规操作的员工进行警示和问责，以达到教育和警示他人的作用。

2. 强化日常管控工作，有意识的培养有工作经验和熟悉政策制度的员工，充实内控岗位，提高内控检查质效；再次，重视检查督办，对内外审检查出来的问题认真督促整改。

3. 针对本次稽核发现××问题，在岗位设置、员工培训和制度执行的有效性和自觉性方面加强管理，夯实基础管理工作。

4. 本次稽核在延伸检查过程中，发现××支行××、××问题风险程度较高，建议分行对上述两个支行相关岗位人员及零售贷款业务进行风险排查。

附件1－1：对××分行本部及辖属×家机构常规稽核问题清单

××分行本部及辖属×家机构常规稽核项目组

二〇一一年××月××日

【评析】这则稽核报告遵循了基本格式规范，结构完整。首先以报告概要的形式对稽核范围、检查结论和最主要的稽核发现进行描述，便于阅读者快速掌握报告重点。正文部分从稽核项目基本情况、稽核结论、稽核发现的主要问题对项目实施过程和检查结论作客观叙述，对风险程度较高的问题进行了风险分析，最后综合检查情况，提出了具体的建议和意见。报告格式清晰，逻辑较为严密。

第三节　贷款调查报告

一、贷款调查报告的含义

贷款调查报告是金融机构在接受申请银行贷款的个人或单位的报告书之后，在放贷之前，就申请人资信情况、财务状况、经营管理、贷款用途、还款能力及借贷后带来的经济效益等方面对所需贷款的个人或单位进行相关调查取证后所形成的书面报告。

金融系统进行贷款贷前调查，是为了提高信贷资产质量，防范和化解金融风险，确保银行资金的合法、安全和盈利，因此撰写贷款调查报告具有重要意义。

二、贷款调查报告的特点

1. 真实性。作为放贷重要依据的贷款调查报告，一定要在调查时深入了解申请贷款企业的过去和现在状况，并准确估算出该企业的发展趋势，同时还要关注国内外市场的变化及趋势，从而作出准确的贷款风险判断，不能脱离实际、主观臆断。因此，撰写贷款调查报告一定要在掌握第一手资料的基础上，作出实事求是的分析，叙述申请企业状况时应符合客观实际。

2. 多种表达方式相结合。在贷款调查报告的写作上，对申请贷款对象基本情况的介绍，如贷款人的存款情况、历年来的贷款情况、贷款人与担保人之间的关系等方面，主要采取叙述的方式；而在对申请贷款对象的风险预测和化险措施方面则主要采取说明和议论的方式，最后在签署意见部分主要采取议论方式，直接表明观点。

三、贷款调查报告的写法

贷款调查报告包括标题、正文、署名和时间四个部分。

（一）标题

贷款调查报告一般采用公式化的标题，由放贷单位名称 + 事由 + 文种三个部分构成。如《中国农村信用合作社××县支行关于××企业申请××贷款的调查》。

（二）正文

正文一般包括引言、主体和意见三大部分。

1. 引言。这一部分主要写调查报告的缘由，交代申请贷款一方因何原因于何年何月提出了贷款申请，银行针对该申请在何地进行了什么样的调查。

2. 主体。这一部分是贷款调查报告的核心部分。主要介绍通过对申请贷款一方的调查所了解的实际情况。包括申请贷款一方的性质、规模、固定资产、负债情况、生产经营状况、生产规模（包括设计规模和实际规模）、产值、产品的生产与销售周期、产品销售形势和市场的适应前景以及申请贷款的用途，并且实事求是地做好贷款的可行性分析、资产负债分析、生产周期与流动资金分析、现金流量分析、资金的分布分析、生产与销售分析等，以判断该申请贷款对象能否带来可观的经济效益以及贷款能否按期收回本息等内容。

如果有旧贷款，还要写清贷款到期的归还情况和结息情况；如果有不良贷款，应重点分析成因及还款的可能性。

3. 意见。根据贷款调查报告的结果和现行的贷款政策明确给出相应意见，如贷还是不贷、贷多贷少，都应在贷款调查报告的结尾处明确表明。如果不贷款，则应说明理由；如果贷款，还应说清楚贷款金额，以及发放贷款的时间、利率、贷款方式和还贷时间等。

（三）署名

在报告正文的右下方应写明“调查人：××”，表明调查贷款的责任人。

（四）时间

位置在署名之下的右下方，写清楚具体的年、月、日。

四、贷款调查报告与银行贷款项目评估报告的区别

（一）写作目的不同

贷款调查报告是在接收到申请贷款的个人或单位的贷款申请之后，经过调查得出能否放贷以及放贷多少的结论，以此作为专管银行贷款业务的领导或有关部门的参考；银

行贷款项目评估报告则是受到国家有关经济机构或部门的委托而写，除了作为放贷的依据之外，还可为优化工程项目提供相应依据，并锻炼银行技术队伍。

（二）作者不同

贷款调查报告的作者一般为银行负责贷款的代办工作人员，而银行贷款项目评估报告则是由有关专家与银行部门组成的评估组。

（三）针对对象不同

贷款调查报告针对向银行提出贷款申请的个人或有关企业而写，银行贷款项目评估报告针对的一般是大型的经济建设项目。

五、例文评析

【例文5－4】

关于××公司申请短期流动资金贷款的调查报告

一、借款人概况

1. 基本情况

江西××驱动桥有限公司地处××县城安仁路，成立于1957年5月，1979年正式转产从事驱动桥生产，改名为××县驱动桥厂，经过二十多年的发展，为我国三大专业生产驱动桥企业之一。2003年3月被宁波BB集团兼并，成立江西××驱动桥有限公司，BB集团占70%股份，原厂管理人员占30%股份。

新的公司按承债方式以净资产为受让价格依据，受让驱动桥厂整体资产。新公司成立后，注册资金1 000万元，全部以现金出资，其中：宁波BB集团股份有限公司应出资700万元［实际出资为913万元，其中213万元为借给其他股东对江西省××驱动桥有限公司（筹）的投资款］，占注册资本的70%；付樟清应出资100万元（实际出资18万元），占注册资本的10%；张凤仪应出资55万元（实际出资10万元），占注册资本的5.5%；席腊如应出资40万元（实际出资6万元），占注册资本的4%；刘剑敏应出资15万元（实际出资6万元），占注册资本的1.5%；严告牙应出资90万元（实际出资48万元），占注册资本的9%；资本金全部到位。法人代表周辞美，职工683人；其中工程技术人员58人。厂区占地面积10万平方米，生产建筑面积2.7万平方米。

2. 企业生产情况

江西××驱动桥有限公司，为机械部专业化生产工程机械驱动桥的定点厂。企业主导产品“奔驰”牌驱动桥主要配套于装载机、压路机、平地机、叉车等工程机械领域，产品性能价格比合理，现已拥有7大系列90多个变形产品，年产各类工程机械驱动桥7 000台套，其中ZL20和ZL15、ZL30B驱动桥分别为部优和省优产品。公司产品主要分为两大块，一块是装载机驱动桥，产品型号为ZL15、ZL30、ZL40、ZL50，其占全国销售市场的25%左右；另一块是压路机驱动桥，产品型号为PS50系列、PS75系列，该产品占全国销售市场的50%左右。

3. 管理者素质

公司领导班子共7人，其中总经理1人，副总经理3人，经理助理1人，工会主席1人，监事会人员1人，BB集团外派管理人员1人，拥有高级职称4人，班子政治坚定，团结一致，有高度的事业心和责任感，强烈的改革和开拓进取精神，具有较高的组织能力和领导决策水平，总经理付樟清，为原××驱动桥厂厂长（高级工程师），从事驱动桥生产近20年，专业水平较强。该同志品行良好，清正廉洁，吃苦耐劳，有一定的个人魅力。

二、借款人生产经营及经济效益情况

随着国家加大基础建设力度以来，2001年至今，公司不断进行技改，加大生产力度，其产品还是出现供不应求现象，2000年销售收入为3 916万元，2001年销售收入为4 717万元，2002年销售收入为7 250万元，2003年销售收入为10 072万元，近三年销售收入增长率分别为20.5%、53.17%、38.9%。2000年公司净利润为2.4万元，2001年公司净利润为2.5万元，2002年公司净利润为25万元，2003年公司净利润为242万元。公司前三年净利润增长缓慢，主要原因为企业核销了许多历史呆账所致。

企业生产一般为订量生产，每年初工程机械车辆生产厂家和其签订全年的驱动桥需求量的订单。公司一般销售旺季为第二季度至第三季度，但近几年，由于产品供不应求，故反映在销售季节性上不强。

公司销售模式为直销工程机械车辆生产厂家，中间不经过销售商，业务周期一般为××月左右。主要供货为：三九宜工生化股份有限公司、常州林业机械厂、郑州工程机械厂、黄河工程机械厂、厦门工程机械综合厂、常州市工程机械厂、南方液压工程机械厂、朝阳工程机械股份有限公司、烟台工程机械厂、天津市政工程机械厂、上海城建机械厂、三明重型机器厂、洛阳建筑机械厂等；与上海、浙江、山东、福建、湖南等大型工程机械企业建立了稳定的业务往来和协作关系。企业发展呈强劲增长态势；随着国家进一步加大基础设施建设投入、西部大开发战略的实施，用于工程机械驱动桥的市场空间巨大。

三、借款人财务状况

1. 该公司最近四年主要财务指标一览表

××公司最近四年主要财务指标一览表 单位：万元、%

项目 \ 年份	2000	2001	2002	2003
资产总额	6 412	5 762	5 768	6 514
负债总额	4 479	3 955	4 122	4 399
其中：短期借款	1 825	1 820	1 800	2 950
长期借款	0	0	0	0
资产负债率	69.85	68.64	71.46	67.53
流动比率	142	157.83	148.25	90.06
速动比率	85.65	101.87	106.88	74.85
销售收入	3 916	4 717	7 250	10 072
利润总额	3	3	37	312
净利润	2.4	2.5	25	242

据上表分析：

（1）借款情况：2003年短期借款为950万元（县工行2 310万元，其他行均未介入）。

（2）该公司经营管理正常，只是资产负债率略为偏高，但销售收入增长较快，2003年实现净利润242万元。

（3）从其流动比率、速动比率分析，该公司短期偿债能力较强。

总体看来，该公司经营管理正常，随着内部管理的不断加强，企业盈利能力进一步提高，抗风险能力不断增强。

2. 发展情况

2004年，公司已签订驱动桥生产订单为8 600套，预计实现销售收入15 000万元，实现利税1 000万元，其中实现税金600万元，税后利润400万元。

四、公司与我行关系

该企业长期在中国工商银行××县支行发生授信业务，基本账户在工商银行，其他金融机构均未介入，资信良好，从未出现过逾期现象，工商银行对其信用评级为AA级。

我行与该公司长期发生过贴现业务，双方合作较愉快，2003年，由于政府加大招商引资力度，对于该公司兼并情况，我行密切关注，在其成功被宁波BB集团兼并后，我行及时制订营销方案。在上级行的大力支持下，通过集团公司及当地公司管理人员的多方营销，我行良好的服务令公司愿意与我行发生信贷关系，并成为我行的基本客户。

五、贷款必要性及可行性分析

如该笔贷款发放成功，不仅可以成功让企业成为我行的基本客户，且可以新增对公存款约400万元，日平均余额将达200万元以上，同时每年为我行带来结算业务近1 000万元，产生直接经济效益达万元。另外，由于公司地处我县县城，我行还可以取得该公司的工资代发权，每年代发工资近600万元，由此每年可新增储蓄存款近200万元。由于该公司处于我县三大龙头企业之一，将进一步扩大我行在当地的影响力，同时公司有良好的发展前景，这将进一步改善我行信贷资产量和信贷结构，分散我行信贷风险，提高我行盈利能力。我行不良贷款比率将下降2.25%，不良比率为7.81%，为我行今后的竞争奠定了一定的基础。

六、贷款担保人分析

该笔贷款的担保由宁波BB集团有限公司提供连带责任担保，宁波BB集团为宁波市重点培育的18家大企业集团之一，为宁波市的五星级企业。公司进入中国民营企业500强，世界汽配行业500强，××县驱动桥有限公司为宁波BB集团下属公司。

宁波BB集团有限公司总资产十余亿元，公司法人代表为周辞美，公司注册资金为10 000万元。下设27个分公司，主要产品有汽车、特种装备、汽车零部件、电子产品、水产食品及大、中型精密模具等。集团下属各企业分别于1997年8月通过了ISO 9000认证，1999年通过了国际汽车制造先时标准QS9000（美国）和VDA6.1（德国）认证，2000年10月份通过国家“863计划”CIMS工程的验收和鉴定，2003年4月通过TS/

16949 认证，其集团公司下属企业——宁波 BB 电子有限公司已通过中国证监会批准，将于 2004 年上市。

宁波 BB 集团是中国银行象山支行的基本客户，中国银行对其公司的信用评级为 AAA 级。

七、结论

同意对该公司发放短期流动资金贷款 3 000 万元，期限 1 年，利率 5.31%，由宁波 BB 集团股份有限公司提供连带责任保证。

（资料来源：http：//www.qfsky.com/article/view_ 27352.html）

【评析】这则贷款调查报告由借款人基本情况、生产经营及经济效益情况、借款人财务状况、借款人与贷款银行的关系及贷款的必要性和可行性分析、贷款担保人分析六个方面组成。数据翔实，分析透彻，对贷款的风险作了较为切实的评估，最后得出放贷的结论。该文是一篇规范的例文。

第四节　业务计划编制说明

一、业务计划编制说明的作用

银行业务计划主要是指储蓄存款计划、现金收支计划和财务收支计划，这三大银行计划一般采用表格式。由于表格只能反映数字，对制订计划的依据及数字的增减原因、完成计划的措施等内容无法详细说明，因此，业务计划编制说明是这三大业务计划的重要组成部分。具体来说，业务计划编制说明具有以下作用：（1）对计划表格中有关数字及关系的补充解释；（2）对表格中数字的复核和再审查；（3）便于执行者理解和执行。

二、业务计划编制说明的特点

1. 关联性。业务计划说明中有关数据的过去、未来以及之间的相互关系是一个有机整体，在编制计划说明的时候应将三者联系起来分析、判断，因而具有很强的关联性。

2. 超前性。银行业务计划制订时间一般是在上一年的年末，也就是一年即将结束还没有结束之时，上一年的结算还没出来，因此对上一年的基本情况只能是预计。同时，计划的内容是表述未来的，它在上期末、计划期到来前编制完成，具有超前的特点。

3. 解释性。业务计划编制说明需对业务计划制订的指导思想、依据及表格部分中的数字进行解释。无论是对指导思想的阐述，还是对相关情况的分析，目的都是为了让人明白，具有很强的解释性。

4. 专业性。银行业务计划编制说明是以银行业务为基础，只有懂银行业务的人才能弄清楚表格中的数字关系，才能进行分析与说明。因此，它具有很强的专业性。

三、业务计划编制说明的写法

业务计划编制说明包括标题、正文、附件和落款和日期五个组成部分。

（一）标题

一般由编制计划的银行、业务计划的名称和编制说明三个部分构成。如《××银行××市中心支行综合信贷计划编制说明》。

（二）正文

编制说明的正文一般包括前言、主体和结尾三个部分。

1. 前言。主要说明编制该计划的指令依据、政策依据、历史依据、客观形势依据、手段依据和指导思想。

2. 主体。主体部分由“上期预计”和“本期安排”两个部分构成。

（1）上期预计。这一部分采用概述的写法，简要介绍上一年的经济和金融情况、现金收支和信贷工作特点、上一年所作的主要工作及主要成绩与问题、上一年的情况对本期计划的影响等几个方面。（2）本期安排。重点说明本期计划的具体情况以及可能出现什么样的结果，分析导致本期计划指标增减变化的因素及依据是什么。这一部分是银行业务编制计划说明的写作重点。

3. 结尾。写明在编制本期计划的过程中发现的问题并提出相应的建议或意见。

（三）附件

业务计划编制说明后要附计划表。

（四）落款

位置在正文之后的右下方，写清撰写编制说明的单位名称。

（五）日期

位置在落款之下，写明年、月、日。

四、写作要求

1. 说明要合理。部分银行业务计划的编制目的是报请上级机关审批、同意，因此在撰写业务计划编制说明时不能脱离这个目的，写作重点应放在对该计划实行的可行性上，争取得到上级机关的认可，以便该计划的贯彻、执行。

2. 分析需透彻。业务计划编制说明主要是对业务计划中的表格部分作详细说明，这就需要对计划表格中列出的数字进行深入分析并从中作出科学的预测，能透过现象看本质，抓住规律，把握影响信贷资金和现金收支增减的制约因素，找出主因，并逐一说明。

3. 重点应突出。银行业务计划编制说明主体部分的两大内容为“上期计划”与“本期安排”，在写作中，不能平均用力，重点应放在本期安排部分的写作中，根据实际情况可采用具体的分析说明；另一方面，银行各项业务指标也有主次之分，对存款的增长、利息的收入等影响因素变化较大的指标作重点说明，而对变化不大的指标如应付利息的提取、固定资产折扣、税款计提等不需做过多解释。

五、例文评析

【例文 5 -5】

中国××银行××分行 2011 年度财务收支计划的编制说明

现将中国××银行××分行 2011 年度财务收支计划的编制情况说明如下：

一、2010 年度财务收支执行情况分析

（一）2010 年财务总体情况

截至 2010 年末，分行资产总额 3 677 844 万元，比年初增加 733 289 万元，增幅 24.9%。其中：各项贷款余额 1 944 211 万元，比年初增加 397 316 万元，增幅 25.68%。

负债总额 3 374 922 万元，比年初增加 519 786 万元，增幅 18.21%。其中，各项存款余额 3 129 772 万元，比年初增加 625 317 万元，增幅 24.97%。

净资产总额 302 922 万元，比年初增加 213 502 万元，增幅 238.76%。

实现核销呆账和提取准备前利润 53 937 万元，同口径比上年增加 20 745 万元，增幅 62.5%，比预算增加 4 037 万元；实现核销呆账和提取准备后账面税前利润 29 611 万元，同口径比上年增加 4 758 万元，比预算减少 4 989 万元；实现账面税后净利润 15 288 万元，比上年减少 1 636 万元，比预算减少 4 202 万元。

（二）2010 年度财务收支情况

1. 2010 年度各项财务收支情况如下表（表略）

2. 主要财务收支情况说明

（1）营业收入大幅增长。2010 年分行实现营业收入总额 117 473 万元，比 2009 年增加 38 590 万元，增幅 48.92%；比预算增加 5 973 万元，增幅 5.36%。其中：

——受贷款规模扩大及利率上调双重因素影响，利息收入增长较多。2010 年分行积极拓展优质信贷客户，增加信贷投放，当年新增贷款 39.73 亿元，同时 2010 年人民银行六次上调了贷款利率，也带动了利息收入增长。2010 年分行实现利息收入 99 601 万元，比 2009 年增加 31 642 万元，增幅 46.56%。

——金融机构往来利息收入大幅增长。2010 年分行实现金融机构往来利息收入 11 211万元，比 2009 年增加 4 795 万元，增幅 74.74%；与预算基本持平。金融机构往来利息收入同比大幅增长的原因：一是央行连续上调存款准备金率，使得分行存放人民银行款项利息收入增长较多；二是 2010 年分行信贷资产回购、票据回购和债券回购等回购业务规模不断扩大，各项回购业务利息收入大幅增长。

——手续费收入稳步增长。2010 年分行实现手续费收入 3 182 万元，比 2009 年增加 514 万元，增幅 19.28%；比预算增加 82 万元。

（2）营业支出有所增长，增幅低于营业收入。2010 年分行营业支出总额 49 323 万元，比 2009 年增加 11 138 万元，增幅 29.17%；比预算减少 2 577 万元，降幅 4.96%。其中：

——存款增长较快以及存款利率上调导致存款利息支出同比增长较快，2010 年存款利息支出 39 093 万元，比 2009 年增加 9 823 万元，增幅 33.56%。但因存款增量结构中活期占比较多，利率频繁上调导致定期存款提前支取较多，存款利息支出比预算减少 1 007 万元。

——因市场利率趋高，回购协议借入款在负债中占比下降，金融机构往来利息支出较预算减少较多。2010 年金融机构往来利息支出 8 486 万元，比 2009 年增加 1 388 万元，增幅 19.55%；比预算减少 2 714 万元，降幅 24.23%。

（3）营业费用控制效果较为明显。2010 年营业费用 44 469 万元，比 2009 年增加 13 681 万元。成本收入比由 2009 年的 46.26% 下降至 2010 年的 42.87%，表明费用投入转化为收入的能力提高。

（4）投资收益同比稳步增长。2010 年实现投资收益 35 569 万元，比 2009 年增加 9 090 万元，增幅 34.33%；比预算减少 5 931 万元。因货币政策、利率上扬等宏观市场环境变化，2010 年特别是下半年投资业务发展采取谨慎策略，投资收益比预算有所减少。

（5）资产减值准备大幅增加。2010 年提取资产减值准备 24 326 万元，比 2009 年增加 15 987 万元，增幅 191.71%；比预算增加 9 026 万元。其中：提取应收款项减值准备 27 000 万元，贷款损失准备转回 2 674 万元。

二、2011 年度财务收支计划

（一）2011 年度财务收支计划编制基础

2011 年度财务收支计划编制的基础主要包括：

一是为加快分行业务发展，为业务发展与创新等创造条件，早日实现分行确定的发展战略目标，2011 年分行制定了高于全市银行同业平均增长速度的业务发展计划。2009 年全市同业各项存款余额平均增长率为 14.42%，近三年平均复合增长率为 15.08%，分行计划 2011 年存款增长 19.17%，增幅高于全市同业平均增长速度 4 ~5 个百分点。

二是分行 2011 年度财务收支计划以《金融企业会计制度》为会计核算基础编制。

（二）2011 年度主要财务收支计划指标

1. 总体财务状况预算

（1）资产总额：争取达到 438 亿元，比 2010 年末增加 70 亿元。其中，各项贷款余额争取达到 236 亿元，比 2010 年末增加 42 亿元；

（2）负债总额：争取达到 406 亿元，比 2010 年末增加 68 亿元。其中，各项存款余额争取达到 373 亿元，比 2010 年末增加 60 亿元；

（3）利润总额：提取准备金前利润争取达到 6.49 亿元，比 2010 年增长 20.4%；在按要求提取各项资产减值准备后，争取实现税前利润 3.26 亿元，比 2010 年增长 10.1%；争取实现税后净利润 1.95 亿元，比 2010 年增长 27.8%。

2. 2011 年主要财务收支计划表（略）

3. 2011 年财务收支计划有关事项的说明

（1）自 2010 年以来，央行连续十二次调整存款准备金率，本行存款准备金率由

2010年初的9.5%上升至目前的16%，提高了6.5个百分点，增长幅度达68.4%，预期2011年还将进一步提高存款准备金率2~3个百分点，同时分行还需要保持5%的超额备付金以保证流动性。存款准备金率的提高减少了投向贷款等较高收益业务的资金运用，降低了分行净息差水平。

（2）2011年分行计划通过积极拓展中间业务收入渠道等方式，努力提高中间业务收入和占比，预计2011年手续费净收入增长0.13亿元，增幅40.9%。

（3）预计2011年营业费用5.67亿元，比上年增长1.23亿元，增幅27.6%。营业费用增加的主要原因：一是为逐步提高分行在本市同业中的竞争力，加快分行业务发展，分行将增加适当的财务投入，预计2011年资本性支出近1亿元，当年增加固定资产折旧、长期待摊费用摊销等固定费用支出近0.1亿元；二是随着业务发展，全行各营业机构日常运用维护费用和业务拓展费用将有所增加，预计2011年增加0.7亿元；三是为逐步缩小与同业间薪酬水平差距，参考本市社会平均工资增长水平，预计人力费用增加0.36亿元，增幅20%。

（4）预计2011年投资收益比上年有所减少。经过央行多轮加息，目前市场利率处于较高水平，预计2011年债券投资收益基本保持上年水平。

（5）资产减值准备提取情况。预计2011年分行提取资产减值准备3.24亿元。

二〇一一年××月××日

【评析】这则财务收支计划编制说明开门见山，直接从2010年财务计划的执行情况和2011年财务计划两个方面对财务收支计划作了详尽说明。格式规范，体式完备，数据翔实，是一篇具有代表性的业务计划编制说明。

复习思考题

1. 什么是专项稽核报告？什么是全面稽核报告？
2. 贷款调查报告与银行贷款评估报告有什么不同？
3. 自选两篇银行业务文书，设计其写作思路，要求条理清晰、格式规范。

第六章　银行常用规章类文书

银行规章类文书是银行内部为规范银行经营和管理，规范各职能部门和员工行为而制定的规章制度，如各类章程、规定、办法、细则等。

通过本章的学习，你将能够：

- 掌握银行常用规章类文书的适用范围及特点，能区分几种相似规章类文书，从而做到正确选用文种；
- 掌握银行常用规章文书的写作格式与方法。

〖本章架构图〗

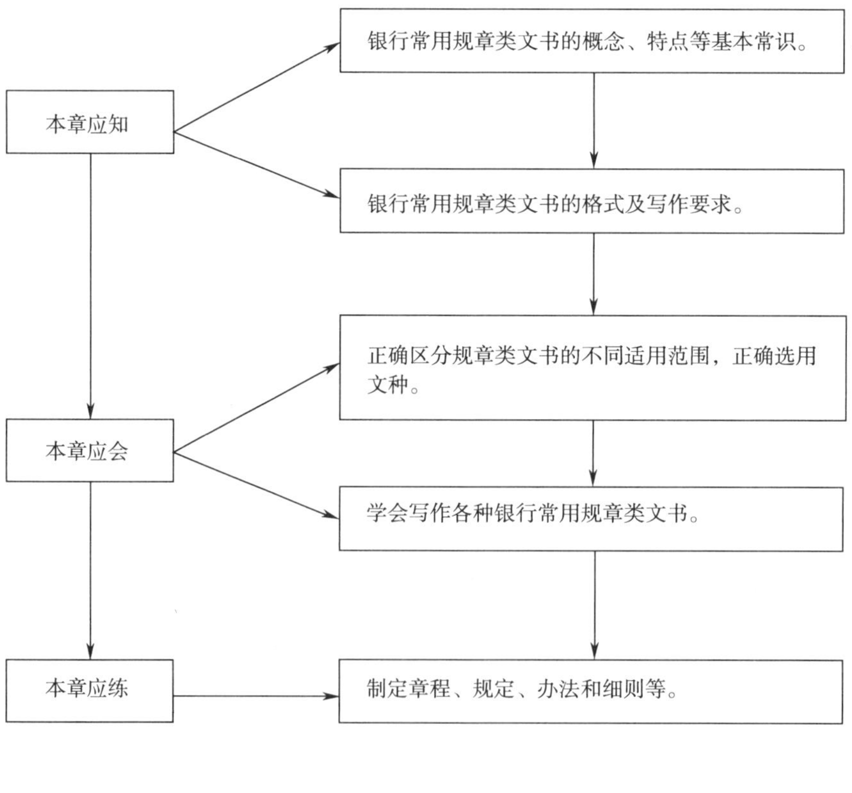

第一节　规章制度简述

一、规章制度的概念

规章制度是章程、条例、规定、办法、细则、规则、制度、守则、公约等文件的总称。它是行业内、单位内制定并实施的一种具有法规性与约束力，要求有关人员必须共同遵守的行为规范和准则。

二、规章制度的特点

规章制度使用范围广泛。从银行系统看，上至央行、银监会及各商业银行总行，下至各支行等基层营业部门，都需要用规章制度规定有关人员应遵守的事项、职责或应该达到的标准，以保证银行管理及各项经营活动有序、正常、协调地进行。其特点主要表现为：

1. 制定依据的统一性。规章制度的统一性是指无论什么行业，不管级别高低、管辖范围大小，规章制度的内容都必须以国家法律和政策为依据。任何规章制度的制定，都必须以国家颁布的各种法律、法规，党和政府制定的有关路线、方针、政策为依据，统一在国家法律及党和政府的大政方针之下，不能有任何违背。

2. 制度内容的规定性。规定性是规章制度的主要特点。规定性是指规章制度按照所涉及的工作或对象的性质、范围，明确规定有关人员可以做什么或怎么做、不可以做什么或不能怎么做，用以规范工作人员的行为。制度中规定的内容必须具体、严密、周全，对实施过程中可能会出现的情况要有充分的估计。

3. 制度形式的条列性。逐条逐项表述制度的内容是规章制度最鲜明的特点。内容决定形式。应该怎么做，不应该怎么做；怎样是对，怎样是错，要分清界限就要作出相应的规定，因此就自然形成了制度形式上的条列性。条列的安排要有层次性，层次应根据具体文种的内容需要设置。多的层次可分七级：编、章、节、目、条、款、项；少的层次只有一级：条或项。常见的多为二级条、款，或三级章、条、款。

三、规章制度的结构

规章制度的种类较多，涉及的内容又广，要把各种规章制度归入一种结构是不现实的。但是，各种规章制度的结构却又有许多相同之处，以下就其常用结构作一介绍。

（一）标题

规章制度的标题一般有两种构成形式：一种是两元素构成法，即由事由和文种或发文单位和文种构成，如《××银行章程》、《个人外汇管理办法实施细则》；另一种是三元素构成法，即由制文机构名称（或施行范围等）、事由和文种构成，如《中国人民银行残缺污损人民币兑换办法》。

（二）制发时间和依据

一般在标题之下用括号注明规章制度通过的日期，或批准、公布的年、月、日。

（三）正文

规章制度正文分总则、分则、附则三个部分。

1. 总则。总则的内容是关于制定各种规章制度的目的、意义、依据、指导思想、适用范围等的说明性文字，写在规章制度的第一章。规章制度制定的依据，通常总是在正文的开始部分就予以明确。

2. 分则。分则的内容就是对规范项目逐章、逐条、逐项地说明，这是规章制度的实质性内容，即规章制度的核心部分，占据规章制度的主要篇幅，是具体执行的依据。

3. 附则。附则的内容是对规范项目的补充说明，其中包括违反规章制度的处罚办法，文件的生效日期，原有文件与本文件发生抵触时的处理办法，以及条款或用语的解释和解释权、修改权、公布实施的时间等项内容，可根据实际需要，不一定全都要写上，一般处在正文最后部分。

四、规章制度的写作要求

1. 依据有关法规、政策拟定各项制度。规章制度是各级银行为了强化管理而制定的，规定性、执行性是其基本特点，各项规章制度公布之后，对相关的人或事具有明显的强制性和约束力，起着规范行为的作用。因此内容上必须符合国家有关政策和法规的要求，不能有违背或相抵触的条款，否则，一是影响执行力，二是不足以作为惩治有关人员的依据。

2. 实事求是，切实可行。制定规章制度，一定要实事求是，符合实际情况。在研究国家相关的法律、法规、方针、政策和上级指示精神的基础上，进行深入细致的调查研究，充分掌握本行业、本单位实际情况或各种工作的内在规律。只有这样，才能制定出符合国情、符合行业或组织实际的规章制度，才能对相关工作起到管理、指导、规范的作用。

3. 结构严谨，内容具体。规章制度是为了执行而制定的，为了体现规章制度的权威性和便于理解和操作，写作时应做到结构严谨、条文清晰、内容明确。要严格划清规定的界限，具体明确地说明操作的事项，应该怎么做、不应该怎么做。语言也要准确、严密，不能有疏漏、含糊和产生歧义，以充分体现规章制度的严肃性。

4. 定期检查，及时修订。制定规章制度是十分严肃的工作，各种规章制度一经发布，都具有相对的稳定性。但是，随着社会的发展变化，新情况、新问题不断出现，为了适应客观形势的发展及行业内实际情况的需要，各种规章制度在实施一段之后应对其内容进行不断完善，修改那些不适应的内容或补充一些必要的新内容，因此对实施中的规章制度要定期检查，及时修订。

第二节　几种常用规章制度介绍

一、章程

（一）章程的概念

章程是政治、经济、文化等各类组织用来说明其性质、任务和宗旨的纲领性文件。

一般由本组织制定并经代表大会审议通过。对一个组织而言，章程是一种根本性的规章制度，具有很强的严肃性和法规性。是组织建设与发展的目标、标准及对外推广宣传的理论依据，对组织成员具有约束力。

（二）章程的类型

章程分两类：

一是党政团体章程。政党或社会团体用以规定其组织的性质、任务、宗旨等，要求本组织成员共同遵守，以保证组织的一致性和凝聚力。如《中国共产党章程》、《中国作家协会章程》等。每个政党或团体都有自己的章程。

二是企事业单位章程。企事业单位用以规定其业务性质、范围和有关人员行为规范，以保证企事业单位兴旺发达。如《中国人寿保险公司章程》、《农村资金互助社示范章程》等。

无论政党、团体，还是企事业单位，都有自己的章程。有章可循，诸事好办，无章可依，一事难成。章程是各类组织成立的基础文件。

（三）章程的特点

章程的主要特点是法规性、规范性和约束力。一个政党或团体的章程，就是这个组织的根本法，其组织的所有成员都必须按照章程规定的条文规范自己的行为，条文具有很强的约束力。违背章程的规定，就要受到其组织的惩罚或谴责，甚至被组织开除。各类金融企业的章程，其成员也必须严格按照章程规定的业务经营性质、业务活动范围和基本工作职责去办理。章程，就是一个组织的章法。

章程的一种写法是“条目式”，即不再分章、分项、分款，只将有关条款分条写出，这种写法适用于比较简单的章程。

（四）例文评析

【例文6－1】

农村资金互助社示范章程（节选）

（中国银行业监督管理委员会办公厅　2007年2月8日印发）

第一章　总　则

第一条　为维护××农村资金互助社（以下简称本社）社员和债权人的合法权益，规范本社的组织和行为，根据《农村资金互助社管理暂行规定》，制定本章程。

第二条　本社注册名称：

注册资本：

本社住所：

邮政编码：

第三条　本社是经银行业监督管理机构批准，由××县（市）××乡（镇）或行政村农民和农村小企业自愿入股组成，为社员提供存款、贷款、结算等业务的社区互助性银行业金融机构。

［或：本社是经银行业监督管理机构批准，由××县（市）××乡（镇）或行政村

××经济组织的农民和农村小企业自愿入股组成，为社员提供存款、贷款、结算等业务的社区互助性银行业金融机构。]

本社不设立分支机构。

第四条　本社实行社员民主管理，以服务社员为宗旨，谋求社员共同利益。

第五条　本社依据《农村资金互助社管理暂行规定》设立，在工商管理部门进行登记，取得法人资格，对由社员股金、积累以及合法取得的其他资产所形成的法人财产，享有占有、使用、收益和处分的权利，并以全部法人财产对本社债务承担责任。

第六条　本社的财产、合法权益和依法经营活动受法律保护，任何单位和个人不得侵犯和非法干预。

第七条　本社社员以其社员股金和在本社的社员积累为限对本社的债务承担责任。

第八条　本章程自生效之日起，即成为规范本社的组织与行为、本社与社员、社员与社员之间权利义务关系的具有法律约束力的文件。

第九条　本社遵守国家有关法律、行政法规和规章，执行国家金融方针和政策，依法接受银行业监督管理机构的监管。

第二章　业务范围

第十条　经银行业监督管理机构批准，本社经营以下业务：

（一）办理社员存款、贷款和结算业务；

（二）买卖政府债券和金融债券；

（三）办理同业存放；

（四）办理代理业务；

（五）向其他银行业金融机构融入资金（符合审慎要求）；

（六）经银行业监督管理机构批准的其他业务。

第三章　社　员

第十一条　本社社员是指符合本章程规定的入股条件，承认并遵守本章程，向本社入股的农民及农村小企业。

（或：本社社员是指符合本章程规定的入股条件，承认并遵守本章程，向本社入股的××农村经济组织的农民和农村小企业成员。）

第十二条　农民向本社入股应符合以下条件：

（一）具有完全民事行为能力；

（二）户口所在地或经常居住地（本地有固定住所且居住满3年）在本社所在的××乡（镇）或行政村内；

（三）入股资金为自有资金且来源合法，达到本章程规定的入股金额起点；

（四）诚实守信，声誉良好；

（五）本章程规定的其他条件。

第十三条　农村小企业向本社入股应符合以下条件：

（一）注册地或主要营业场所在本社所在的××乡（镇）或行政村内；

（二）具有良好的信用记录；

（三）上一年度盈利；

（四）年终分配后净资产达到全部资产的10%以上（合并会计报表口径）；

（五）入股资金为自有资金且来源合法，达到本章程规定的入股金额起点；

（六）本章程规定的其他条件。

第十四条　本社社员享有以下权利：

（一）参加社员大会，并享有表决权、选举权和被选举权，按照章程规定参加本社的民主管理；

（二）享受本社提供的各项服务；

（三）按照章程规定或者社员大会（社员代表大会）决议分享盈余；

（四）查阅本社的章程和社员大会（社员代表大会）、理事会、监事会的决议、财务会计报表及报告；

（五）向有关监督管理机构投诉和举报；

（六）本章程规定的其他权利。

第十五条　本社社员承担以下义务：

（一）向本社入股；

（二）执行社员大会（社员代表大会）的决议；

（三）按期足额偿还贷款本息；

（四）按本章程规定承担亏损；

（五）积极向本社反映情况、提供信息；

（六）本章程规定的其他义务。

第四章　股权管理（第十六条至第二十六条，略）

第五章　组织机构（第二十七条至第三十八条，略）

第六章　业务、财务管理（第三十九条至第五十三条，略）

第七章　合并、分立、解散和清算（第五十四条至第五十九条，略）

第八章　附　则

第六十条　本社设公告栏，对需要公告的事项以张贴的形式向全体社员公告。

第六十一条　本社社员大会（社员代表大会）通过的章程修改、补充规定，经银行业监督管理机构核准，视为本章程的组成部分。

第六十二条　本章程未尽事宜依照国家有关法律法规、行政规章及银行业监督管理机构的有关规定办理。

第六十三条　本章程的解释权属本社理事会（不设理事会的为经理），修改权属本社社员大会（社员代表大会）。

第六十四条　本章程经本社社员大会（社员代表大会）通过，自银行业监督管理机构批准并依法注册之日起生效。

【评析】《农村资金互助社示范章程》因条目较多，所以采用的是常见的规章制度的写法：格式只由标题和正文两部分组成，但正文内容分出不同的层次，其中：

1. 标题，由银行组织名称和文种组成。

2. 通过的时间和会议名称。在标题下，写上何时由什么会议通过，或何时由何机关批准，或何时公布，并用括号括上。

3. 该章程的正文分总则、分则、附则三部分。总则（1～10条）中说明了制定本章程的目的依据、组织的性质、责任范围及承担责任的方式、管理原则等；分则用了6章49条，具体陈述了组织的业务范围，成员的条件、权利和义务，股权管理方式，组织机构，财务管理及组织变更有关要求；附则主要说明了组织发布信息的方式、本章程生效的程序，以及对章程条款的解释权的归属等。整篇例文层次分明，结构紧凑，写作规范。

二、规定

（一）规定的概念

规定是各级各类银行组织对一些重大问题或特定范围内的工作、事务作出规范性要求，用以统一员工行动，具有一定强制性和约束力的法规性文件。规定所规范的对象和范围比较集中，措施和要求比较具体。规定的使用范围很广，在银行工作中，凡是需要规范的员工行为、要求有关人员遵守和执行的事情，都可以用规定行文。规定可以是较长一个时期执行的规范性要求，也可以是临时性的措施。与章程比较，规定针对性更强，但稳定性较弱，所以有些规定前会加“暂行”二字。

（二）例文评析

【例文6－2】

中国农业发展银行违反业务规章制度行为经济处罚规定（节选）

（2009年9月3日发布）

第一章　总　则

第一条　为了严格执行国家法律法规和中国农业发展银行（以下简称农发行）制度规定，强化内部控制，从严治行，维护农发行正常的经营管理秩序，制定本规定。

第二条　本规定适用于对农发行员工和各级机构在办理业务中违反规章制度的行为（以下简称违规行为）实施的经济处罚。

第三条　对经办人员违规操作、责任岗位明确的一般性违规行为，直接对有关责任人给予经济处罚；对因管理不到位或多个岗位失误形成的一般性违规行为，对责任单位给予经济处罚，罚款由被处罚单位落实到有关责任人，有关责任领导或部门主管要承担较大的比重；对严重违规行为，经过调查核实后，对有关责任人扣发部分季度绩效工资，对特别严重的违规行为加重处罚，直至扣发责任人一年及以上绩效工资。

第四条　数错并罚的处罚金额不能低于对其中单项违规行为的最高处罚金额，不能高于所有违规行为处罚金额之和。

第五条　有下列情形之一的，应当从重处罚：

（一）屡查屡犯的。

（二）拒绝或干扰检查的。

（三）阻挠、拖延或拒不执行处罚处理决定的。

（四）打击报复检查人员的。

（五）违规行为造成其他严重后果的。

第六条 有下列情形之一的，可以从轻、减轻或免于处罚：

（一）初次或者过失违规且情节轻微的。

（二）检查前自己主动查出违规问题并如实报告的。

（三）检查中积极配合提供线索的。

（四）检查后认真整改、及时纠正，并积极采取补救措施，避免损失的，或主动赔偿违规造成的损失的。

（五）本单位或个人抵制无效的。

第七条 对有违规行为的单位和个人，国家财政、审计等机关有明确经济处罚规定的，执行其规定。对违规行为责任人，除按本规定给予经济处罚外，应给予组织处理、党纪政纪处分的，按规定处理、处分，不得以罚代处；给予组织处理、党纪政纪处分的，应按规定附带经济处罚，不得以处代罚。

第八条 本规定所称罚款，均指对违规行为责任人和单位扣发绩效工资。

第二章 违反资金计划、中间业务管理规章制度行为的经济处罚

第九条 有下列行为之一的，对有关责任人处以200～400元罚款。

（一）违反利率管理规定的。

（二）不按规定执行大额现金支取审批制度的。

（三）违反利率上限和单笔审批额度组织同业存款的。

（四）未按规定登记、管理重要保险单证的。

（五）未按规定结算保险代理手续费收入的。

第十条 有下列行为之一的，视情节轻重，对责任单位处以1 000～3 000元罚款，或对有关责任人扣发1～2个季度绩效工资。

（一）未经上级行批准擅自突破贷款总规模和有关专项贷款计划的。

（二）违规拆借资金的。

（三）不按政策规定监督拨付财政补贴资金，造成补贴资金未及时拨付或未按规定用途使用的。

（四）未按规定取得许可证，或未依法签订合同，擅自开展保险代理业务的。

（五）违反规定或超越代理协议约定开展代理业务的。

（六）未按规定核算保险代理手续费收入的。

第三章 违反信贷经营管理规章制度行为的经济处罚

第十一条 有下列行为之一的，对有关责任人处以200～400元罚款。

（一）未按规定核实抵押物、质押物、质押权利及保证人情况的。

（二）对调查（评估）报告中不明确意见的信贷项目，审查人未在审查意见中提示的。

（三）对不同意的报备项目未按规定反馈报备审查意见的。

（四）贷款审议记录未按规定要求完整进行记录的。

（五）与借款人签订的借款合同及其他相关合同和借款借据主要要素不全的。

（六）对担保贷款需要办理合法有效的抵押物、质押物登记手续和财产保险手续而未办理，或者需要办理重要权证、证明移交及相关手续而未办理的。

（七）未按规定对贷款企业实物、财务、资金进行尽职检查记录的。

（八）未按规定检查和确认抵（质）押物的价值和保管情况的。

（九）未按规定管理信贷档案资料的。

（十）未按规定向贷款企业发送收贷收息通知书、逾期贷款通知书的。

（十一）未按规定对借款人销售货款回笼情况进行监管，致使未及时发现或制止企业销售货款未按约定比例及时归行或企业未按合同约定还款计划还款的。

（十二）因对企业财务监管不力，未能及时发现和制止企业违规坐支现金的。

第十二条　有下列行为之一的，视情节轻重，对责任单位处以 1 000 ~3 000 元罚款，或对有关责任人扣发 1 ~2 个季度绩效工资。

（一）未按规定组成贷款审查委员会的。

（二）贷款审查委员会未按规定立会、审议、复议的。

（三）未按规定程序和标准对客户进行授信或信用等级评定的。

（四）未按规定进行贷前尽职调查的。

（五）未按规定进行贷款尽职审查的。

（六）需报批、报备、核准的贷款，未按规定向上级行报批、报备、核准的。

（七）为虚增存款而发放贷款的。

（八）未落实贷款审批条件发放贷款的。

（九）贷款使用把关不严，未按规定要求及贷款用途审核监督大额支付或划转贷款资金的。

（十）未按照贷后管理规定对贷款客户进行监管，未及时发现及有效制止贷款客户违规和违约行为，造成贷款被挤占挪用的。

（十一）违反规定以贷收贷、以贷收息的。

（十二）未按规定程序和条件办理贷款展期的。

第十三条　有下列行为之一的，对有关责任人扣发 1 ~2 个季度绩效工资。

（一）越权审批授信额度或评定信用等级的。

（二）客户信用出现必须降级的情况未及时调整其信用等级，或者客户已经发生或能够预计将要发生重大风险情况未及时调减或取消授信额度的。

（三）贷款审查中，应发现而未发现甚至隐瞒发现的重大问题的。

（四）越权或变相越权审批贷款的。

（五）审批发放未经贷款审查委员会审议通过的贷款的。

（六）对贷款检查中发现的违规行为、风险预兆及其他重大情况未及时报告和未采取相应措施的。

第四章 违反信贷风险管理规章制度行为的经济处罚(第十四条至第十六条，略)

第五章 违反会计管理规章制度行为的经济处罚(第十七条至第十九条，略)

第六章 违反结算管理规章制度行为的经济处罚(第二十条至第二十二条，略)

第七章 违反财务管理规章制度行为的经济处罚(第二十三条至第二十五条，略)

第八章 违反固定资产管理及大宗物品集中采购规章制度行为的经济处罚(第二十六条至第二十八条，略)

第九章 违反有关业务系统管理规章制度行为的经济处罚(第二十九条至第三十一条，略)

第十章 违反国际业务规章制度行为的经济处罚(第三十二条至第三十三条，略)

第十一章 经济处罚程序(第三十四条至第四十一条，略)

第十二章 附 则

第四十二条 对本规定中未明确经济处罚的违规行为，可以比照本规定有关条款进行经济处罚。

第四十三条 本规定由总行负责解释和修订。

第四十四条 本规定自印发之日起施行。原《中国农业发展银行违反业务规章制度行为经济处罚规定（试行)》（农发银发〔2006〕199 号）同时废止。

【评析】

1.《中国农业发展银行违反业务规章制度行为经济处罚规定》的基本格式由标题、发布日期、正文三部分组成。

2. 标题采用三要素的写法，即发文机关（中国农业发展银行)、事由（违反业务规章制度行为经济处罚）和文种（规定)。有时省略“发文机关”。

3. 在标题下注明何时由何机关发布，外加括号。如果标题中已有发文机关，此处可省略。

4. 正文采用条目式的写法。即整个规定从头到尾都以条目按章、条、项说明。

其中第一章总则说明了制定本规定的目的、适用对象和范围，以及从重或从轻处罚的原则。

第二章至第十一章说明针对不同程度的违规操作行为规定的不同处罚措施。

第十二章附则说明了本规定的解释权和修订权及实行的日期。

这是规定正文常见的一种写法。其另一种写法由开头、主体和结语组成。开头写制定本规定的缘由，并以“特制定如下规定”或“特作如下规定”等语承上启下。主体部分写规定的具体内容，一般分条行文。结尾部分写实施说明。这种写法适用于基层营业部、营业所。显然，本例文采取的前一种写法是合乎发文单位的级别的。

三、办法

（一）办法的概念

办法是各级银行组织针对某项工作或某一方面的活动所制定的具体要求和规范。办法也是一种具有强制性和约束力的规定性文件，介于规定和细则之间，它具有规定的原则性和细则的具体性。

办法与规定虽然同为规定性文种，但它们的使用范围不同，规定多用于某些重大的问题和事项；而办法一般用于具体事务和单一的事项，如关于某种资金的管理、票据的结算等。

（二）例文评析

【例文 6－3】

中国人民银行残缺污损人民币兑换办法

（2003 年 12 月 24 日发布）

第一条　为维护人民币信誉，保护国家财产安全和人民币持有人的合法权益，确保人民币正常流通，根据《中华人民共和国中国人民银行法》和《中华人民共和国人民币管理条例》，制定本办法。

第二条　本办法所称残缺、污损人民币是指票面撕裂、损缺，或因自然磨损、侵蚀，外观、质地受损，颜色变化，图案不清晰，防伪特征受损，不宜再继续流通使用的人民币。

第三条　凡办理人民币存取款业务的金融机构（以下简称金融机构）应无偿为公众兑换残缺、污损人民币，不得拒绝兑换。

第四条　残缺、污损人民币兑换分“全额”、“半额”两种情况。

（一）能辨别面额，票面剩余四分之三（含四分之三）以上，其图案、文字能按原样连接的残缺、污损人民币，金融机构应向持有人按原面额全额兑换。

（二）能辨别面额，票面剩余二分之一（含二分之一）至四分之三以下，其图案、文字能按原样连接的残缺、污损人民币，金融机构应向持有人按原面额的一半兑换。

纸币呈正十字形缺少四分之一的，按原面额的一半兑换。

第五条　兑付额不足一分的，不予兑换；五分按半额兑换的，兑付二分。

第六条　金融机构在办理残缺、污损人民币兑换业务时，应向残缺、污损人民币持有人说明认定的兑换结果。不予兑换的残缺、污损人民币，应退回原持有人。

第七条　残缺、污损人民币持有人同意金融机构认定结果的，对兑换的残缺、污损人民币纸币，金融机构应当面将带有本行行名的“全额”或“半额”戳记加盖在票面上；对兑换的残缺、污损人民币硬币，金融机构应当面使用专用袋密封保管，并在袋外封签上加盖“兑换”戳记。

第八条　残缺、污损人民币持有人对金融机构认定的兑换结果有异议的，经持有人要求，金融机构应出具认定证明并退回该残缺、污损人民币。

持有人可凭认定证明到中国人民银行分支机构申请鉴定，中国人民银行应自申请日起 5 个工作日内做出鉴定并出具鉴定书。持有人可持中国人民银行的鉴定书及可兑换的残缺、污损人民币到金融机构进行兑换。

第九条 金融机构应按照中国人民银行的有关规定，将兑换的残缺、污损人民币交存当地中国人民银行分支机构。

第十条 中国人民银行依照本办法对残缺、污损人民币的兑换工作实施监督管理。

第十一条 违反本办法第三条规定的金融机构，由中国人民银行根据《中华人民共和国人民币管理条例》第四十二条规定，依法进行处罚。

第十二条 本办法自2004年2月1日起施行。1955年5月8日中国人民银行发布的《残缺人民币兑换办法》同时废止。

【评析】本例文采用的是“条目式”的写法。全文共十二条，逐条说明了制定《中国人民银行残缺污损人民币兑换办法》的目的依据、残缺污损人民币所指的范围、具体兑换的办法、争议解决的办法、人民币兑换后的交存机构和监督机构，以及对违反该办法相关条款的金融机构的处罚、办法施行的日期等。

四、细则

（一）细则的概念

细则是各级银行组织根据上级机关发布的有关条例、规定或办法，结合本单位的实际情况，制定的详细实施规则。

因此，细则中要对原法规、规章中的某一重要原则、重要事项或某些关键性词语进行解释，把其中较原则性的规范具体化、细密化，使其更具体、明确，以利于贯彻执行。

（二）例文评析

【例文6-4】

个人外汇管理办法实施细则（节选）

（2007年1月5日发布）

第一章 总 则

第一条 为规范和便利银行及个人的外汇业务操作，根据《个人外汇管理办法》，制定本细则。

第二条 对个人结汇和境内个人购汇实行年度总额管理。年度总额分别为每人每年等值5万美元。国家外汇管理局可根据国际收支状况，对年度总额进行调整。

个人年度总额内的结汇和购汇，凭本人有效身份证件在银行办理；超过年度总额的，经常项目项下按本细则第十条、第十一条、第十二条办理，资本项目项下按本细则“资本项目个人外汇管理”有关规定办理。

第三条 个人所购外汇，可以汇出境外、存入本人外汇储蓄账户，或按照有关规定携带出境。

第四条 个人年度总额内购汇、结汇，可以委托其直系亲属代为办理；超过年度总额的购汇、结汇以及境外个人购汇，可以按本细则规定，凭相关证明材料委托他人办理。

第五条 个人携带外币现钞出入境，应当遵守国家有关管理规定。

第六条 各外汇指定银行（以下简称银行）应按照本细则规定对个人外汇业务进行真实性审核，不得伪造、变造交易。

银行应通过个人结售汇管理信息系统（以下简称个人结售汇系统）办理个人购汇和结汇业务，真实、准确、完整录入相关信息。

第七条 国家外汇管理局及其分支机构（以下简称外汇局）负责对个人外汇业务进行统计、监测、管理和检查。

第二章 经常项目个人外汇管理

第八条 个人经常项目项下外汇收支分为经营性外汇收支和非经营性外汇收支。

第九条 个人经常项目项下经营性外汇收支按以下规定办理：

（一）个人对外贸易经营者办理对外贸易购付汇、收结汇应通过本人的外汇结算账户进行；其外汇收支、进出口核销、国际收支申报按机构管理。

个人对外贸易经营者指依法办理工商登记或者其他执业手续，取得个人工商营业执照或者其他执业证明，并按照国务院商务主管部门的规定，办理备案登记，取得对外贸易经营权，从事对外贸易经营活动的个人。

（二）个体工商户委托有对外贸易经营权的企业办理进口的，本人凭其与代理企业签订的进口代理合同或协议购汇，所购外汇通过本人的外汇结算账户直接划转至代理企业经常项目外汇账户。

个体工商户委托有对外贸易经营权的企业办理出口的，可通过本人的外汇结算账户收汇、结汇。收汇入账凭与代理企业签订的出口代理合同或协议、代理企业的出口货物报关单办理。代理企业将个体工商户名称、账号以及核销规定的其他材料向所在地外汇局报备后，可以将个体工商户的收账通知作为核销凭证。

（三）境外个人旅游购物贸易方式项下的结汇，凭本人有效身份证件及个人旅游购物报关单办理。

第十条 境内个人经常项目项下非经营性结汇超过年度总额的，凭本人有效身份证件及以下证明材料在银行办理：

（一）捐赠：经公证的捐赠协议或合同。捐赠须符合国家规定；

（二）赡家款：直系亲属关系证明或经公证的赡养关系证明、境外给付人相关收入证明，如银行存款证明、个人收入纳税凭证等；

（三）遗产继承收入：遗产继承法律文书或公证书；

（四）保险外汇收入：保险合同及保险经营机构的付款证明。投保外汇保险须符合国家规定；

（五）专有权利使用和特许收入：付款证明、协议或合同；

（六）法律、会计、咨询和公共关系服务收入：付款证明、协议或合同；

（七）职工报酬：雇佣合同及收入证明；

（八）境外投资收益：境外投资外汇登记证明文件、利润分配决议或红利支付书或其他收益证明；

（九）其他：相关证明及支付凭证。

第十一条　境外个人经常项目项下非经营性结汇超过年度总额的，凭本人有效身份证件及以下证明材料在银行办理：

（一）房租类支出：房屋管理部门登记的房屋租赁合同、发票或支付通知；

（二）生活消费类支出：合同或发票；

（三）就医、学习等支出：境内医院（学校）收费证明；

（四）其他：相关证明及支付凭证。

上述结汇单笔等值5万美元以上的，应将结汇所得人民币资金直接划转至交易对方的境内人民币账户。

第十二条　境内个人经常项目项下非经营性购汇超过年度总额的，凭本人有效身份证件和有交易额的相关证明材料在银行办理。

第十三条　境外个人经常项目合法人民币收入购汇及未用完的人民币兑回，按以下规定办理：

（一）在境内取得的经常项目合法人民币收入，凭本人有效身份证件和有交易额的相关证明材料（含税务凭证）办理购汇。

（二）原兑换未用完的人民币兑回外汇，凭本人有效身份证件和原兑换水单办理，原兑换水单的兑回有效期为自兑换日起24个月；对于当日累计兑换不超过等值500美元（含）以及离境前在境内关外场所当日累计不超过等值1 000美元（含）的兑换，可凭本人有效身份证件办理。

第十四条　境内个人外汇汇出境外用于经常项目支出，按以下规定办理：

外汇储蓄账户内外汇汇出境外当日累计等值5万美元以下（含）的，凭本人有效身份证件在银行办理；超过上述金额的，凭经常项目项下有交易额的真实性凭证办理。

手持外币现钞汇出当日累计等值1万美元以下（含）的，凭本人有效身份证件在银行办理；超过上述金额的，凭经常项目项下有交易额的真实性凭证、经海关签章的《中华人民共和国海关进境旅客行李物品申报单》或本人原存款银行外币现钞提取单据办理。

第十五条　境外个人经常项目外汇汇出境外，按以下规定在银行办理：

（一）外汇储蓄账户内外汇汇出，凭本人有效身份证件办理；

（二）手持外币现钞汇出，当日累计等值1万美元以下（含）的，凭本人有效身份证件办理；超过上述金额的，还应提供经海关签章的《中华人民共和国海关进境旅客行李物品申报单》或本人原存款银行外币现钞提取单据办理。

第三章　资本项目个人外汇管理（第十六条至第二十三条，略）

第四章　个人外汇账户及外币现钞管理（第二十四条至第三十一条，略）

第五章　个人结售汇管理信息系统（第三十二条至第三十七条，略）

第六章　附　则

第三十八条　个人委托其直系亲属代为办理年度总额内的购汇、结汇，应分别提供委托人和受托人的有效身份证件、委托人的授权书、直系亲属关系证明；其他情况代办的，除需提供双方有效身份证件、授权书外，还应提供本细则规定的相关证明材料。

直系亲属指父母、子女、配偶。直系亲属关系证明指能证明直系亲属关系的户口簿、结婚证或街道办事处等政府基层组织或公安部门、公证部门出具的有效亲属关系证明。

第三十九条　违反《个人外汇管理办法》及本细则规定的，外汇局将依据《中华人民共和国外汇管理条例》及其他相关规定予以处罚；对于《中华人民共和国外汇管理条例》及其他相关规定没有明确规定的，对银行和个人应分别处以人民币 3 万元和 1 000 元以下的罚款。

第四十条　本细则由国家外汇管理局负责解释。

第四十一条　本细则自 2007 年 2 月 1 日起施行。

【评析】《个人外汇管理办法实施细则》是根据《个人外汇管理办法》制定的。因此，细则是对上级下发及实施的有关条例、规定、办法等规章的补充说明，内容上要比条例、规定和办法更具体、明确，具有一定的补充性和辅助性。这在总则中就作了说明，在随后的分则内容中，它又对经常项目个人外汇、资本项目的个人外汇、个人外汇账户及外币现钞管理、个人结售汇的管理信息系统作了具体而详细的规定，附则则对其他事项，尤其是对违反规定的处罚问题作了说明。全文内容细致明确，可操作性强。

第七章　礼仪文书

礼仪文书是在个人、单位、社团、地区乃至国家之间交往所使用的、反映一定的礼节、仪式的应用文书的总称。它和前面所介绍的各种应用文的最大不同之处就在于它有着很强的“务虚”性，在许多情况下并不一定联系着需要解决、完成的具体问题或工作，而主要是为了交流感情、改善关系、塑造形象等。

正因为这种“务虚”性，礼仪文书较之于一般的应用文，在规范性之外更突出情感性，语言行文应有感染力，更注重文理结合、情理交融，体现浓厚、真诚的感情，洋溢着诚挚、尊重、理解、沟通的气息。

通过本章的学习，你将能够：

- 掌握信函类礼仪文书的格式与写法；
- 掌握致辞类礼仪文书的格式和写法。

〖本章架构图〗

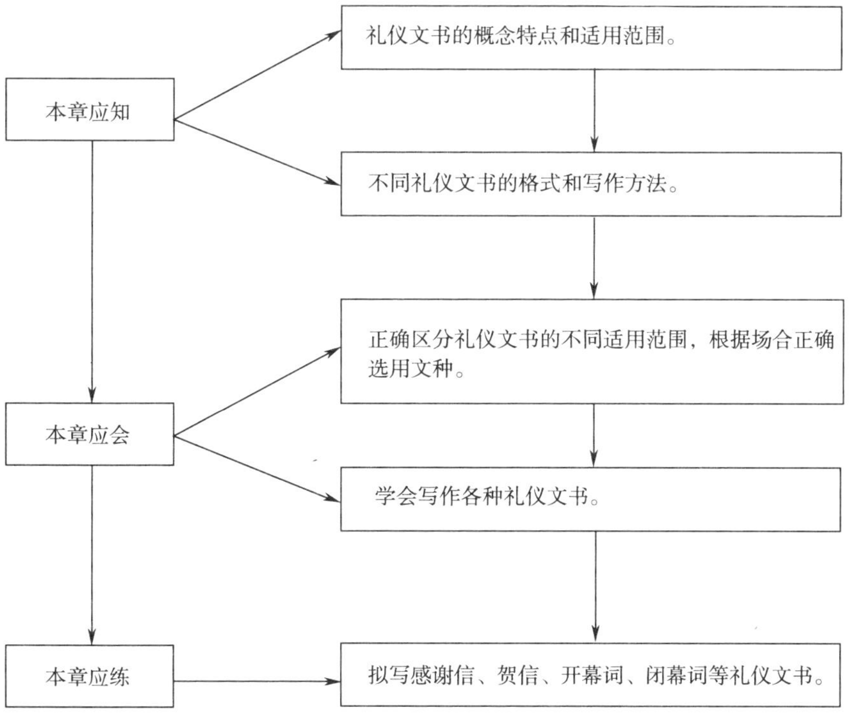

礼仪文书种类繁多，可以按照不同的方式进行分类。按行文主体分，有个人、单位礼仪文书；按用途分，有喜庆类、哀悼类、迎来送往类礼仪文书。本书则根据礼仪文书的行文与传播特点，将其分为信函类礼仪文书和致辞类礼仪文书两大类。

第一节 信函类礼仪文书

一、感谢信

社会生活中，单位或个人之间常常互相帮助、互相支援，而感谢信是受援一方用书面形式向对方表达谢意时而写作的文书。如在信中谢相助、谢探访、谢赠与等。如果是影响较大、事迹突出的事件或情况，还可以送交新闻媒体广而告之，大力弘扬。

（一）感谢信的格式及写法

感谢信常见的书信格式包括：

1. 标题

第一行正中写“感谢信”或“致××的感谢信”等字样。

2. 称谓

第二行顶格写被感谢的单位名称或个人姓名。个人姓名应加上“同志”、“先生（女士）”或职务等，称谓后加冒号。

3. 正文

第三行空两格起，写感谢的内容：

（1）简述事迹，用以说明写感谢信的起因。应清楚交代人物、时间、地点、事件、原因和结果，突出对方帮助所产生的结果和社会影响。

（2）颂扬品德，表达谢意。既写出感激之情，又要写出对自己的感召及影响。

4. 致敬语

诸如写“此致、敬礼”等。

5. 署名、日期

在右下方写单位或个人名称、姓名。单位名称用全称，年、月、日要完整。

（二）感谢信的写作要求

1. 内容真实。叙述事迹要真实具体，有关人物、时间、地点及数据要准确无误。

2. 以事表情，以情感人。既要感情充沛，讲究文辞，又要避免辞藻惊人。表达谢意的行动应符合实际，说到做到，切实可行。

（三）例文评析

【例文 7－1】

感谢信

无锡市教育局：

2008 年 5 月 12 日 14 时 28 分，一场突如其来的大地震震碎了无数人的梦，震断了无数人的情；里氏 8.0 级，这是新中国成立以来破坏性最强、波及范围最广、救灾难度最大的一次特大地震。在这次大地震中，紧临震中汶川的四川绵竹市遭到了毁灭性的破坏，绵竹教育遭受重创，各类教育教学设备普遍被毁，直接经济损失 12.32 亿元，历经几代绵竹教育人艰辛努力的成果在瞬间损失殆尽。

灾难发生后，无锡市教育局在绵竹教育最艰难、最需要帮助的时候，充分发扬中华民族扶危济困的高尚美德，向绵竹教育伸出了援助之手，派出了首批 18 名支教教师支援绵竹教育，面对艰苦的环境，18 位支教教师克服了种种困难：生活环境的改变、饮食习惯的不适、住宿环境的恶劣……但是困难没有阻碍无锡市教育局对绵竹教育援建的步伐，没有吓退一心想着绵竹学子的无锡教师，你们从千里之外的江苏无锡赶来，带着先进的教育理念，精湛的教学技能、无私的教育爱心来到绵竹，在灾区挥洒着你们的热情、奉献着你们的爱心，用行动播下了一颗颗爱心的种子，抚慰了一个个受伤的心灵，你们的到来给灾区孩子带来了希望，你们用实际行动诠释着“中华大家庭”的内涵。在此，绵竹市教育局及全市教职员工向无锡市教育局对绵竹教育的大力支持和关心致以衷心的感谢。

新的学期，绵竹市教育局及全市教育工作者将在你们的无私帮助和关怀下而奋起，将你们的关爱化作我们重建的动力，为不断推进绵竹教育灾后重建工作和绵竹教育的新发展不断努力。我们相信，在江苏省教育厅，无锡市委、市政府和无锡市教育局的大力支援下，绵竹教育灾后重建的步伐将更加坚实，绵竹教育的明天将更加美好。

再次致以我们最衷心的感谢！

此致

敬礼

绵竹市教育局

二〇〇九年二月十二日

【评析】本感谢信第一自然段写起因：2008 年 5 月 12 日，“汶川大地震”致使绵竹教育遭受重创。第二自然段写事迹：危难之时，无锡教育局派出 18 名教师前往绵竹支教，支教教师们克服了生活环境、饮食习惯、住宿条件等方面的困难，用行动“播下爱心的种子”，“抚慰受伤的心灵”。第三自然段写感召：无私的援助激发无限的力量和坚定的信念——相信“绵竹教育的明天将更加美好”。

全文结构自然，文风流畅，感情真挚，是一篇能引起收文方情感共鸣的文书。

【例文 7－2】

感谢信

尊敬的广大客户：

我银行自1993年成立以来，一直得到您的大力支持和帮助，为了感谢您这十余年来对我行的支持与厚爱，值此圣诞和元旦两大节日即将来临之际，我行全体员工谨向您表示衷心的感谢和美好的祝福！

在我行过去十余年的发展历程中，您，我们尊敬的客户，给予了我们无比的力量，在您的大力关心与支持下，以及我行全体员工的勤奋努力下，我们凭借优质的服务，良好的信誉，取得了一个又一个的辉煌成绩。

饮水思源，我们深知，我行所取得的每一点进步和成功，都离不开您的关注、信任、支持和参与。您的理解和信任是我们进步的强大动力，您的关心和支持是我们成长的不竭源泉。您的每一次参与、每一个建议，都让我们激动不已，促使我们不断奋进。有了您，我们前进的征途才有源源不绝的信心和力量；有了您，我们的事业才能长盛不衰地兴旺和发展。

为答谢多年来您对我们的支持、信任和帮助，借此岁末年初之际，我们将开展优质服务活动，用真情来回报您，届时您到我行来办理业务，将会让您得到一份惊喜！

在今后的岁月里，希望能够继续得到您的关心和大力支持，欢迎到我行办理储蓄存款、教育储蓄、通知存款、外汇存款、个人汇款、银行卡、网上银行、电话银行、购买国债、代收电话费及各种代收业务。客户满意是我们永恒的追求，我们将继续为您提供最真诚的服务。

再一次感谢您的帮助和支持，恭祝您身体健康！阖家幸福！事业兴旺！万事如意！

××××银行
××××年×月×日

【评析】这则例文感情充沛，语气热忱。第一段说明了致谢事由，第二段说明该银行业绩的取得与客户支持的关系，以此表达谢意，后两个段落一则表明将用实际行动回报客户，另一则希望客户继续支持银行的工作，将谢意与愿望很好地融合在了感谢信中。

二、贺信

（一）贺信的概念

贺信是对某一单位或个人所取得的巨大成绩作出的卓越贡献表示祝贺，或对国际、国内发生的重大喜事、重要会议、知名人士的寿辰表示祝贺的信件。常用在隆重的会议或喜庆的仪式上。行文不分系统、行业，上下级之间、同级单位之间，都可以互发贺信。

（二）贺信的基本格式

贺信的基本格式包括标题、称谓、正文、落款四部分。

1. 标题

在第一行正中间写上“贺信”，也可以在“贺信”前写上谁给谁的贺信以及被祝贺的事由。如《给中国女排的贺信》、《胡锦涛致全国青联十一届全委会和学联二十五大的贺信》等。

2. 称谓

顶格写接受贺信的单位或个人称谓，后加冒号。

3. 正文

正文的内容包括：

开头，另起一行，空两格用简洁的词语写出祝贺的事项或理由。经常用“值此……之际，谨代表……向……表示祝贺”之语。

主体，另起一行，空两格写内容。因祝贺的对象或事项不同，主体的内容与措辞也应有所区别。

如祝贺对方取得了突出的成绩，主体中应充分肯定和热情赞扬对方新取得的成绩和意义；如祝贺会议，主体中要侧重说明会议召开的重要意义和深远影响；如祝贺担任新职务的领导人，主体中应侧重写祝愿祝福的内容——对方在新的任期内取得新的成就、祝愿双方的交流合作进一步加强。

结尾，写祝愿、鼓励、希望或要求方面的内容。

4. 落款

另起一行，在正文的右下方写明发文单位或个人名称，并在下一行注明年、月、日。

（三）贺信的写作要求

1. 文字表达要有强烈的感情色彩。贺信是通过向对方表示祝贺，给对方以褒扬和鼓励，所以感情要真挚饱满，使对方愉悦，充满希望。

2. 赞扬对方的成绩要实事求是。真诚的情感，不仅来自饱满的热情，而且表现为真实、准确的肯定，切忌说过头话，评价重在从新的视角挖掘新意。

3. 文字简练，语言朴素。不堆砌华丽的辞藻，不空喊口号。

（四）例文评析

【例文 7－3】

致全国青联十一届全委会和全国学联二十五大的贺信

青年朋友们：

值此中华全国青年联合会第十一届委员会全体会议和中华全国学生联合会第二十五次代表大会开幕之际，我代表党中央，向大会的召开表示热烈的祝贺，向全国各族青年和青年学生、向广大海外中华青年表示诚挚的问候!

这些年来，在党的坚强领导和共青团帮助指导下，各级青联和学联组织高举爱国主义和社会主义旗帜，紧紧围绕党和国家工作大局，充分发挥各自优势，在团结、组织、引导、服务青年和青年学生方面做了大量富有成效的工作。广大青年和青年学生意气风发投身改革开放和社会主义现代化建设，以炽热的爱国情怀和可贵的奉献精神，为推动科学发展、促进社会和谐作出了重要贡献。实践充分证明，广大青年和青年学生确实是堪当重任、大有希望的一代。

我们国家正处在全面建设小康社会、加快推进社会主义现代化的关键时期。希望广大青年和青年学生自觉担负起时代赋予的光荣使命，以坚定远大的理想励志前行，以孜孜不倦的精神求索新知，以高尚美好的情操培育品德，以锐意创新的激情投身实践，以艰苦扎实的奋斗成就人生，不断创造新的青春业绩，为实现中华民族伟大复兴而奋发努力。

希望青联和学联组织顺应形势发展，贴近青年实际，拓展工作领域，创新活动方式，不断增强工作的感召力和影响力，进一步把广大青年和青年学生团结在党和政府周围。

我们党历来把事业发展的希望寄托于青年。各级党委和政府务必高度重视青年和青年工作，采取更加有力的措施，为广大青年和青年学生健康成长、干事创业提供有利条件，更好地发挥他们在全面建设小康社会、坚持和发展中国特色社会主义中的重要作用。

最后，祝大会取得圆满成功!

胡锦涛

二〇一〇年八月二十三日

【评析】本例文用了六个自然段，共分三个部分:

第一部分（①自然段）：贺信的开头表达了祝贺之意。

第二部分（②~⑤自然段）：贺信的主体肯定了全国青联和学联的工作成绩；希望广大青年在国家建设中继续担当重任；希望青年组织增强对广大青年的感召力和影响力，发挥更大的作用；要求各级党和政府要为青年人的成长创造有利条件。

第三部分（⑥自然段）：表达祝愿，“祝大会取得圆满成功!”。

全文结构紧凑，内容丰富、充实，是一篇非常规范的贺信。

第二节　致辞类礼仪文书

致辞类文书多用于一些正式的社交场合，主要包括欢迎辞、答谢辞、祝辞等。

一、欢迎辞

（一）欢迎辞的概念

欢迎辞也作欢迎词，是指行政机关、企事业单位、社会团体或个人在迎接宾客的仪式、集会、宴会等公共场合，对宾客的到来表示热烈欢迎的一种致辞。

（二）欢迎辞的特点

1. 欢愉性。致欢迎辞一定要表达出主人对客人发自内心的欢愉之情，言辞务必要富有激情并能表达出真情实意，只有这样才能给对方一种宾至如归的感觉，能为后面的进一步发展交流活动打下良好的基础。

2. 口语性。多数欢迎辞都是在现场当面向来宾口头表达的，所以口语化是欢迎辞的一个非常突出的特点。在遣辞用语上要选用简洁生动的生活化语言，给人一种可以聆听的现场感。

3. 篇幅短小。欢迎辞主要以“迎”为主，不可从旁逸出其他的内容，因此，欢迎辞一般都较为简短。欢迎仪式上的讲话大多出于礼节上的需要，并不阐述实质性的问题，而且欢迎场合也并不具备致辞者长篇大论的条件，因此，简洁明快、篇幅短小是欢迎辞的显著特点。

（三）欢迎辞的种类

从社交的公关性质可将欢迎辞分为两类：

1. 私人交往欢迎辞

私人交往欢迎辞一般是在个人举行较大型的宴会、聚会、茶会、舞会、谈论会等非官方场合下使用的欢迎辞。私人交往的欢迎辞往往具有很大的即时性和现场性。

2. 公事往来欢迎辞

公事往来欢迎辞一般指在较为庄重的大中型公共事务中使用的欢迎辞，如重大的国事欢迎会，机关、部门、企业的参观、交流欢迎会等都属于公事往来活动，其欢迎辞的文字措辞要比私人交往的欢迎辞较为正式和严格。

（四）欢迎辞的结构和写法

欢迎辞一般由标题、称呼、正文、落款四个部分构成。

1. 标题

欢迎辞的标题主要有三种写法：

一是直接写上“欢迎辞”三个字；二是在“欢迎辞”前面加上活动内容，如《在××学术讨论会上的欢迎辞》、《在××欢迎大会上的欢迎辞》；三是在“欢迎辞”之前再加上致辞人的姓名或职务，如《××校长在新生欢迎大会上的欢迎辞》。报刊刊登时常用后两种标题形式。

欢迎辞的标题只是一种形式，在致辞时并不当众宣读，但有些重要的欢迎辞在报刊刊登时则必须要有标题。

2. 称呼

在标题的下方顶格写上被欢迎的宾客名字。不同的对象使用不同的称呼，对重要的宾客还必须加上职务和头衔，人名要用全称，一般在姓名之前冠以“尊敬的”或“亲爱的”作修饰语。如果欢迎的是外国的贵宾，在其姓名之后还可以加上“阁下”、“殿下”、“夫人”等尊称。

欢迎辞有特定的情境，常常是在交际场合对所有在场的人宣读，因此，在介绍主要宾客之后称呼还要使用泛称，如“女士们”、“先生们”、“朋友们”、“同事们”等，来表达对所有到场者的尊重。

3. 正文

欢迎辞的正文一般由开头、主体和结尾三部分构成。开头首先简要介绍现场举行的是什么仪式及相关背景情况，并对来宾表示热烈的欢迎。主体部分一般阐述和回顾宾主双方的交往、共事历程，讲述双方友情，并指出客人来访的目的、作用和意义。结尾再次表明热烈的欢迎或良好的祝愿，并预祝活动圆满成功。

4. 落款

欢迎辞的落款要署上致辞单位的名称，致辞者的身份、姓名，并署上成文日期。

（五）欢迎辞的写作要求

欢迎辞是出于礼仪的需要而使用的，欢迎辞的情感基调是欢迎、高兴，因此，在行文中要特别注意用语得体、礼貌，具体而言要注意以下几点：

1. 感情真挚，态度友好，讲话要有分寸和节制，不卑不亢。

2. 语言通俗、精练、生动。

3. 在大型场合的欢迎辞只应原则性地谈对双边合作所持的立场和期望，而不涉及将来的谈判中讨论的细节。

4. 篇幅不宜太长，应短小精悍而不宜长篇大论。

此外，欢迎辞的重点是对本次活动的成功预祝和对未来的美好祝愿，因此，如果宾主双方之前有不愉快的经历则不要过多提及，以免破坏活动气氛。

（六）例文评析

【例文 7－4】

胡锦涛会见连战的欢迎辞

尊敬的连战主席和夫人，尊敬的吴伯雄副主席、林澄枝副主席、江丙坤副主席，尊敬的中国国民党大陆访问团的全体成员，大家好。

四月的北京春意盎然，在这美好的季节里，我们迎来了中国国民党主席连战先生率领的国民党大陆访问团。今天的会见是我们两党主要领导人历史性的会见，我为此感到非常高兴！

首先，我代表中共中央向连主席和夫人，向各位副主席，向访问团的全体成员表示热烈的欢迎并致以良好的祝愿。“有朋自远方来，不亦乐乎”。你们的来访是中国共产党和中国国民党关系史上的一件大事，也是当前两岸关系中的一件大事。从你们踏上大陆的那一刻起，我们两党就共同迈出了历史性的一步。这一步既标志着两党的交往进入了新的发展阶段，也体现了我们两党愿共同促进两岸关系发展的决心和诚意。我们共同迈出的这一步，必将记载在两岸关系发展的史册上。

当前，两岸同胞都希望两岸关系走向和平、稳定、发展的光明前景。我们多次表示，欢迎认同“九二共识”、反对“台独”、主张发展两岸关系的台湾各政党、团体和代表性人士，同我们开展交流和对话，共同推动两岸关系的改善和发展。

昨天，全国政协贾庆林主席和连战主席以及访问团的成员进行了很好的会见。陈云林主任和林丰正秘书长也进行了工作会谈，等一会儿我还要和连主席交换意见。我想我们一定能够在促进两岸关系发展和两党交往等问题上达成重要共识。虽然我们两党目前还存在一些分歧，但只要我们双方都能够以中华民族的根本利益为重，以两岸同胞的福祉为重，就一定能够求同存异，共同开创美好的未来。

今年是孙中山先生逝世80周年，连主席和访问团的全体成员在南京拜谒了中山陵。中山先生是伟大的爱国主义者和民族英雄，是中国民主革命的伟大先行者。他为民族独立、民主自由、民生幸福，为国家的统一和富强贡献了毕生精力。他在全国各族人民和一切爱国人士当中有着崇高的威望。中国共产党人始终对他怀着崇高的敬意，从来就是中山先生革命事业的坚定支持者、合作者、继承者。中山先生也把中国共产党人当做自己的好朋友。在当年，中国内忧外患的情况下，中山先生第一个喊出了“振兴中华”的口号，这理应继续成为我们两岸的中国人共同的追求和责任。

中山先生为中华民族和中国人民留下了许多珍贵的精神遗产，值得我们永远地继承和发扬。

在当前，两岸形势复杂变化的形势下，我们两党都要深入地体察两岸同胞的所愿、所想，深刻地把握两岸关系和世界大势的发展趋向；要以我们积极的作为，向两岸同胞展示两岸关系和平、稳定、发展的前景；要向世界表明，两岸的中国人有能力、有智慧解决彼此的矛盾和问题，共同争取两岸关系和平、稳定、发展的前景，共同开创中华民族的伟大振兴。

我相信，中国国民党大陆访问团的这次访问，以及我们两党的交流、对话，已经给两岸关系的改善注入了春天的气息。希望我们双方共同努力，争取向着两岸关系和平、稳定、发展的方向前进。让我们两岸同胞一道在和平发展的道路上不断开拓前进。

非常感谢连主席和各位听完我的欢迎辞。谢谢大家。

（资料来源：新华网，http：//news. xinhuanet. com/tai - gang ao/2005 - 04/29/content - 2895152. htm，2005 - 04 - 29）

【评析】这篇欢迎辞的开头指出了此次活动的重大意义，并且交代自己代表中共中央向连战等各位来宾的热烈欢迎之意。中段在回顾了宾主双方在共同领域所持有的共同立场、观点、目标和原则的同时，指出了来宾的本次来访对增强宾主友谊及合作交流所具有的现实意义和历史意义。致辞的最后表达出了对今后合作的美好祝愿。言辞情真意切，友善礼貌，营造出了一种友好的气氛。

二、答谢辞

（一）答谢辞的概念

答谢辞是指在特定的公共礼仪场合，宾客对主办方的热情招待和关照表示感谢的演讲稿。它和欢迎辞一样都是在公共礼仪场合中使用的一种演讲词，欢迎辞是主人对宾客的到来表示热烈欢迎的致辞，而答谢辞则是指宾客对主人的热情款待表示衷心感谢的致辞。

答谢辞既可以是演说体、散文体，也可以是诗歌体，如李白的《赠汪伦》，“桃花潭水深千尺，不及汪伦送我情”，实际上就是李白致汪伦的答谢辞。

（二）答谢辞的特点

1. 针对性强。针对被感谢者而发。

2. 感谢性强。通篇充满感激的话语。

3. 篇幅短小，言简意赅。一般来说，答谢辞比欢迎辞还要简短。

（三）答谢辞的类别

按照社交的性质，答谢辞可以分为两类：

1. 私人交往的答谢辞。这是客人在自己或主人举行的非官方告别宴会开始之前向主人表达感谢的致辞，表达客人的感谢和依恋之情。

2. 公事往来的答谢辞。通常是在较为庄重的公共事务中，客人事先准备好书面稿，在答谢宴会正式开始前表达感谢的致辞。

（四）答谢辞的结构和写法

答谢辞一般由标题、称谓、正文和落款四个部分构成。

1. 标题

答谢辞的标题主要有三种写法：

一是直接写上“答谢辞”三个字；二是在“答谢辞”前面加上活动内容，如《在××仪式上的答谢辞》；三是在“答谢辞”之前再加上致辞人的姓名或职务，如《××主席在××总统欢送宴会上的答谢辞》。

2. 称谓

称谓是对答谢对象的称呼。称呼前可根据需要加上恰当的修饰语，如“尊敬的”、“敬爱的”之类。称呼后可根据需要加上适当的职衔或尊称，如“老师”、“女士”、“先生”、“夫人”等。称呼顶格写在标题下方，后加冒号。

答谢辞的称呼多用泛称，以便把所有曾经提供帮助的对象都包括进去，也可以在泛称之外单独突出几个人物，以表达致辞人对这几个人特别的谢意。

3. 正文

答谢辞的正文一般由开头、主体和结尾三部分构成。

开头应开门见山，对对方的帮助和关照表示衷心的感谢。

主体部分可用具体事例回忆主人对自己热情友好的接待，以及对访问的意义和收获予以充分的肯定。也可以谈谈自己在这次活动中的感想和心情，如颂扬对方的成绩和贡献，讲述对对方的美好印象。

结尾再次表示对对方的感谢和美好的祝愿，并表达答谢人对再次相聚的热烈希望。

4. 落款

在正文的右下方写上致辞机关或答谢领导的名称，标明日期。

如果在标题中已出现了答谢人的姓名，则落款仅写年、月、日即可。

（五）答谢辞的写作要求

答谢辞主要表达感激和致谢，因此，一般用带有积极、乐观等感情色彩的词语，对活动的成果多用肯定褒扬的语调。具体来说有以下几点要求：

1. 态度诚恳、真挚，不客套、应付。

2. 措辞得体、语言简洁、篇幅短小。

3. 举例要精当。在整个出访期间对自己受到的友好接待和访问取得了何种成果要选取其中典型的事例加以说明和赞誉。

（六）例文评析

【例文 7－5】

尼克松总统在答谢宴会上的祝酒词

总理先生，中华人民共和国和美利坚合众国的我们十分尊贵的客人们：

我们能有机会在贵国做客期间欢迎你和今晚在座的诸位中国客人，感到十分荣幸。

我要代表尼克松夫人和同行的全体正式成员，对你们给予我们的无限盛情的款待，表示深切的感谢。

大家知道，按照我国的习惯，我们的新闻界人士有权代表他们自己讲话，而政府中的人谁也不能代表他们讲话。但是我相信，今晚在座的全体美国新闻界人士都会授予我这一少有的特权来代表他们感谢你和贵国政府给予他们的种种礼遇。

你们已使全世界空前之多的人们得以读到、看到、听到这一历史性访问的情景。

昨天，我们同几亿名电视观众一起，看到了名副其实的世界奇迹之一——中国的长城。当我在城墙上漫步时，我想到为了建筑这座城墙而付出的牺牲；我想到它所显示的在悠久的历史上始终保持独立的中国人民的决心；我想到这样一个事实，就是，长城告诉我们，中国有伟大的历史，建造这个世界奇迹的人民也有伟大的未来。

长城已不再是一道把中国和世界其他地区隔开的城墙。但是，它使人们想起，世界上仍然存在着许多把各个国家和人民隔开的城墙。

长城还使人们想起，在几乎一代人的岁月里，中华人民共和国和美国之间存在着一道城墙。四天以来，我们已经开始了拆除我们之间这座城墙的长期过程。我们开始会谈时就承认我们之间有巨大的分歧，但是我们决心不让这些分歧阻碍我们和平相处。

你们深信你们的制度，我们同样深信我们的制度。我们在这里聚会，并不是由于我们有共同的信仰，而是由于我们有共同的利益和共同的希望，我们每一方都有这样的利益，就是维护我们的独立和我们人民的安全；我们每一方都有这样的希望，就是建立一种新的世界秩序，具有不同制度和不同价值标准的国家和人民可以在其中和平相处，互有分歧但互相尊重，让历史而不是让战场对他们的不同思想作出判断。

总理先生，你已注意到送我们到这里来的飞机名为“七六年精神号”。就在这个星期，我们美国庆祝了我们的国父乔治·华盛顿的生日，是他领导美国在我们的革命中取得了独立，并担任了我们的第一届总统。

在他任期届满时，他用下面的话向他的同胞告别：“对一切国家恪守信用和正义。同所有的人和平与和睦相处。”

就是本着这种精神——七六年精神，我请大家站起来和我一起举杯，为毛主席，为周总理，为我们两国人民，为我们的孩子们的希望，即我们这一代能给他们留下和平与和睦的遗产，干杯！

（资料来源：《人民日报》，1972－02－26）

【评析】尼克松在答谢辞中首先对他们在中国访问期间所受到的盛情款待表示感谢，其后点出这次访问的历史性的意义。在文中，尼克松表示，中美双方持有共同的立场，那就是维护自己的独立和人民的安全。同时，再次表达了对中美关系的良好祝愿和希望。全文热情洋溢，感情充沛，措辞得体。

【例文7－6】

中国国民党主席连战会见胡锦涛时的答谢辞

胡总书记，各位女士、先生，今天本人跟内人以及中国国民党三位副主席率同很多的朋友，大家一起应胡总书记的邀请，能够来访问大陆，访问北京、南京、西安、上海，我要在这里首先表示最由衷的感谢！过去这几天，所有的工作同仁们，大家都尽心尽力，让我们的旅程非常顺利、非常愉快，也特别感谢他们。

诚如总书记刚才所讲，今天的聚会是国民党和共产党，可以说60年来的头一次，也是在两岸这个情况之下，56年来党和党见面、交换意见最高层次的一次，难能可贵。但是，我也很坦诚地跟各位提到，那就是这趟来得并不容易。我一再讲台北、北京，台北、南京距离不远，但是那是因为历史的辛酸让我们曲曲折折，一直到今天才能够见面。所以我说有点相见恨晚的感觉。

当然，中国国民党、中国共产党，我们过去曾经有过冲突，我们都知道这些历史的过程，但是历史毕竟已经是过去的事情，我们没有办法在此时此刻再来改变历史，但是未来的确是掌握在我们的手里。当然，历史的进程不会是很平坦的，在这个不确定的时代，不确定的未来尤其给我们提供了很多很多的机会。

假如我们都能够以正面的一个态度，勇敢地来面对，以迎接未来的这个主导理念，来追求未来，我相信“逝者已矣，来者可追”。这也是今天我们怀抱着非常殷切的期望，能够来到这个地方，亲自来跟总书记，跟各位女士、先生交换意见的初衷。我个人觉得，两岸今天的情势发展，实在让我们非常遗憾。因为在1992年，各位也都知道，经过双方的努力，可以说不眠不休、日以继夜的努力，当时参与的有好多位都还在场，我们终于能够建立一个基本的共识。在那个基础之上，我们在1993年进行了辜振甫先生和汪道涵先生的会谈，打破了40多年来的一个僵局，两岸的人民可以说同声叫好，对未来充满了希望。

我那个时候主持行政工作，也是在全力配合，表达我个人以及国民党坚定的意向。但是事与愿违，辜汪两位先生会谈之后，带来两岸大概8年之久的非常稳定、非常发展、非常密切的交流，非常正面的发展。但遗憾的是，过去这十多年来，所发生的事情，大家都很了解。我们这样一个共同塑造愿景的进程受到了很大的挫折，但是我也感到一个非常令我们欣慰的事情，那就是胡总书记在一两个月前所提到的对于和平的一个呼吁、和平的一个唤醒，这给我们一个很大的正面的思考的方向。今天我个人，虽然是国民党的主席，我相信也是带着一份人文的情怀、和平的期盼，同时也是身为民族的一分子，来到这个地方。

我觉得我们来到这里有几项意义，可以跟各位来作一个报告。

第一，今天有人还只是从50年前，甚至是60年前国共的那种关系、思维、格局下思考这个问题，来评断我们的访问。但是我觉得我们已经远远超越了那个时代，已经远远超越了那个格局。诚如刚才总书记所讲，我们是以善意为出发，以信任为基础，以两岸人民的福祉为依归，以民族的长远利益作目标。我相信在这样的基础之上，我们绝对应该避免对峙、对抗，甚至是对撞，要的是和解，要的是对话。我们也相信这样的做法有民意的基础，有民意的力量。

第二，和平都是大家所希望的，但是和平必须要沟通，沟通必须要有架构。什么是架构？国民党跟中国共产党，我们在1992年经过了非常辛苦的一个沟通过程，提到了“一中各表”的一个基础。但不幸的是，这几年来，这样一个基础被曲解、被扭曲，成为其他的意义，这个大家都很了解。但是我们本身，国民党从来就没有任何的改变，我们也希望继续在这样的基础之上，能够来建构两岸一个共同亮丽的未来和愿景。

第三，借这个机会特别指出，这一次可以说是来得不易。既然有这样子一个良好的契机，我也觉得现在是我们可以总结过去历史的一个契机，让我们把握当前，让我们共同开创未来。所以在这样一个理念之下，我非常盼望过去那种恶性的循环不要再出现，我们尽我们的力量能够建立一个良性的循环，从点到面，累积善意，累积互信。我相信这种面的扩充会建立一个非常坚实的基础，而不是像恶性的循环，怨怨相报，由线而面，互信完全崩盘，善意不再，然后使我们大家都受到损害。

所以今天我以这样的心情很坦诚地跟总书记和各位女士、先生提到我个人心路的历程。这次大概是56年以来，头一次国民党主席和各位副主席以及党的干部能够在南京紫金山中山陵向中山先生致敬，心情感伤、复杂，但是我们也非常感谢。中山先生弥留的时候，一再要大家和平奋斗来救中国。和平奋斗，事实上不是那个时候的专利，而是大家要共同努力，一直到今天。

所以我相信秉持这样的精神，双方能够继续加强相互理解和信任。我相信一定会给我们两岸所有的人民带来更好的、更多的安定，更好的、更多的繁荣。同时最重要的是给两岸带来一个亮丽、光明的希望和未来。这是我今天在这里首先跟总书记和各位表达的一些意见。谢谢大家！

（资料来源：新华网，http：//news xinhuanet. com/taiman/2005 - 04/29/contenl_2893264. htm，2005 - 04 - 29）

【评析】连战先生的致辞，仅首、尾两段表达了谢意，其余大部分篇幅都在围绕“双方关系”作文章。由于两党、两岸关系的特殊性和复杂性，让连战先生的“文章”作得稍显长些。文中，连战先生在谈到过去国共两党的关系时有句话引用得好：“逝者已矣，来者可追。”对于昔日的矛盾与分歧，不宜于念念在口、耿耿于怀，应面向未来，化干戈为玉帛。致辞中应少讲昔日之“辛酸”，多谈未来之“亮丽”，在这里，连战先生的致辞堪称典范。而且在这篇答谢辞中，连战先生巧妙地处理了“己见”与“他人之见”的关系，因自己的答谢处于对方的“欢迎辞”之后，连战先生在文中曾两次引述胡锦涛总书记的话：

（1）诚如总书记刚才所讲，今天的聚会是国民党和共产党，可以说 60 年来的头一次，也是在两岸这个情况之下，56 年来党和党见面、交换意见最高层次的一次，难能可贵。

（2）诚如刚才总书记所讲，我们是以善意为出发，以信任为基础，以两岸人民的福祉为依归，以民族的长远利益作目标。

这种引述，表明了对“对方”意见的认可，也是双方的一种“共识”，十分明显地带有一种友好的色彩。这样做，不仅可以丰富致辞的内涵，而且也可巧妙地融洽双方关系，增强和悦气氛。

三、祝辞

（一）祝辞的概念

祝辞，也称祝贺辞，是行政机关、企事业单位、社会团体或个人对受祝者一方取得的工作成绩、事业成就或节日、寿辰等喜庆之事表示祝贺的言辞。它有两种含义，一是在喜庆场合或某项即将开始的工作、事业表示祝福的文章和言辞，即祝辞；二是在事情未果时表示希望和祝愿的言辞，即贺辞。有时这两者是分开的，但大部分祝辞、贺辞是兼而有之，称为祝贺辞。

（二）祝辞、贺辞的特点

1. 喜庆性。祝辞、贺辞是在喜庆的场合对祝贺对象的一种真诚的祈颂祝福和良好心愿的表达，因此，喜庆性是祝辞、贺辞的基本特点。在措辞用语上应以祝贺、褒扬、希望为主，简明精练，务必体现出一种喜悦、美好之情。

2. 体裁的多样性。祝辞、贺辞无须拘泥于某种文体，而可以根据祝贺对象的具体情况采用合适贴切的文章体裁。如既可以用一般的应用文体，也可以采用诗、词、对联、散文、书信、电报、题词等其他文体样式。

如夏衍贺钱钟书 80 华诞词：

风虑云龙笔，霜钟月笛情。

夏衍贺杨绛 80 华诞词：

无官无位，活得自在；

有才有识，独铸伟词。

这是以对联形式出现的祝辞。对联往往语言简洁，富有节奏，概括力强。夏衍同志在16个字的范围内，将杨绛先生一生不追名夺利，洒脱自在而又有高尚追求的品行写了出来。"独铸伟词"一语又是对先生一生成就的最好总结，恰切得体，令人佩服。

（三）祝辞、贺辞的种类

1. 从祝贺对象上可以分为四类

（1）祝贺寿诞。祝贺寿诞的主要对象是老年人。在祝贺中，既祝愿他健康长寿，也称颂他已取得的辉煌成绩。

（2）祝贺事业。事业成功的祝贺涉及范围极广。如既可在会议开始时祝其圆满成功，也可在会议结束时贺会议圆满结束；展览会剪裁时祝其取得较好的社会效益，展览会结束时贺其已取得了预期目的；其他如公司开业、银行开张、报刊创刊、社团纪念等均可贺其已取得的成就，祝其今后事业的顺利发达；某人考入大学时，贺其金榜题名，祝其鹏程万里、百尺竿头更进一步。

（3）祝贺婚嫁。既贺新婚，又祝新人今后婚姻和谐美满。

（4）祝贺酒宴。以酒助兴，酒只是人们交往中的一种媒介形式。酒宴上的祝辞、贺辞，其实是在向赴宴宾客表达的一种祝福和庆贺。

2. 从表达形式上可分为两类

（1）现场即席致辞祝贺。一般说来，在较为随意轻松的场合可以即兴表示祝贺；但在公共事务场合下，为庄重严肃起见，应按事先拟好的祝贺词发言。

（2）信函电传祝贺。有时祝贺人无法到场祝贺，在这样的情况下，可以用书信的方式祝贺，也可以拍发电报、传真或用电子邮件来表示祝贺之意。

（四）祝辞的结构和写法

祝辞一般由标题、称呼、正文和落款四部分组成。

1. 标题

祝辞的标题主要有四种写法：

一是直接写上"祝辞"，如"祝酒辞"、"生日祝辞"、"贺辞"、"祝辞"等；二是在"祝辞"前面加上活动内容，如《在××庆功上的祝辞》；三是在"祝辞"之前再加上致辞人的姓名或职务和祝词对象，如《周恩来副主席为庆贺朱总司令六十大寿的祝辞》。

2. 称呼

根据不同的对象使用不同的称呼。称呼写在开头的顶格处，写明祝贺对象的姓名，一般应在称呼前加上适当的修饰语，如"敬爱的"、"尊敬的"之类，在称呼后根据需要加上适当的职衔或尊称，如"市长"、"老师"、"博士"、"女士"等，以示尊重。

3. 正文

祝辞的正文一般由三个方面的内容构成：（1）向祝贺对象致意，此为开宗明义，首先说明自己代表什么人或组织，向祝贺对象及其何项事业祝福或贺喜。（2）概括评价祝贺对象已取得的成绩等。（3）展望未来美好前景并再次向祝贺对象表示衷心的祝愿。

但是，不同的祝辞正文的写法有所不同：

祝酒辞通常先要表达致辞人的心情，说明祝贺欢迎的对象、原因以及致辞人是代表何人或何组织致辞，然后再叙述有关的具体内容，如访问的意义、聚会的意义等，最后表达真诚的希望与祝愿。祝酒辞的结尾较为特殊，通常要另起一行写上“最后我提议”、“现在我提议”、“我提议”或“允许我举杯”等，再另起一行写明为谁、为什么而干杯等表示祝愿的语句，最后以“干杯”二字作结，而通常“干杯”二字另起一行，后用感叹号。

祝寿辞则应先交代祝寿对象的寿诞岁数，表达自己的祝贺心情，然后叙述对方的贡献、品德，也可概述其经历，最后再次表达美好的祝愿和希望。

会议祝辞首先祝愿会议的召开，然后简要介绍会议的背景、内容及意义，最后对此次会议寄予希望并祝愿会议圆满成功。

事业祝辞首先应向祝贺对象祝贺其事业状况及其取得的成绩，然后再祝愿对方取得更大的成绩。

庆功祝辞首先交代立功者的事迹，最后提出良好的希望和祝愿。

4. 落款

在正文的右下方写上祝辞的机关或领导的姓名，标明日期。

（五）祝辞的写作要求

1. 祝辞的主旨以祝贺为主，因此，要紧扣祝贺事由，不要枝蔓。

2. 语言上多用赞美、激励之词；但不要滥用，以免给人阿谀奉承之感。

3. 祝辞要充满喜庆，能热情洋溢地表达自己诚挚的祝愿。

4. 篇幅短小。

（六）例文评析

【例文 7－7】

在八一建军节晚宴上的祝酒辞

各位首长、同志们：

在这青翠欲滴、喜获丰收的美好季节，我们怀着无比激动的心情，欢聚一堂，共庆第××个八一建军节。借此机会，我代表中共××县委、县人大常委会、县政府、县政协及全县54万人民，向全体驻××官兵以及现役军人家属、革命伤残军人、烈军属、转业复员军人、军队离退休干部表示节日的祝贺和亲切的慰问！向多年来支持××两个文明建设的军地各级领导、各级干部表示最衷心的感谢和最崇高的敬意！

多年来，勤劳淳朴的××儿女，与驻地部队唇齿相依，携手齐奏了一曲曲动人的双拥乐章，广大官兵把××当故乡，视人民为亲人，积极投身全县两个文明建设，全县经济社会保持了持续、快速、健康、协调发展的良好势头。特别是在危、难、险、急关头，广大军民风雨同舟，患难与共，遇危难而不惧，临险阻而共勉，为保护人民群众生命财产安全作出了重要贡献。

军民团结如一人，试看天下谁能敌。让我们同呼吸、共命运、心连心，继续为建设强大的人民军队和富裕、文明、开放的新××而努力奋斗！

现在，我提议：为军政军民团结，为各位首长、同志们节日愉快、身体健康、阖家幸福，干杯！

（资料来源：http：//www.eduzhai.net/yanjiang/22/yanjiang_ 3702.html）

【评析】这篇祝酒辞首先对受祝者表达祝愿，然后简要介绍相关内容的背景资料，最后再次表达希望和祝愿。文辞流畅，语气亲切，感情真挚。

【例文7-8】

周恩来副主席为庆贺朱总司令六十大寿的祝辞

亲爱的总司令朱德同志：

你的六十大寿，是全党的喜事，是中国人民的光荣！

我能回到延安亲自向你祝寿，使我万分高兴。我愿代表那反动统治区千千万万见不到你的同志、朋友和人民向你祝寿，这对我更是无上荣幸。

亲爱的总司令，你几十年的奋斗，已使举世人民公认你是中华民族的救星，劳动群众的先驱，人民军队的创造者和领导者。

亲爱的总司令，你为党为人民真是忠贞不二，你在革命过程中，经历了艰难曲折，千辛万苦，但你永远高举着革命的火炬，照耀着光明的前途，使千千万万的人民，能够跟随着你充满信心向前迈进！

在我们相识的二十五年当中，你是那样平易近人，但又永远坚定不移。这正是你的伟大！对人民你是那样亲切关怀，对敌人你又是那样憎恶仇恨，这更是你的伟大。

全党中你首先和毛泽东同志合作，创造了中国人民的军队，建立了人民革命的根据地，为中国革命写下了新的纪录，在毛泽东同志旗帜之下，你不愧为他的亲密战友，你称得起人民领袖之一！

亲爱的总司令，你的革命历史，已成为二十世纪中国革命的里程碑，辛亥革命、云南起义、北伐战争、南昌起义、土地革命、抗日战争、生产运动，一直到现在的自卫战争，你是无役不与。你现在六十岁了，仍然这样健壮，相信你会领导中国人民达到民族解放的最后胜利，亲眼看到独裁者的失败，反动力量的灭亡！

你的强健身体，你的快乐精神，象征着中国人民的必然兴旺。

人民祝你长寿！

全党祝你永康！

（资料来源：《解放日报》，1946-11-30）

【评析】在朱总司令的六十大寿之日，周恩来副主席首先交代自己代表反动统治区千千万万的同志、朋友和人民向他祝寿。在祝寿辞中周恩来副主席高度评价了朱德总司令为中国为人民所作的巨大贡献，并在文尾再次表达对朱德总司令真诚、美好的祝愿。

【例文 7－9】

婚礼祝辞

女士们，先生们，朋友们：

今天是×××先生×××小姐喜结连理之日。在这个激动人心的美好时刻，首先请允许我代表在座的诸位嘉宾向新郎、新娘致以衷心的祝福！同时，受新郎、新娘的委托，向在百忙中参加今天婚礼的诸位亲朋好友，表示热烈的欢迎和由衷的谢意！

爱情是古老而年轻的话题，也是永恒的人生主题。许多人已经拥有，更多人正在追求，两位新人有着初恋时“月上柳梢，人约黄昏”的热烈心跳，也有热恋中“冷落清秋伤别离”的难舍难分，经历了“似水柔情，如梦佳期”的苦苦期盼，品尝过“相知不渝，金兰永结”的浪漫温馨，终于迎来这携手共赴红地毯的幸福时刻。古往今来，多少美丽的爱情故事，曾让我们感叹不已，但无论是泪洒斑竹，魂断潇湘，还是天河凝望，情寄西厢，比之两位新人的爱情都要逊色三分。“只应书上有，却道俗尘无”的爱情故事，真实地呈现在我们眼前，使我们由衷地感到：凡尘自有真情在，到底人间喜事多！

×××先生才华横溢，事业有成，如大江东去，声声涛涌，卷起千堆雪；×××小姐纯美善良，小鸟依人，似小桥流水，涓涓细流，滴滴润心田，真是郎才女貌，相得益彰。为此，我们真诚地祝愿两位新人在人生旅途上谱写更加绚丽的篇章。

我提议，为了两位新人的辉煌明天，为了双方父母的身体安康，也为了在座诸位嘉宾的有缘相聚，干杯！

（资料来源：军队政工网，http：//www. allzg. com/n6177c151. aspx）

【评析】婚礼祝辞开头交代自己代表何人向新人表示衷心的祝愿，接着简要介绍新人，交代新人相恋经历，最后再次表达对新人的美好祝愿。

复习思考题

1. 试分析阅读下文，指出它属于何种礼仪文书？体会此种文书的写作特点。

欢聚世博盛会　共创美好未来

——胡锦涛在上海世博会欢迎晚宴上的祝酒辞

尊敬的国际展览局蓝峰主席、洛塞泰斯秘书长，

尊敬的各位国家元首、政府首脑、议长和王室代表，

尊敬的各位国际组织代表，

尊敬的各位来宾，

女士们，先生们，朋友们：

今晚，2010 年上海世界博览会将隆重开幕。我谨代表中国政府和人民，对各位嘉宾

莅临上海世博会，表示热烈的欢迎！对给予上海世博会真诚帮助和大力支持的各国政府和人民，对国际展览局和有关国际组织，对所有为上海世博会作出贡献的朋友们，表示诚挚的谢意！

世博会是荟萃人类文明成果的盛会，也是世界各国人民共享欢乐和友谊的聚会。诞生159年来，世博会把不同国度、不同民族、不同文化背景的人们汇聚在一起，沟通心灵，增进友谊，加强合作，共谋发展。世博会给国际社会留下了追求进步、崇尚创新、开放共荣、倡导和谐的宝贵精神财富，为推动人类文明进步发挥了重要而独特的作用。

上海世博会是第一次在发展中国家举办的注册类世博会。这是中国的机遇，也是世界的机遇。上海世博会将向世界展示一个拥有5 000多年文明历史、正在改革开放中快速发展变化的中国，搭起中国学习借鉴国外先进经验、同世界交流合作的桥梁。上海世博会更属于世界，未来6个月，世界各国各地区将以世博会为平台，围绕“城市，让生活更美好”的主题，充分展示城市文明成果、交流城市发展经验、传播先进城市理念，相互学习、取长补短，为新世纪人类的居住、生活、工作探索崭新的模式。我相信，上海世博会将书写中国人民同各国人民交流互鉴的新篇章，也将书写人类各种文明交流互鉴的新篇章。

女士们，先生们，朋友们！

8年来，中国政府和人民怀着高度热忱，举全国之力，集世界智慧，全力筹办上海世博会。现在，上海世博会即将呈现在我们面前。我相信，在有关各方共同努力下，世界各国人民一定能够共享一届成功、精彩、难忘的盛会。我也相信，只要我们继承并不断创新世博会给我们带来的宝贵文明成果和精神财富，我们生活的城市一定会更加美丽，我们共同拥有的地球家园一定会更加美好，我们的未来一定会更加光明。

女士们，先生们，朋友们！

中国人民正在满怀信心地推进改革开放和社会主义现代化建设。我们既要不断创造13亿中国人民的美好生活，又要为人类和平与发展的崇高事业作出新的更大的贡献。中国将高举和平、发展、合作旗帜，始终不渝走和平发展道路，始终不渝奉行互利共赢的开放战略，坚持在和平共处五项原则的基础上同所有国家发展友好合作，同各国人民一道推动建设持久和平、共同繁荣的和谐世界。

现在，我提议：

为举办一届成功、精彩、难忘的世博会，

为世界各国人民的团结和友谊，

为人类文明发展进步，

为各位嘉宾和家人身体健康，

干杯！

2. 2011年5月9日至6月5日，××银行××分行的部分员工在××大学集中培训，收获甚大。6月5日晚上，××大学举行告别晚宴，请你代××银行××分行的人事处拟写一篇答谢词。

3. 试指出下文属于何种礼仪文书，指出其不妥之处，并按该种礼仪文书的写法，在删节处补写一段内容，使之完整。

××市电信局：

近期，由于某房管站挖土动工，不慎砸坏××市农信银行办公楼专用电话电缆，致使该楼内电话、传真、电传、电脑专线中断通信，造成一定的经济损失，同时也给我们的业务经营带来了十分不利的影响。

贵局八分局在接到故障报告后，××局长十分重视，立即组织了二十多人的抢修队，他们在××主任的带领下，对总机房的配线架、室外电缆、交接箱，逐一进行检查测试，积极进行抢修，他们在三月二日晚，冒着春寒细雨，克服困难，奋战一昼夜，终于使大楼的通信恢复了正常，用实际行动支持我们搞好社会主义建设。

……

中国农业银行××市分行
二〇一一年三月九日

附　　录

附录一　国家行政机关公文处理办法

国家行政机关公文处理办法

第一章　总　则

第一条　为使国家行政机关（以下简称行政机关）的公文处理工作规范化、制度化、科学化，制定本办法。

第二条　行政机关的公文（包括电报，下同），是行政机关在行政管理过程中形成的具有法定效力和规范体式的文书，是依法行政和进行公务活动的重要工具。

第三条　公文处理指公文的处理、管理、整理（立卷）、归档等等一系列相互关联、衔接有序的工作。

第四条　公文处理应当坚持实事求是、精简、高效的原则，做到及时、准确、安全。

第五条　公文处理必须严格执行国家保密法律、法规和其他有关规定，确保国家秘密的安全。

第六条　各级行政机关的负责人应当高度重视公文处理工作，模范遵守本办法并加强对本机关公文处理工作的领导和检查。

第七条　各级行政机关的办公厅（室）是公文处理的管理机构，主管本机关的公文处理工作并指导下级机关的公文处理工作。

第八条　各级行政机关的办公厅（室）应当设立文秘部门或者配备专职人员负责公文处理工作。

第二章　公文种类

第九条　行政机关的公文种类主要有：

（一）命令（令）

适用于依照有关法律公布行政法规和规章；宣布施行重大强制性行政措施；嘉奖有关单位及人员。

（二）决定

适用于对重要事项或者重大行动作出安排，奖惩有关单位及人员，变更或者撤销下级机关不适当的决定事项。

（三）公告

适用于向国内外宣布重要事项或者法定事项。

（四）通告

适用于公布社会各有关方面应当遵守或者周知的事项。

（五）通知

适用于批转下级机关的公文，转发上级机关和不相隶属机关的公文，传达要求下级机关办理和需要有关单位周知或者执行的事项，任免人员。

（六）通报

适用于表彰先进，批评错误，传达重要精神或者情况。

（七）议案

适用于各级人民政府按照法律程序向同级人民代表大会或人民代表大会常务委员会提请审议事项。

（八）报告

适用于向上级机关汇报工作，反映情况，答复上级机关的询问。

（九）请示

适用于向上级机关请求指示、批准。

（十）批复

适用于答复下级机关的请示事项。

（十一）意见

适用于对重要问题提出见解和处理办法。

（十二）函

适用于不相隶属机关之间商洽工作，询问和答复问题，请求批准和答复审批事项。

（十三）会议纪要

适用于记载、传达会议情况和议定事项。

第三章　公文格式

第十条　公文一般由秘密等级和保密期限、紧急程度、发文机关标识、发文字号、签发人、标题、主送机关、正文、附件说明、成文日期、印章、附注、附件、主题词、抄送机关、印发机关和印发日期等部分组成。

（一）涉及国家秘密的公文应当标明密级和保密期限，其中，“绝密”、“机密”级公文还应当标明份数序号。

（二）紧急公文应当根据紧急程度分别标明“特急”、“急件”。其中电报应当分别标明“特急”、“加急”、“平急”。

（三）发文机关标识应当使用发文机关全称或者规范化简称；联合行文，主办机关排列在前。

（四）发文字号应当包括机关代字、年份、序号。联合行文，只标明主办机关发文字号。

（五）上行文应当注明签发人、会签人姓名。其中，“请示”应当在附注处注明联系人的姓名和电话。

（六）公文标题应当准确简要地概括公文的主要内容并标明公文种类，一般应当标明发文机关。公文标题中除法规、规章名称加书名号外，一般不用标点符号。

（七）主送机关指公文的主要受理机关，应当使用全称或者规范化简称、统称。

（八）公文如有附件，应当注明附件顺序和名称。

（九）公文除“会议纪要”和以电报形式发出的以外，应当加盖印章。联合上报的公文，由主办机关加盖印章；联合下发的公文，发文机关都应当加盖印章。

（十）成文日期以负责人签发的日期为准，联合行文以最后签发机关负责人的签发日期为准。电报以发出日期为准。

（十一）公文如有附注（需要说明的其他事项），应当加括号标注。

（十二）公文应当标注主题词。上行文按照上级机关的要求标注主题词。

（十三）抄送机关指除主送机关外需要执行或知晓公文的其他机关，应当使用全称或者规范化简称、统称。

（十四）文字从左至右横写、横排。在民族自治地方，可以并用汉字和通用的少数民族文字（按其习惯书写、排版）。

第十一条　公文中各组成部分的标识规则，参照《国家行政机关公文格式》国家标准执行。

第十二条　公文用纸一般采用国际标准 A4 型（210mm×297mm），左侧装订。张贴的公文用纸大小，根据实际需要确定。

第四章　行文规则

第十三条　行文应当确有必要，注重效用。

第十四条　行文关系根据隶属关系和职权范围确定，一般不得越级请示和报告。

第十五条　政府各部门依据部门职权范围可以相互行文和向下一级政府的相关业务部门行文。除以函的形式商洽工作、询问和答复问题、审批事项外，一般不得向下一级政府正式行文。

部门内设机构除办公厅（室）外不得对外正式行文。

第十六条　同级政府、同级政府各部门、上级政府部门与下一级政府可以联合行文；政府与同级党委和军队机关可以联合行文；政府部门与相应的党组织和军队机关可以联合行文；政府部门与同级人民团体和具有行政职能的事业单位也可以联合行文。

第十七条　属于部门职权范围内的事务，应当由部门自行行文或联合行文。联合行文应当明确主办部门。须经政府审批的事项，经政府同意也可以由部门行文，文中应当注明经政府同意。

第十八条 属于主管部门职权范围内的具体问题，应当直接报送主管部门处理。

第十九条 部门之间对有关问题未经协商一致，不得各自向下行文。如擅自行文，上级机关应当责令纠正或撤销。

第二十条 向下级机关或者本系统的重要行文，应当同时抄送直接上级机关。

第二十一条 “请示”应当一文一事；一般只写一个主送机关，需要同时送其他机关的，应当用抄送形式，但不得抄送其下级机关。

“报告”不得夹带请示事项。

第二十二条 除上级机关负责人直接交办的事项外，不得以机关名义向上级机关负责人报送“请示”、“意见”和“报告”。

第二十三条 受双重领导的机关向上级机关行文，应当写明主送机关和抄送机关。上级机关向受双重领导的下级机关行文，必要时应当抄送其另一个上级机关。

第五章　发文办理

第二十四条 发文办理指以本机关名义制发公文的过程，包括草拟、审核、签发、复核、缮印、用印、登记、分发等程序。

第二十五条 草拟公文应当做到：

（一）符合国家的法律、法规及其他有关规定。如提出新的政策、规定等，要切实可行并加以说明。

（二）情况确实，观点明确，表述准确，结构严谨，条理清楚，直述不曲，字词规范，标点正确，篇幅力求简短。

（三）公文文种应当根据行文目的、发文机关的职权和与主送机关的行文关系确定。

（四）拟制紧急公文，应当体现紧急的原因，并根据实际需要确定紧急程度。

（五）人名、地名、数字、引文准确。引用公文应当先引标题，后引发文字号。引用外文应当注明中文含义。日期应当写明具体的年、月、日。

（六）结构层次序数，第一层为“一、”，第二层为“（一）”，第三层为“1.”，第四层为“（1）”。

（七）应当使用国家法定计量单位。

（八）文内使用非规范化简称，应当先用全称并注明简称。使用国际组织外文名称或其缩写形式，应当在第一次出现时注明准确的中文译名。

（九）公文中的数字，除成文日期、部分结构层次序数和在词、词组、惯用语、缩略语、具有修辞色彩语句中作为词素的数字必须使用汉字外，应当使用阿拉伯数字。

第二十六条 拟制公文，对涉及其他部门职权范围内的事项，主办部门应当主动与有关部门协商，取得一致意见后方可行文；如有分歧，主管部门的主要负责人应当出面协调，仍不能取得一致时，主办部门可以列明各方理由，提出建设性意见，并与有关部门会签后报请上级机关协调或裁定。

第二十七条 公文送负责人签发前，应当由办公厅（室）进行审核。审核的重点是：是否确需行文，行文方式是否妥当，是否符合行文规则和拟制公文的有关要求，公文格式是否符合本办法的规定等。

第二十八条　以本机关名义制发的上行文，由主要负责人或者主持工作的负责人签发；以本机关名义制发的下行文或平行文，由主要负责人或者由主要负责人授权的其他负责人签发。

第二十九条　公文正式印制前，文秘部门应当进行复核，重点是：审批、签发手续是否完备，附件材料是否齐全，格式是否统一、规范等。

经复核需要对文稿进行实质性修改的，应按程序复审。

第六章　收文办理

第三十条　收文办理指对收到公文的办理过程，包括签收、登记、审核、拟办、批办、承办、催办等程序。

第三十一条　收到下级机关上报的需要办理的公文，文秘部门应当进行审核。审核的重点是：是否应由本机关办理；是否符合行文规则；内容是否符合国家法律、法规及其他有关规定；涉及其他部门或地区职权的事项是否已协商、会签；文种使用、公文格式是否规范。

第三十二条　经审核，对符合本办法规定的公文，文秘部门应当及时提出拟办意见送负责人批示或者交有关部门办理，需要两个以上部门办理的应当明确主办部门。紧急公文，应当明确办理时限。对不符合本办法规定的公文，经办公厅（室）负责人批准后，可以退回呈报单位并说明理由。

第三十三条　承办部门收到交办的公文后应当及时办理，不得延误、推诿。紧急公文应当按时限要求办理，确有困难的，应当及时予以说明。对不属于本单位职权范围或者不宜由本单位办理的，应当及时退回交办的文秘部门并说明理由。

第三十四条　收到上级机关下发或交办的公文，由文秘部门提出拟办意见，送负责人批示后办理。

第三十五条　公文办理中遇有涉及其他部门职权的事项，主办部门应当主动与有关部门协商；如有分歧，主办部门主要负责人要出面协调，如仍不能取得一致，可以报请上级机关协调或裁定。

第三十六条　审批公文时，对有具体请示事项的，主批人应当明确签署意见、姓名和审批日期，其他审批人圈阅视为同意；没有请示事项的，圈阅表示已阅知。

第三十七条　送负责人批示或者交有关部门办理的公文，文秘部门要负责催办，做到紧急公文跟踪催办，重要公文重点催办，一般公文定期催办。

第七章　公文归档

第三十八条　公文办理完毕后，应当根据《中华人民共和国档案法》和其他有关规定，及时整理（立卷）、归档。个人不得保存应当归档的公文。

第三十九条　归档范围内的公文，应当根据其相互联系、特征和保存价值等整理（立卷），要保证归档公文的齐全、完整，能正确反映本机关的主要工作情况，便于保管和利用。

第四十条 联合办理的公文，原件由主办机关整理（立卷）、归档，其他机关保存复制件或其他形式的公文副本。

第四十一条 本机关负责人兼其他机关职务，在履行所兼职务职责过程中形成的公文，由其兼职机关整理（立卷）、归档。

第四十二条 归档范围内的公文应当确定保管期限，按照有关规定定期向档案部门移交。

第四十三条 拟制、修改和签批公文，书写及所用纸张和字迹材料必须符合存档要求。

第八章 公文管理

第四十四条 公文由文秘部门或专职人员统一收发、审核、用印、归档和销毁。

第四十五条 文秘部门应当建立健全本机关公文处理的有关制度。

第四十六条 上级机关的公文，除绝密级和注明不准翻印的以外，下一级机关经负责人或者办公厅（室）主任批准，可以翻印。翻印时，应当注明翻印机关、日期、份数和印发范围。

第四十七条 公开发布行政机关公文，必须经发文机关批准。经批准公开发布的公文，同发文机关正式印发的公文具有同等效力。

第四十八条 公文复印件作为正式公文使用时，应加盖复印机关证明章。

第四十九条 公文被撤销，视作自始不产生效力；公文被废止，视作自废止之日起不产生效力。

第五十条 不具备归档和存查价值的公文，经过鉴别并经办公厅（室）负责人批准，可以销毁。

第五十一条 销毁秘密公文应当到指定场所由二人以上监销，保证不丢失、不漏销。其中，销毁绝密公文（含密码电报）应当进行登记。

第五十二条 机关合并时，全部公文应当随之合并管理。机关撤销时，需要归档的公文整理（立卷）后按有关规定移交档案部门。

工作人员调离工作岗位时，应当将本人暂存、借用的公文按照有关规定移交、清退。

第五十三条 密码电报的使用和管理，按照有关规定执行。

第九章 附 则

第五十四条 行政法规、规章方面的公文，依照有关规定处理。外事方面的公文，按照外交部的有关规定处理。

第五十五条 公文处理中涉及电子文件的有关规定另行制定。统一规定发布之前，各级行政机关可以制定本机关或者本地区、本系统的试行规定。

第五十六条 各级行政机关的办公厅（室）对上级机关或本机关下发公文的贯彻落

实情况应当进行督促检查并建立督查制度。有关规定另行制定。

第五十七条　本办法自2001年1月1日起施行。1993年11月21日国务院办公厅发布，1994年1月1日起施行的《国家行政机关公文处理办法》同时废止。

附录二　建议书

（一）建议书的概念

建议书是应用文的一种类型，是个人、单位和社会团体等，为了开展某项工作，完成某项任务或进行某种活动而倡议大家一起采取行动，或提出合理化的意见、建议时使用的一种文体，也叫倡议书、意见书。

当建议书的对象是群体时，虽然也带有建议，但主要是宣传、鼓动对方去做，具有一定的号召性。当建议书是面对领导和有关部门时，一般是中肯地提出自己对对方工作的意见和自己的建议，没有要求对方去做的意思，不具有号召性。

（二）建议书的写作方法

建议书的格式和一般书信大体相同：

1. 标题。一般只写“建议书”三个字，有时为了突出建议的具体内容，可以写《关于×××的建议书》。题目居中，字体要醒目。

2. 称谓。提出的建议希望得到哪些人的响应，称呼就写哪些人。要写在第二行顶格，后面加冒号。

3. 正文。就是建议的内容，从第三行空两格开始写。先写提出建议的理由，再写建议的具体内容。如果内容较多，可以分条写。

4. 署名。在右下角写出建议人的姓名，即提出建议的团体的名称或个人的名字。

5. 日期。写在建议人姓名的下方。

（三）建议书的写作要求

写建议书具体应该注意以下几点：

1. 实事求是。提意见、写建议要根据具体问题、实际需要和可能的条件，而不能凭空想象，不着边际地提，这样才有助于改进工作方法，开展有益活动。所以，所提意见和建议应当比较准确、比较合理，并且要掌握一定的分寸。另外，要使意见和建议在现实条件下行得通，不应该说过头话，也不应该提过高的要求，否则就无济于事了。

2. 内容具体、清楚、实在。建议书的核心部分是所提建议的内容。因此，写建议书不管是分条开列，还是不列条款，都应当把建议的内容写具体、写清楚，使人一目了然。这样领导、机关、单位和个人在考虑和采纳的时候才容易落到实处。切记不要说空话、套话，不要抽象、笼统。

3. 语言准确得体。建议书是人们发表意见、提出建议的一种工具，因此，语言一定要准确精练，要言简义明地把具体的办法、具体的措施准确地、一目了然地写出来，而不是过多的分析和去论证。同时，考虑到建议书的性质，应该使用商量的语气。

（四）例文评析

【例文附-1】

对Q币等加强监管的建议书

——致中国人民银行总行

中国人民银行总行办公厅：

近日，成都商报报道了我在《法制与新闻》上一篇文章的观点“Q币等网络虚拟货币可以买虚拟世界中的装备，支付会员服务费，甚至和人民币‘兑换’，这可能违反了《人民币管理条例》，并冲击人民币的法定货币地位”，引起了媒体和公众的广泛关注，并引起贵行的注意，让我很欣慰。为了充分阐述我的观点，为央行决策作参考，也为了回应有关人士对我的质疑，我特呈上此函，希望央行参考。

首先，我认为“Q币可能冲击人民币的法定货币地位”是基于这样一个事实，就是Q币不仅是购买腾讯公司自身提供的增值服务，而且逐渐可以购买其他网络上的商品与服务，有充当网络上一般等价物的趋势。不过，在这我要声明的有两点：其一，Q币目前只是具备了“货币”的某些属性，比如一般等价物的流通和交换的功能，根本还不能与人民币相提并论，其要成为所谓的“货币”还有漫长的路要走；其二，Q币可能成为“货币”的某些功能，责任可能并不在于腾讯公司，腾讯公司发行Q币的初衷是为了方便用户使用自己的增值服务，只限于自身相关业务的购买和支付，并不能进行回兑。Q币的市场地位是在网络的市场交易中逐渐形成的，主要依靠了腾讯公司的巨大的财力、众多用户以及在市场的公信力。

但是，如果Q币继续按照现有的发展趋势，则有可能形成“冲击人民币的法定货币地位”。这种所谓的发展趋势是Q币除了能购买腾讯公司提供的增值服务，除了为一些网民作为购买虚拟装备等网站服务外，还成为网民在网络社会进行交换、流通的一般等价物，并且延伸到网下，作为一种“电子货币”的形式购买现实社会的一切物品与服务，那么，Q币就与“代币票券”没有什么区别，只是用虚拟符号来表示票面金额而已，就完全可能成为独立于人民币之外的第二套“货币”。腾讯公关部助理总经理宋旸认为，虚拟货币应该具有回兑功能，而Q币不能实现除腾讯以外的其他主体间的交换功能，并且腾讯禁止Q币回兑人民币，所以Q币不是虚拟货币。我承认，不具备回兑功能是Q币具备“货币”功能的一大障碍，但是，并不能由此绝对说Q币不能形成一般等价物属性，不会具备“货币”的价值尺度、支付手段、流通手段和价值贮藏手段的功能。因为，“货币”只要在市场被认可，能用其来进行交易，不需要回兑功能也可能成为一般等价物。如果Q币的增值服务为特别多的人使用，并且Q币有足够的公信力能为众多网民所认可，Q币就可能随意交换任何财物，可以随时从他人手中变换成为人民币，拥有Q币就不再需要有回兑功能也可以随时实现其价值，那么不排除Q币可能成为人们交易的支付手段、流通手段和价值贮藏手段和价值尺度，成为《人民银行法》所禁止的“代币票券”。在现实生活中，已经出现了Q币“倒爷”、“钱庄”等现象，这在某种程度上印证了这一点。更何况，不能回兑只是腾讯公司现在的规定，防范其今后出现回兑现象，本身就是我提出这一观点的目的之一，所以不能因为它现在不回兑，我们就放弃了监管。当然，有人认为，“一旦Q币实现双向兑换，腾讯将会面对巨大的资金风险。这种风险主要体现在两个方面：一是自身的资金链断裂；二是遭遇恶性挤兑”。所以，“显然，任何商业公司都不会去冒这个风险，只为出一个成为‘虚拟央行’的风头。”实现双向兑换当然对于腾讯公司有巨大风险，但是风险与机遇是并存的，如果Q币通过回兑能实现“货币”的功能，发行Q币就大大地有利可图，谁能保证它不会铤而走险呢？

Q币一旦成为除人民币以外的第二套“货币”，首先就是与国家的法律相违背。《人民银行法》规定，人民银行“发行人民币，管理人民币流通”，“印制、发售代币票券，以代替人民币在市场上流通的，中国人民银行应当责令停止违法行为，并处二十万元以下罚款。”而腾讯公司只是一个企业，并非国家指定的货币发行机关，当然无权发行任何货币与代币票券。

Q币一旦成为“货币”，也有可能影响到国家的货币政策行使，使国家利用货币政策来保持币值稳定，防止通货膨胀，并以此促进经济发展的目标落空。货币政策调节的主要手段包括货币供应量、利率政策等都有赖于国家能控制货币的发行。如果Q币一旦成为“虚拟货币”，它的发行主体是企业，不受国家货币政策的调整，它的发行可以随心所欲，国家控制了人民币的供应量，而Q币的供应量不受限制，它仍然可能充当市场交换的手段，国家也就无法实现其货币政策目标。

Q币一旦成为“货币”，也极有可能扰乱经济秩序，引发金融风险，造成公众生活混乱。Q币只是一种虚拟符号，它的发行是不受限制，一旦腾讯公司出于投机需要或者因为黑客盗取腾讯Q币，Q币超量发行，那么，已经将拥有Q币当做财富的网民手中的Q币必然大量贬值，网民财富大量“缩水”，造成经济秩序混乱。腾讯公司认为，“Q币只有经销售途径，用户支付人民币后，才具有消费价值，而不是腾讯可以随意发行的。此外，腾讯的业务有限而决定Q币销售量是有限的。”但是，如果Q币成为公众公认的事实上的“货币”，购买Q币就不再是为了消费腾讯公司的服务，那么，以腾讯的业务有限来控制Q币销售量就无法实现，腾讯公司滥发Q币为自身牟利的可能性就不能排除，更何况，黑客盗取Q币更是一个未知数。

所以，尽管我认为“Q币冲击人民币的法定货币地位”在目前条件下根本没有成熟，并且也只是一种可能，但鉴于金融风险的巨大危害性，国家货币主管机关不可掉以轻心。因此，我特向贵行提出建议，希望贵行未雨绸缪，加强对于类似Q币等“虚拟货币”的调查研究，适时出台监管措施。

此致！

中华人民共和国公民：××

二〇一〇年十一月九日

（资料来源：http：//www.southcn.com/opinion/southcn/200611140154.htm）

【评析】这篇建议书从各个方面分析了 Q 币如果不加监管将带来的严重后果，有理有据，有说服力。

附录三 启事

（一）启事的概念

启事是单位和个人，在有事需要公开向大家说明，或者希望大家能共同协助把事情办理好时，把有关事情扼要地写出来，张贴在公共场所或刊登在报纸杂志上的应用文书。

（二）启事的一般格式

1. 标题。在第一行中间写启事的标题，如“招领启事”、“寻物启事”、“招聘启事”等，字体要醒目。

2. 主体。书写启事的内容应另起一行，开头空两格。启事内容要具体，语言要简明扼要，使人一读就懂。例如“寻物启事”要写清楚丢失物件的时间、地点、数量、颜色和形状的特征。而招领启事，只要写明捡到物品的时间地点就可以，不必写出数量和其他特征，让失主前来认领时自己说出来，以防别人冒领。

3. 结尾。在正文的右下方，写启事人的姓名或单位名称以及启事的日期。有时为了方便别人与自己联系，还要在末尾写上联系地址和电话号码。

（三）例文评析

【例文附 -2】

深圳发展银行招聘启事

一、深圳发展银行介绍

深圳发展银行股份有限公司（简称：深圳发展银行，股票简称：深发展 A，股票代码：000001）是中华人民共和国第一家面向社会公众公开发行股票并上市的商业银行。深圳发展银行于 1987 年 5 月 10 日以自由认购形式首次向社会公开发售人民币普通股，并于 1987 年 12 月 28 日正式宣告成立。

经过 20 余年的快速发展，深圳发展银行综合实力日益增强，自身规模不断扩大，已在北京、上海、天津、重庆、广州、深圳、杭州、南京、济南、大连、青岛、成都、昆明、海口、珠海、佛山、宁波、温州、武汉等 19 个经济中心城市设立了 290 多家分支机构，并在北京、香港设立代表处，与境外 70 多个国家和地区的 600 多家银行建立了代理行关系。

2004 年，深发展成功引进了国际战略投资者——美国新桥投资集团，从而成为国内首家外资作为第一大股东的中资股份制商业银行。战略投资者的引入，将国际先进的管理技术与本土经验有效结合，在经营理念、风险管理、财务管理、市场开拓等各个领域为深发展注入了新的活力。

作为一家年轻的股份制商业银行，深圳发展银行积极引进现代企业人力资源管理理念，建立起科学合理的人力资源开发、配置、绩效考核、激励和培训体系。在国内率先展开了财会、信贷、稽核等业务管理体系的改革，建立起以垂直管理为主线、与国际先进运作模式接轨的内控和管理制度。在一系列改革措施的推进下，深发展业务转型稳步进行，风险控制全面加强，资产质量明显提高，资本实力显著增强。2009年第一季度，我行净利润同比增幅位居所有上市银行之首。不良贷款率极低，第一季度末仅为0.61%，拨备覆盖率则提升至130%。在很多战略重点业务领域，例如为中小企业提供融资服务的供应链金融，以及包括按揭、信用卡、财富管理在内的零售业务，我行均取得了极大发展。

未来的深圳发展银行，将遵循“诚信、专业、服务、效率”的理念，秉承为股东创造回报、为客户增添价值、为员工带来发展的宗旨，努力提高盈利能力和服务水平，锐意进取，不断创新，进一步打造核心竞争力，为全面建设国际标准的现代商业银行而不懈努力。

深发展网站：www.sdb.com.cn。

二、招聘事项

1. 招聘范围

（1）全国重点院校2010年应届毕业研究生及本科生

（2）海外留学生（2010年7月前毕业）

2. 基本条件

（1）恪守诚信，勤勉自律，遵纪守法，品学兼优，有较强的敬业精神和良好的合作精神，较强的思考和分析能力，具有相关实践经验或担任学生干部者优先。

（2）专业不限，经济类、管理类、法律类、IT类及复合知识背景优先。

（3）研究生英语六级考试分数在430分以上，本科生英语四级考试分数在430分以上。

（4）身体健康，无不良记录，行内无亲属。

三、招聘职位

总行管理培训生、总行IT岗

分行及信用卡中心管理培训生、公司银行营销岗、零售银行营销岗、计财/运营岗

四、招聘职位、流程、简历投递及有关说明

请登录http：//campus.chinahr.com/2010/pages/sdb2010/。

（资料来源：http：//www.gjgwy.org/contents3292.html）

【评析】这则招聘启事介绍了招聘单位的情况、招聘岗位及条件等，采用分条列项的方式，比较清晰详尽。

附录四　条据

（一）条据的概念

条据，习惯上又称为凭据，是人们在处理钱、物过程中，为了手续清楚或作为凭据

而写的字据，常用的凭据有借条、欠条、收条、领条等。

由于涉及钱、物的处理并具有法律效应，所以条据写作要慎重、规范。

（二）条据的写作方法

一般而言，条据包括标题、正文、署名和日期等部分。

1. 标题。在第一行居中根据条据的性质将“借条”或“收条”等作为标题。

2. 正文。第二行开头写对方（个人或单位）的名字或名称。然后写物件名称、数量或金额。金额后面要写上“整”字，以防添加或涂改。

正文写完后，另起一行，空两格写“特此立据”或“此据”二字，也可省略不写。

3. 署名和日期。在条据的右下方写明所在单位的名称和经手人姓名（盖章）及写条据时的年、月、日。

（三）条据的写作要求

1. 对外单位使用的条据，要写单位的全称。

2. 文字要简明，用语要确切。款项、物件的数字要清楚。款项的数量一般用汉字数字大写来标识，数字如有涂改，要加盖印章或重写一份，并在款项数量的末尾加个“整”字。条据语言要细加斟酌，不能出现歧义。

3. 署名应是亲笔签写的真实姓名，姓名应以身份证上的姓名为准，不能写成同音同义字。慎重一点的凭据，姓名前要写单位或住址，签名之后还要加盖图章或按上手印。

4. 书写条据时，要用毛笔，或者是蓝黑墨水、碳素墨水的钢笔或是使用签字笔，不要用铅笔、圆珠笔或红色墨水的钢笔等易退色的笔墨。

5. 字迹要端正、清楚，不能潦草，以防歧义或误认。

6. 条据的日期要具体，年、月、日要写全，不能写成“即日”等。

7. 条据的内容部分与署名之间的空白不宜留得太大，以防持据人增添补写其他内容，或将原内容裁去，在空白处重新添加内容。

（四）例文评析

【例文附 -3】

借　条

今借到张××人民币伍仟捌佰圆整，2011 年 7 月 5 日归还。

借款人：李××

2011 年 5 月 2 日

【评析】此借条数据的书写采用的是大写汉字并在数据末加上“整”字，表述清楚、文字简明，借款日期与还款日期俱全，意思表达清楚明了，是一份规范的条据。

主编简介

张军，1965 年 11 月生，教授，硕士生指导老师，湖北经济学院新闻系主任。中国高等教育学会新闻学分会理事、湖北省新四军研究会副会长、湖北省荆楚文化研究会常务理事、湖北省作家协会会员。

主要研究方向为应用语言学、古代文论、中国近现代史、高等教育史。出版有《民国学人散说》（2008 年，湖北人民出版社）、《鄂豫边区政权建设史》（2005 年，湖北人民出版社）、《高校校园文化研究》（2002 年，武汉理工大学出版社）等学术专著；主编有《现代经济应用文写作》（2009 年，中国财政经济出版社）、《毕业论文写作指导》（2008 年，武汉出版社）、《现代应用文书写作教程》（2011 年，武汉大学出版社）等教材；在《光明日报》等报刊发表论文 60 余篇，并有多篇被中国人民大学书报资料中心转载，出版有《蒋介石五大主力兴亡实录》（大陆版、台湾版）、《血战大武汉》、《陈诚：1940—1943》（大陆版、台湾版）等多部长篇文学作品，中篇小说 8 部。接受过凤凰卫视等多家媒体采访，在五集纪录片《凤凰大视野·雄关漫道》中担任评说嘉宾。